BERNARD CHAMPIGNEULLE

Loire-Schlösser

BERNARD

CHAMPIGNEULLE

Loire

SCHLÖSSER

PRESTEL VERLAG

MÜNCHEN

Nach der französischen Originalausgabe
des Club des Libraires de France
›Promenades aux châteaux de la Loire‹
übersetzt von Hubert Klemke.
Die Gedichte übertrug Eckart Peterich.
Historisches Nachwort von Heinz Biehn.

4. Auflage 1974
Passavia Druckerei AG Passau
ISBN 3 7913 0276 0

Inhalt

An den Leser

Ich muß mich wohl dafür entschuldigen, daß ich, vielleicht zu Unrecht, gewissen Schlössern den Glanz der Sagen geraubt habe, jener Sagen, die von Geschlecht zu Geschlecht weitergetragen, im Laufe der Zeit ausgeschmückt und entstellt, nunmehr eine der Hauptattraktionen für viele Besucher sind.

Gewissenhafte Konservatoren bemühen sich dagegen anzugehen, aber gewitzte Führer ›dichten‹ immer wieder dazu, um das Publikum mit Einzelheiten zu überschütten, das danach lechzt, Schauplätze von Liebes- und Gewaltszenen zu betreten. Empfinde ich eigentlich den Zauber einer solchen geistigen Beschwörung nicht, die, wie ein Phantom, aus altem Gemäuer spontan aufsteigt? Ich bin mir dessen bewußt, daß Geschichte eine sehr bedingte Wissenschaft ist, aber ich kann es mir nicht versagen – selbst auf die Gefahr hin zu enttäuschen – schöne aber unwahrscheinliche Begebenheiten totzuschweigen, um die bezeugte Wirklichkeit oder das was ich dafür halte, wiederzugeben.

Da haben wir zum Beispiel die Faszination der geheimnisvollen unterirdischen Gänge! Nehmen Sie, bitte, jene nicht zu ernst, die über Plätze berichten, die, einen halbstündigen Fußmarsch voneinander entfernt, unter der Erde miteinander verbunden sein sollen. Und gar die Verliese! Aus den Schlössern sind sie nicht mehr wegzudenken, und wie man mir berichtete, beansprucht man sie sogar für die verliebten Torheiten eines Ludwig xv.!

Aus den gleichen Gedankengängen heraus möchte ich mich auch wegen meiner Sucht entschuldigen, die mich dazu treibt, in der Architektur Echtes von Falschem zu trennen und auf das hinzuweisen, was das Werk von Restauratoren ist. Dabei beschränke ich mich auf die besonders krassen Fälle, da ich sonst kein Ende finden würde. Es liegt auf der Hand, daß Bauten, die die Jahrhunderte überdauerten ohne mehr oder weniger tiefgehende Umgestaltungen erfahren zu haben, äußerst selten sind. Immer wieder wurde ausgebessert, abgerissen, wiederaufgebaut, hinzugefügt, verschönt, nachgebildet, verfälscht – und darin war das vergangene Jahrhundert besonders einfallsreich. Finden wir uns vielleicht damit ab, wenn in einem Museumskatalog Kopien als Originale bezeichnet werden? Warum sollen wir nun nicht an Gebäuden zwischen den ursprünglichen Teilen und denjenigen, die nicht einmal Kopien, sondern unwürdige Fälschungen sind, einen Unterschied machen?

Dagegen glaube ich nicht, mich wegen der eingefügten Texte, die nicht von meiner Feder stammen, entschuldigen zu müssen. Ich hoffe, daß der Leser die gleiche Freude empfindet, die mich selbst beim Zusammenstellen der Schriftsteller, Dichter und Memoirenschreiber erfüllte, die mein Vorhaben nicht nur förderten, sondern ihm zur Zierde gereichen. Man wird mir im Gegenteil vorwerfen, ihnen nicht öfters meinen Platz eingeräumt zu haben!

Die Ufer der Loire sind ein Land des Humanismus, und wenn dieser sich im Stein verewigen konnte, so nur, weil er von dem dortigen Geist getragen wurde.

Die Loire

Welche Macht der Anziehung vereinigte in diesem Winkel Frankreichs eine solche Anzahl von Wohnsitzen, die – Verführung und Geheimnis ausstrahlend – aus Wäldern, Wiesen und Gewässern emporsteigen?

Seit frühester Zeit gehören diese Gebiete zu unserem Bereich: Das ›Orléanais‹, das ›Blésois‹, die ›Touraine‹ und ›Anjou‹ – Provinzen, deren Namen sanft wie eine Liebkosung sind – haben sich unter dem Schutz der königlichen Krone zusammengefunden. War die Hauptstadt zu stark bedroht, sei es von innen, sei es von außen, wurden sie wie durch Berufung Zufluchtsorte. Das linke Loireufer schien außerhalb einer Welt der Unruhe und der Kämpfe zu liegen.

War es das Klima oder die Sanftheit der Landschaft, die Frankreichs Fürsten gefangennahm? Dort wo man Sicherheit suchte, fand man Besänftigung und Lust. Im Laufe einiger Jahre verwandelten sich die festen Schlösser, die Grenzen schützten, zu Schlössern der Feste. Sie sind verdichtetes Abbild vom Lauf der Geschichte und der großen Wandlungen des abendländischen Menschen. In Stein gemeißelt, tragen sie sowohl die strahlenden Züge des Geistes wie der Ordnung einer neuen Kultur.

Ihnen allen sind die gleichen verborgenen Reize gemeinsam: Zusammenklang mit der Landschaft, deren Zierde sie sind und die sie in gleicher Weise auszeichnet wie die faszinierende Anziehungskraft des längsten und reizvollsten der französischen Flüsse, der sie durch sein breites, leuchtendes Band mit-

einander verknüpft. Er ist gleißende Klarheit in unbewegter
Ebene, ein flüssiger Spiegel, der sich ausweitet, teilt, der un-
bestimmbare Inseln umschließt, dessen Form und Schattierung
im Ablauf des Tages und der Stunden sich ständig verändern.

Loire! Jede neue Begegnung ruft mir solch abgenutzte Attribute wie ›majestätisch‹, ›träge‹, ›faul‹ ins Gedächtnis zurück,
Ausdrücke, die man mich damals lehrte, als ich den Fluß nur
als eine von mir mit blauer Tinte auf weißem Bogen gezeich-
nete Locke kannte, die sich wie eine Unterschrift auf der Karte
von Frankreich ausnahm.

Zwar ist sie nicht immer so sanft, wie man es mir vormachen
wollte; denn die Dämme mußten ja durch Schutzmauern verstärkt werden, um ihre tollen Streiche zu bändigen, die so viel
grauenvolle Szenen in diesem Lande der Unbekümmertheit
heraufbeschworen haben.

Der Eindruck, den jeder sich jedoch bewahren wird, ist der
von sich verändernden, durch Sand gebleichten und von Stru-
deln überspülten Ufern und von den mit Schiefer gedeckten
und von Rosen und Geißblatt umrankten Reihen weißer Stein-
häuser, wo man sich inmitten von Reben einer Leichtlebigkeit
erfreut, die den Anschein des Glücks trägt.

Erinnern wir uns vor allen Dingen daran, daß lange Zeit die
Loire die große Verkehrsader war. Sie galt für die Dauer von
acht bis neun Monaten im Jahr für schiffbar. Wir können uns
nur schwer noch das Leben und Treiben auf dem Fluß mit seinen Wasserkutschen, Fährbooten und Seglern vorstellen, zu
jener Zeit, als Madame de Sévigné ihre Kutsche auf ein Floß
setzen ließ und schrieb, »niemals etwas gesehen zu haben, was
der Schönheit dieser Route gleicht«.

Lange Zeit hatte der Fluß, soweit die Sandbewegungen es
zuließen, Waren, Soldaten und Pilger zu befördern. Für die
Loireschiffer aber wurde der Anfang des 19. Jahrhunderts zum
großen Augenblick: Flachboote wurden am Oberlauf gebaut
und zu Tal abgelassen, wo sie, am Ziel angelangt, zerstört und

ihre Trümmer an die Meistbietenden verkauft wurden. Andere, von größerem Umfang und aus dauerhafterem Eichenholz mit größeren Segeln, bildeten im allgemeinen die Spitze einer Reihe kleinerer Boote.

Schiffer und Fährleute, in Zünften eng zusammengeschlossen, bedienten sich eines den Landratten unverständlichen Vokabulars, um ihre Segel, Tauwerk und anderen Zubehör zu bezeichnen. Während dieser langsamen Fahrten, die fast immer kleine Kämpfe mit dem versandeten Flußgrund waren, sangen sie zu ihrer Kurzweil Lieder aus ihrem Beruf:

> *Zieh den Flaschenzug!*
> *voll ist der Krug.*
>
> *In der Kajüte, der engen,*
> *sich die Matrosen drängen.*
> *Es kreist der Krug*
> *und bleibt voll genug.*
>
> *Laß schießen die Schute, die Gaffel raffe,*
> *pack ein einen Patzen nordöstlichen Wind,*
> *die Bramwante wende und Besangaffel*
> *und bring uns an Land, wo die Madln sind.*

Später war es ein Dampfschiffdienst, der die Reisenden zwischen Orléans und Nantes beförderte, der sich zur Beruhigung der Fahrgäste ›Les Inexplosibles – die Nichtexplodierenden‹ – nannte, die mit den ›Hydrophiles – den Wasserfreunden‹ – konkurrierten.

Das Leben auf dem Fluß hat sich grundlegend geändert. Wir sehen heute selten und nur durch Zufall das Boot irgendeines Fischers die Ufer entlanggleiten. Die Eisenbahn hat das alte Schiffergewerbe zum Erliegen gebracht, und der Kraftwagen ist in unseren Tagen die Seele des Fremdenverkehrs.

Wenn der Fremde sich bequemt, Paris und seinem Zauber zu entrinnen, sind es die Schlösser der Loire, die ihn anziehen – die einzigen, die neben dem unvergleichlichen Versailles auf den großen internationalen Reisewegen drei Sterne erhalten

haben. Man kann es bedauern, daß nicht andere diesen Vorzug und diese Auszeichnung genießen, die seltenen und stolzen
Schlösser Burgunds zum Beispiel, aber wir müssen zugeben,
daß wir nirgends in der ganzen Welt eine solch stolze und eindrucksvolle Ansammlung königlicher Wohnstätten und Für-
stenhäuser finden und auch von Herrensitzen, errichtet von
Günstlingen des Glücks, die von der vornehmen Nachbarschaft und der eigenen Eitelkeit dazu verleitet wurden.

Es muß zugegeben werden, daß das Tal der Loire mehr
durch Zufall der erwählte Platz des Hauses Valois wurde. Als
der spätere Karl vii., noch ein Kind, von Tanguy du Châtel in
eine Decke gewickelt, in dessen Armen aus Paris, in das die
Burgunder bereits einrückten, gerettet wurde, war es das jen-
seitige Ufer der Loire, wo er eine Zuflucht fand. Er irrte von
Burg zu Schloß, bis er sein armseliges Exil in Chinon errichtete,
wo ihn die Jungfrau von Domrémy später aufsuchen sollte.
Die Gegend war also voller Erinnerungen für ihn, und selbst
nach seiner Rückkehr nach Paris blieb er ihr verbunden. Aus
einer daraus sich entwickelnden Gewohnheit bauten die Valois
hier ihre Lusthäuser, groß genug, um sie mit ihren Familien,
ihren Dienern, Beamten, Gefolgsleuten und Bewaffneten zu
beherbergen.

Bis Heinrich iv. sich für die Ile de France entschied, war das
Tal der Loire das königliche Tal schlechthin.

*Ist es zu verstehen, wenn das Königtum den ihm von Ludwig XI. in-
direkt gegebenen Hinweis, Tours zur Hauptstadt des Königreiches
zu bestimmen, nicht befolgt hat? Dort konnte die Loire ohne große
Kosten für die Handelsschiffe und die leichten Kriegsfahrzeuge schiffbar gemacht werden. Dort wäre der Regierungssitz vor einem Über-
fall geschützt gewesen. Die Plätze des Nordens hätten dann nicht so
viel Geld für ihre Befestigungen benötigt, die allein schon so kostspielig waren wie die Luxusbauten von Versailles. Hätte Ludwig XIV.
auf den Rat von Vauban gehört, der ihm seine Residenz in Mont-
Louis zwischen Loire und Cher errichten wollte, so hätte es vielleicht
keine Revolution von 1789 gegeben. Diese schönen Ufer tragen Ort*

*für Ort die Merkmale königlicher Zuneigung. Die Schlösser von
Chambord, Blois, Amboise, Chenonceaux, Chaumont, Plessis-les-
Tours und alle diejenigen, welche die Günstlinge unserer Könige, die
Finanzleute und adligen Herren sich in Véretz, Azay-le-Rideau,
Ussé, Villandry, Valençay, Chanteloup, Durtal errichten ließen, und
von denen einige verschwunden sind, der größte Teil aber noch mit
Leben erfüllt ist, sind herrliche Baudenkmäler, die das Wunder dieses
– von der literarischen Sekte der Mittelalterschwärmer so mißver-
standenen – Zeitalters offenbaren.*   Balzac

Obgleich wir auch hier Reste der großen mittelalterlichen
Festungen wie Loches oder Chinon und noch ältere Wehrtürme
antreffen und auch schöne Sitze der klassischen Zeit des Mittelalters, so bezeugen die Schlösser der Loire doch vor allen Dingen das Werden und Entfalten der Künste im Zeitalter der
Renaissance. Hier können wir die Durchdringung des französischen Geistes mit dem Italiens verfolgen.

Als der junge Karl VIII. seinen ersten triumphalen Einzug in
Neapel hielt, war er überzeugt, Ruhm und Ehren zu ernten.
Ahnte er, daß er mit seiner Heimkehr auch die Keime einer
Revolution der Ästhetik mitbringen würde?

Bildung, Altertumskunde, Freude am Luxus, Begeisterung
für die Antike, Neugierde für alles, was zur Kenntnis des Menschen beiträgt, verbanden sich anfangs mit den alten, tiefen,
mit religiöser Inbrunst gesättigten und vom hohen Mittelalter
ererbten Traditionen, um sie allmählich zu ersetzen.

Die italienische Kultur erregte die Schöngeister. Das Italieni-
sieren entsprang vielleicht modischen Neigungen, blieb jedoch
auf Äußerlichkeiten beschränkt. Der Kern des französischen
Landes, in keiner Weise auf das Fremdartige vorbereitet, sollte
noch lange seine altehrwürdigen Gewohnheiten bewahren.
Vergessen wir nicht, daß der Einfluß der Gotik so tiefgehend
war, daß die Kathedrale von Orléans noch auf der Höhe
des klassischen Zeitalters in gotischem Stil wiederaufgebaut
wurde.

Die französische Ritterschaft hatte jenseits der Alpen eine

nie geahnte Welt prunkender Paläste, mit Wasserkünsten und
Statuen geschmückter Terrassengärten entdeckt. Eine gesittete
Gesellschaft, gebildet, erfüllt von klassischem Geistesgut, dem
Spiel des Intellekts leidenschaftlich zugeneigt, durch Eleganz
der Kleidung, des Benehmens und des Geistes ausgezeichnet,
lebte inmitten von Malereien, Statuen, ziselierten goldenen und
silbernen Gegenständen, eingelegten Kunstschränken, Fayencen und Gläsern von erlesener Linienführung und leuchtenden
Farben. Die Krieger kamen von ihren rasch durchgeführten
Feldzügen wie geblendet zurück. Sie brachten ein Gefolge von
Bildhauern, Dekorateuren, Modelleuren mit, ganz zu schweigen von einem beachtlichen Gepäck an Kunstgegenständen,
von denen ein großer Teil natürlich unterwegs verlorenging.

Es ist das Gebiet der Loire, das dieses Neue aufnahm, und
zwar ebenso erfüllt vom Wunsch nach einer eigenen Hofkunst
als auch voll Bewunderung für die mitgebrachten Erinnerungs-
stücke. In Amboise wurden schon 1495 Verzierungen nach italienischer Art in leichten Reliefs auf dem Minimenturm angebracht. Zwanzig Jahre später schon sollte die Loggienfassade
in Blois, eine Erinnerung an Bramante, zum vollendeten Beispiel französischer Renaissance werden.

Die Franzosen haben von den Italienern weniger einen For-
menschatz als vielmehr ein dekoratives Schmuckwerk verlangt. Mit diesem wurden – mehr oder weniger glücklich – die
alten gotischen Bauten überzogen. Entgegen jeglicher Logik,
jeglicher Rangordnung genießt der Dekor den Vorzug vor der
Architektur. Laubwerk, Perlen, Eirund, Herzlaub, Medaillons,
Kandelaber und Putten suchen sich so gut wie möglich mit den
traditionellen Motiven der alten Bildschnitzer zu vertragen,
bevor sie dieselben völlig verdrängen. Es sind die Merkmale
eines gewissen geistigen Adels, der sich – wie ein Wunsch nach
Befreiung – gegenüber der Kultur des Mittelalters durchsetzen
möchte. In Gaillon, diesem normannischen Schloß, aus welchem François Gébelin aus Begeisterung für die Antike ein
Loireschloß macht, sind die spätgotischen, flamboyanten Ver-

zierungen zum ersten Male ganz verbannt. Die Loire machte sich nunmehr das zu eigen, was wir nicht als geniale Erfindungskraft, sondern als Drang zum Verständnis einer Kunst bezeichnen möchten, deren Überlegenheit man anerkannte.

Es sind französische Maurermeister – wir würden heute Baumeister sagen, wenn es nicht oft so schwer wäre, sie von den Architekten zu unterscheiden –, die an solchen Gebäuden arbeiteten. Die italienischen Künstler, die nach Frankreich kamen, waren zahlreich und von der verschiedensten Art. Die Mitarbeit Fra Giocondos am östlichen Flügel von Blois scheint erwiesen. Der Einfluß von Serlio begann sich auszuweiten. Viele andere wurden mehr oder weniger vorübergehend am Hofe Franz I. empfangen, darunter weltbekannte Männer wie Leonardo da Vinci, dann Rosso Fiorentino, Primaticcio, Boccadoro, Benvenuto Cellini.

Die Schlösser Frankreichs werden indessen – da ja viel zahlreicher als die Italiens und mit dem Landleben tiefer verwurzelt – trotz aller Einflüsse und Geschmacksrichtungen französisch bleiben. Ihr Grundplan, ihre Struktur ändert sich nach der Feudalzeit überhaupt nicht, und das wichtigste Geschehen, das ihre offenbare Verwandlung bewirkt, ist weniger der Schmuck nach italienischer Art als die Entwicklung des politischen und gesellschaftlichen Lebens. Die Bürgerkriege erlöschen. Die Sicherheit der Straßen und auf dem Lande besserte sich nach Ludwig XI. zusehends und die trotzigen Festungen, die bisher dem Adel als Wohnung dienten, verloren ihre Daseinsberechtigung. Jetzt wurde es möglich, mehr Wert auf Komfort, Luxus und Wohlleben zu legen.

In die Mauern werden große Kreuzfenster gebrochen, Lukarnen mit üppigen Bildhauereien schieben sich vor die Dächer. Hohe Schornsteine, die selbst zum Schmuck werden, streben empor. Wo immer nur möglich, wird jedoch der primitive Turm beibehalten oder höchstens modernisiert. Die Ecktürme bewahren ihr stolzes Aussehen.

Man hat auf diese dicken Türme nicht verzichtet, auch nicht

auf Zugbrücken, Schießscharten, Pechnasen und Außenwerke; das wirkt wie eine Ehrenbezeugung vor der Tradition eines solchen Verteidigungsapparates, der nichts mehr zu verteidigen und sich zur Dekoration gewandelt hat. Nutzloser Prunk militärischen Gepräges, wirkt er wie ein Sinnbild für den Adel, dessen Vorfahren auf dem Schlachtfeld geblieben sind. Und andere, die außer ihren Einnahmen keine Titel hatten, versuchten hiermit ihr Ansehen zu steigern. Das Leben der Schloßbewohner war weniger hart und viel bequemer geworden. Belagerungen und Kanonenkugeln waren nicht mehr zu befürchten. Die Säle wurden heller, die Gärten dehnten sich. Das Schloß schmückte und verschönte sich. Es wurde hell, fein und heiter.

Am häufigsten sind übrigens Veränderungen oder Vergrößerungen des ursprünglichen Kerns; die italienische Mode griff je nach Laune nur hier und dort ein. Blois zeigt das verblüffendste Nebeneinander verschiedener Stile. Nur Chambord ist als Einheit entworfen worden, wirkt aber wie die Apotheose eines Feuerwerks mit der Extravaganz seiner hochragenden Architektonik, die man paradoxerweise in die Einsamkeit der Wälder gesetzt hat.

Nicht immer wurde die Landschaft sehr geschätzt. Das zeigt Stendhal in seinen ›Mémoires d'un touriste‹:

Ich hadere im Geiste mit George Sand, die uns so schöne Beschreibungen der Ufer des Indre gegeben hat. Dabei ist er ein kläglicher Bach, der etwa fünfundzwanzig Fuß breit und vier Fuß tief sein dürfte; und der sich überdies durch eine ziemlich flache Ebene schlängelt, die am Horizont von sehr niedrigen Hügeln begrenzt wird, auf denen Nußbäume von zwanzig Fuß Höhe wachsen. Ich suchte mit meinen Augen die schöne Touraine, von der die Schriftsteller seit hundert Jahren mit solchem Überschwang sprechen, doch ich war dazu verurteilt, sie nicht zu finden, denn diese schöne Touraine ist nicht vorhanden... Meine Blicke suchten begierig die so gerühmten Landschaften der Ufer der Loire und sahen nur kleine Pappeln und Weiden und keinen Baum von sechzig Fuß Höhe, nicht eine von diesen schönen Eichen im Tal des Arno, keine besondere Anhöhe. Immer nur üppige Wiesen und eine Menge Inseln, die kaum aus dem Wasser emportauchen und bedeckt

sind von einem Dickicht von jungen Weiden von zwölf Fuß Höhe,
deren sehr dünne und hängende Zweige sich in dem Fluß baden. In-
mitten dieser grünen, aber nicht malerischen Inseln suchte das Dampf-
schiff seinen Weg. Oft entdeckten wir die Türmchen irgendeines Re-
naissanceschlosses, das auf fünfhundert Schritte vom Fluß entfernt lag.

Stendhal konnte Menschen besser schildern als Dinge. Und
außerdem war er vermutlich schlechter Laune, als er sein Buch
schrieb. Er hatte es übernommen, eine Art Reiseführer von
Frankreich zu verfassen, um die fünfzehnhundertsechzig Francs
zu bekommen, die ihm sein Verleger großzügig bewilligte, und
die er im Augenblick bitter nötig hatte. Er mußte sich beeilen.
Tatsächlich hat er mehr geschrieben als geschaut und beschränkt
sich darauf, Mérimée zu kopieren, wenn er willkürlich heraus-
gegriffene Denkmäler beschreibt. In Loches, wo er in seinem
Hotelzimmer bleibt, um die Provinzler zu verfluchen, steigt er
nicht einmal zum Schloß hinauf. Fänden sich nicht einige für
Stendhal ausgesprochen bezeichnende Bemerkungen in dieser
Arbeit verstreut – der Herausgeber hätte nichts für sein Geld
bekommen.

La Fontaine sah auf seiner ›Reise nach dem Limousin‹ die
Landschaft, trotz seiner Tändelei, viel besser:
Den ganzen Tag über hatten wir schönes Wetter, einen schönen
Weg und eine schöne Landschaft. Vor allen Dingen der Damm, der
uns nicht verließ oder den wir nicht verließen: eines ist wie das andere.
Es handelt sich um eine Chaussee, die den Ufern der Loire folgt und
diesen Fluß in sein Bett zwängt – eine Anlage, deren Unterhaltung
sehr teuer zu stehen kommt. Was die Landschaft betrifft, so kann ich
mich nicht genug tun, Euch davon Wunderdinge zu erzählen. Keiner
dieser kahlen Berge, die unserem lieben Herrn de Maucroix so zuwider
sind – hier liegen vielmehr die am schönsten bewachsenen Hügel der
Welt.

> *Die Loire ist ein schöner, goldener Fluß,*
> *bewässert eine Flur voll himmlischem Überfluß,*
> *sanft, wenn sie mag, und wenn sie will so voller Übermut,*
> *daß man sie schwerlich dämmt, die wilde Flut.*

Sie könnte tausend füllige Ernten mähen,
Dörfer verschlucken, Städte würde man schwimmen sehen,
in einer Nacht die völlige Vernichtung bringen,
um alle Früchte mitzureißen, zu verschlingen,
die Arbeit eines ganzen Jahres zu vernichten,
säh man an ihren Ufern sich nicht Dämme schichten, richten,
die man so sorgsam pflegt, daß, wenn sich irgendwo
ein Riß in ihnen zeigt, in den sich Wasser schleichen kann,
ihn stopft und stärkt sogleich, daß nirgendwo
sich eine Bresche bildet, die das Wasser weichen kann.
Stadt, Dorf, Gemeinde: jeder hat sein Teil
an diesem Werk zum allgemeinen Heil.
Ihr könnts mir glauben: als auch wir an jenen Ufern standen,
daß meine Dienerschaft und ich es nicht versäumt,
ringsum mit unsern Blicken zu spazieren,
die überall so zauberische Lockung fanden,
daß meine Seele noch von solcher Schönheit träumt.
Die beiden Ufer lachende Berge zieren,
gewiß, den hohen Wolken nicht so nah
wie die im Limousin, doch Wunderhöhen!
Und schöne Häuser, Gärten, wohl gepflanzt, sah ich da
in einem Wiesengrün, wie ichs nur hier gesehen,
Weinberge, Wälder auch, so viel Verschiedenheiten:
man glaubt sich, glaubts mir nur, in anderen Breiten.

Das schönste aber ist der Loirefluß,
der selten nur sich krümmt, von seinem Wege weicht,
sich überall in seinem Wohlmaß gleicht.
Das ist kein Bach, der sich durch Wiesen schlängeln muß.
Die Loire ist ja Amphitrites Kind!
Sie ist es, deren Namen, Ruhm und Strande
jener Provinzen würdig sind,
die alle Fürsten, die in unserm Lande
geherrscht, von je zu ihren Schätzen zählten,
zu ihren größten, auserwählten.
Denn ihr Kristall
strahlt überall.
Dieser Kanal aus Licht
steht Frankreichs Garten herrlich zu Gesicht.

Balzac, Tourainer von Geburt und Herzen, konnte die Touraine besser als jeder andere verstehen und besingen:

*Für die unendliche Liebe, die mein Herz erfüllte und die keine ande-
re Nahrung hatte als einen eben erst erblickten Gegenstand, fand ich
den Ausdruck in dem langen Band des Flusses, der in der Sonne zwischen zwei grünen Ufern dahinfließt, in den Linien der Pappeln, die
mit ihren beweglichen Blättern wie ein Spitzengewebe dieses Tal der
Liebe schmücken, in den Eichenwäldern, die auf Abhängen zwischen
Weingärten liegen und von dem Fluß in immer verschiedenen Windungen umgeben werden, und in dem verschwommenen Horizont, der
in der Ferne unsrem Blick entgleitet.*

*Wenn du die Natur schön und jungfräulich wie eine Braut sehen
willst, mußt du an einem Frühlingstag dort weilen. Wenn du die blu-
tenden Wunden deines Herzens beruhigen willst, komm in den letzten
Herbsttagen hierher. Im Frühling strömt dort alles Liebe aus, im Herbst
denkt man an die, die nicht mehr sind. Die kranke Lunge atmet eine
wohltuende Frische ein, der Blick ruht auf Büschen goldener Blumen
aus, der Seele ihre friedliche Milde vermittelnd. Zu der Zeit belebten
die Mühlen, die an den Abhängen des Indre liegen, dieses rauschende
Tal mit einer Melodie. Die Pappeln wiegten sich unter einem wolken-
losen Himmel hin und her. Die Vögel sangen, die Grillen zirpten und
alles war in Musik gebadet.*

*Frage mich nicht mehr, warum ich die Touraine liebe. Ich liebe sie
nicht, wie man seine Wiege oder eine Oase in der Wüste liebt, ich liebe
sie wie ein Künstler seine Kunst. Ich liebe sie nicht so stark, wie ich dich
liebe, aber ohne die Touraine würde ich vielleicht nicht mehr leben. –
Meine Augen sahen, ohne zu wissen warum, immer zu dem weißen
Punkt zurück, zu der Frau, die in diesem großen Garten leuchtete, wie
sich das Blütlein einer Winde inmitten grüner Hecken erschließen, her-
vorstrahlen und bei der leisesten Berührung welken würde. Ich stieg
mit bewegtem Herzen hinunter in diese Mulde und sah bald ein Dorf,
das mir mein überschwengliches poetisches Gefühl unvergleichlich
schön vorspiegelte. Stell dir drei Mühlen vor, die anmutig auf lieblichen
Inseln liegen, umrahmt von einigen Baumgruppen in einem Wiesen-
grund. Wie soll man diese Sumpfvegetation nennen, die so üppig, so
bunt, gleich einem farbigen Band mit dem Fluß dahinzieht, launisch
und sich anpassend an das von Mühlenrädern gepeitschte Wasser.
Hier und da sieht man Kieselhaufen, an denen das Wasser zerschellt*

und sich in Strahlen ergießt, die Sonne widerspiegelnd. Amaryllen, Wasserrosen, Wasserlilien, Schilf, Phlox umrahmen die Ufer wie köstliche Teppiche. Die Pfeiler einer schwankenden Brücke aus wurmstichigem Holz sind mit Blumen und samtenem Moos bedeckt und neigen sich zum Fluß hinab, ohne zusammenzubrechen. Alte Boote, Fischernetze, der gleichmäßige Gesang eines Schäfers, und Enten, die von einer Insel zur anderen schwimmen oder sich mittels des groben Sandes, den die Loire mitbringt, putzen. Junge Müllerburschen, die Mütze auf dem Ohr, sind damit beschäftigt, ihre Maultiere zu beladen. Jede dieser Einzelheiten gab dieser Szene eine überraschende Harmlosigkeit. Stell dir auf der anderen Seite der Brücke zwei oder drei Gehöfte vor, ein Taubenhaus, einige dreißig Bauernhäuser, durch Gärten, Jasmin, Klematis und Hecken getrennt. Vor jeder Tür dampfte ein Misthaufen, Hühner und Hähne liefen auf den Wegen herum.

Das ist das Dorf Pont-du Ruan, ein hübsches Dorf mit einer alten charakteristischen Kirche aus der Zeit der Kreuzzüge, so wie Maler sie für ihre Bilder suchen, umgeben von alten Nußbäumen, jungen Pappeln mit blaßgoldenen Blättern. Stelle dir anmutige Gebäude inmitten dieser weiten Wiesen vor, wo der Blick sich in einem weichen und duftigen Himmel verliert, so wirst du eine Idee von den tausend Aussichten dieses schönen Landes haben.

Sully-sur-Loire

Sully thront gebietend auf dem linken Ufer, neben dem von den Druiden erwählten ›heiligen Bezirk‹ der Gallier über der Abtei von ›Saint-Benoît-sur-Loire‹ – der alten Abtei Fleury –, welche seit dem 7. Jahrhundert einer der geistig bedeutendsten Mittelpunkte der Christenheit war. Dieses starke, schwere und unregelmäßige Schloß steht dort wie ein am Fluß aufgestellter Wachtposten am Rande der Stadt, am Tor zum Orléanais, das den großen alten Übergang zwischen Nord- und Mittelfrankreich verteidigt.

Im Mittelalter befand sich dort eine riesige Steinbrücke, die 437 Meter maß und die, nachdem sie den Fluß überquert hatte, tief in die Stadt hineinführte. Ihr Ursprung bleibt ungewiß. Man kennt aber das Datum ihres Unterganges. Sie stürzte 1363 ein, und ihre Steine dienten zur Verstärkung der Wälle und zum Wiederaufbau des Schlosses, das ebenfalls »estoit chuz et abatuz par fortune de vent – durch Sturmwinde ein- und umgestürzt« war. Wenn auch die Brücke nicht vor dem 19. Jahrhundert wieder aufgebaut wurde, so sollte das Schloß immerhin aus diesem Abenteuer wesentlich größer und schöner hervorgehen.

Seit dem 10. Jahrhundert gehörte es den Freiherren von Sully, deren kriegerische und wechselvolle Aktivität sich an den – nicht immer friedlichen – Beziehungen zur mächtigen Abtei des heiligen Benedikt übte. Es gab Ausnahmen: Verbrecher, die demütige Büßer wurden, Mönche, Äbte, Bischöfe. Man muß wenigstens Maurice de Sully, den Bischof von Paris, nennen, der Notre Dame bauen ließ und Philippe Auguste von Frankreich taufte. Marie de Sully, die Letzte ihres Namens, ehelichte 1383 den Herzog Guy de La Trémoille, der die Herrschaft kaufte.

Das Haus La Trémoille blieb in ihrem Besitz bis zum Erscheinen des berühmten Staatsmannes Maximilien de Béthune im Jahre 1602, der den Namen der Besitzung annahm und sich Herzog von Sully nannte.

Der Bau des heutigen Schlosses ist in seiner Gesamtheit ein Werk der La Trémoille und geht bis in die Anfänge des 15. Jahrhunderts zurück. Es bestanden aber bereits damals bedeutende Teile älterer Gebäude. Eine Rechnung aus dem Jahre 1363 bezeugt die Bezahlung von Zimmermannsarbeiten im ›Hohen Saal‹, der eine der Sehenswürdigkeiten von Sully ist.

Das Bauwerk ist sehr bezeichnend für die Anlage der festen Burgen dieser Zeit. Trapezoider Grundriß, hohe Mauern mit Ecktürmen – einer von ihnen ist geköpft –, gedeckte Wehrgänge, Pechnasen, Schießscharten und so fort. Die Loire bespülte damals den Fuß des Schlosses.

Südlich des Wehrturmes liegt, ebenfalls von Wasser umgeben, der äußere Burghof. Der gewölbte Durchgang des Torbaues öffnet sich auf den Innenhof und eine weitere Zugbrücke, von kleinen Türmen eingerahmt, verteidigte den Zugang zum Wehrturm, an dem man noch heute die Anbringung des Fallgatters sehen kann.

Die Pläne stammten von Raymond du Temple, königlichem Baumeister, der auch am Louvre arbeitete, Architekt von Karl v. und Karl vi.

Der Wehrturm am Ufer der Loire ist der eindruckvollste Teil der Gebäude. Sein Erdgeschoß enthielt einen Saal für die Wache; der erste Stock, heute durch eine Mauer unterteilt, bildete einen einzigen großen Raum. Im obersten Stockwerk dagegen, im ›Hohen Saal‹, finden wir das älteste und schönste Beispiel der Zimmermannskunst: die Anlage in Form eines Schiffskörpers, deren Idee von allen Fachleuten bewundert wird und das Staunen der Besucher erregt. Sie befindet sich trotz ihres Alters in ausgezeichnetem Zustand, was auf die Verwendung ausgesuchter, mit dem Beil bearbeiteter Balken zurückzuführen ist.

Wir haben Sully zur Zeit der Herzöge von La Trémoille verlassen, die dem Schloß seine stolze, feudale Silhouette gaben. Einer von ihnen spielte eine nicht sehr rühmliche Rolle in der Geschichte der Jungfrau von Orléans. Als Karl VII. Chinon aufgab, wandte er sich nach Sully, dessen Besitzer damals Georges de La Trémoille war. Dieser, mit dem Herzog von Burgund verbündet, übte auf den König einen besonders starken Einfluß aus, nachdem er so etwas wie sein Bankier geworden war. Es war der Augenblick, in dem Johanna, nach der Wiedereinnahme von Orléans und Jargeau, die Loire mit ihrem Heer überquerte und die Engländer bis Patay verfolgte, wo die Schlacht mit der Auflösung des Feindes endete. Sie begab sich sofort nach Sully, um ihren König zu treffen, und dieser begann, für sie große Feste zu geben. Sie dagegen wollte ihn auf der Stelle nach Reims bringen, dem Ziel ihrer Mission. Karl jedoch, vielleicht auf Grund schlechter Ratschläge, aus angeborener Gleichgültigkeit oder aus geistiger Verwirrung – vielleicht kam auch alles zusammen –, Karl dagegen wich aus, hielt Rat und beschloß dann doch, ihr zu folgen. Im nächsten Jahr, nach den ersten Mißerfolgen, kam sie wieder nach Sully, um den König anzutreiben, der dem Einfluß von La Trémoille verfallen zu sein schien. Voller Ungeduld und verzweifelt darüber, ihn nicht überzeugen zu können, brachte sie sich, Verrat ahnend, nach einigen Tagen in Sicherheit. Zwei Monate später sollte sie in die Hände der Engländer fallen.

Die Nachkommen von Georges de La Trémoille ließen sich brav auf den Schlachtfeldern von Pavia und Marignano töten. Schloß Sully hatte harte Schläge während der Religionskriege zu dulden. Es wird erobert und wiedergenommen, ist Einsatz des erbitterten Kampfes zwischen François de Guise und Coligny und zwanzig Jahre lang Schauplatz von gewalttätigen Auseinandersetzungen zwischen Katholiken und Protestanten. Die Kirche des Schlosses, die sich östlich vom Wall befand, wurde zerstört. Die Bausteine haben später für den Bau der Stiftskirche Saint-Ythier, der Kirche der Gemeinde, Verwendung gefunden.

Das Ruhmesblatt von Sully ist ohne Zweifel Maximilien de Béthune, Seigneur und Marquis de Rosny, Kämmerer, Geheimer- und Staatsrat, Bevollmächtigter Frankreichs, Großmeister der Artillerie und des Festungswesens, Oberintendant der Finanzen, in der Geschichte einfach unter dem Namen Sully bekannt.

Der Herr von Rosny hatte anläßlich einer Reise in das Poitou das Schloß und den Besitz von Sully im Jahre 1601 besichtigt. Im nächsten Jahre kaufte er die Domäne, die 1606 durch Königliches Dekret von Heinrich IV. zum Pair-Herzogtum erhoben wurde:

Die großen und wohlempfundenen Dienste, die uns bei unseren Kriegen sowie bei anderen wichtigen Aufträgen, Reisen und Verhandlungen, in und außerhalb unseres Königreiches, bei der Leitung und Durchführung der wichtigsten und bedeutendsten Geschäfte geleistet wurden und uns täglich von unserem treuen Freund und lieben Vetter, Maximilien de Béthune, Marquis de Rosny, noch geleistet werden, verdienen es wohl, daß wir als gerechter Gebieter, der wir sind, ihm und den künftigen Geschlechtern seinen Mut und seine Treue durch Vermehrung der Ehren und der Wohltaten bestätigen, da die genannten Dienste uns um so angenehmer waren, als wir sie als nützlich für das Wohl unseres Staates erachteten.

Deshalb haben wir mit aller Sorgfalt festgestellt, daß die Baronie, die Ländereien und die Herrschaft von Sully-sur-Loire und die Baronien und Herrschaften von Moulinfron, Saint-Gondon sowie die Chapelle d'Angillon mit ihrer Umgebung und andere Ländereien und Gerechtsame, die von ihnen abhängen und die unserem genannten Vetter gehören, so herrschaftlich, angesehen und von genügenden Einkünften sind, um den Titel und Vorrang eines mit der Pairschaft verbundenen Herzogtums mit allen seinen Aufwendungen zu tragen.

Wir haben die genannte Baronie Sully-sur-Loire mit den eben erwähnten vereinten Gebieten geschaffen, errichtet und gestiftet durch diesen von uns mit eigener Hand unterzeichneten Erlaß schaffen, errichten und stiften wir sie als ein mit der Pairschaft verbundenes Herzogtum. Wir wollen, daß dieser unser Vetter, Maximilien de

1 *Der Schriftsteller Agrippa d'Aubigné*

2 *Talcy, Schloßhof*

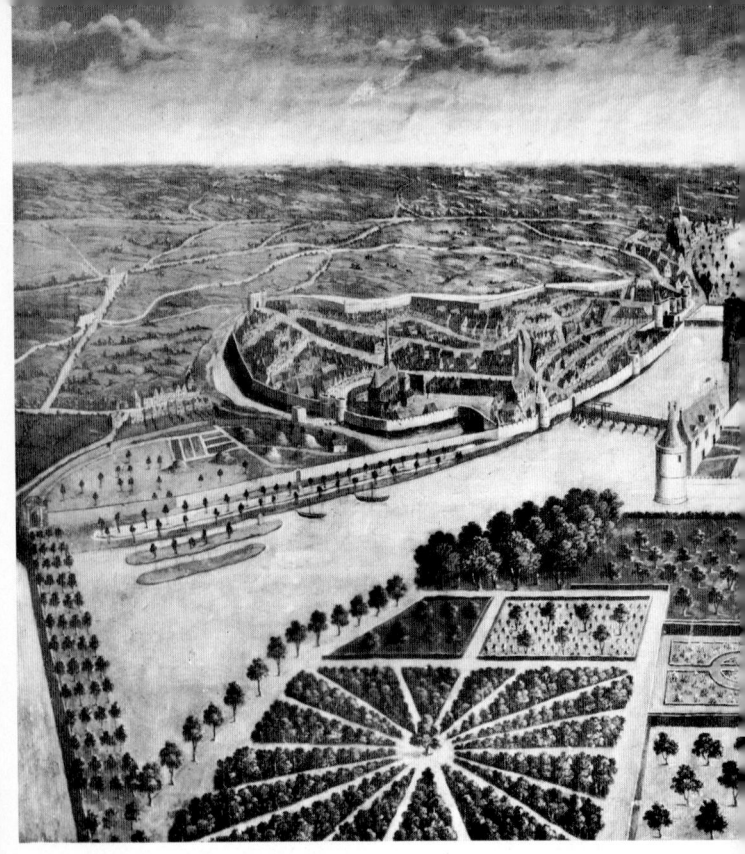

3 Sully, Schloß und Garten im 17. Jahrhundert

4 *Voltaire in jüngeren Jahren*

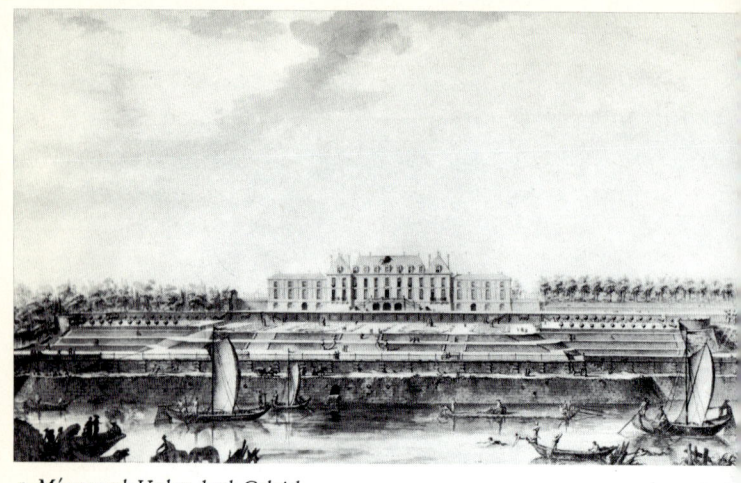

5 *Ménars nach Umbau durch Gabriel*

6 *Marquise de Pompadour,*
nach Boucher

Béthune, Marquis de Rosny, von nun an Herzog von Sully und Pair
von Frankreich genannt wird.

Vertrauter des Königs, dessen Gegensatz und Ergänzung zugleich er glücklicherweise darstellte, wird Rosny nach dem Attentat von Ravaillac seine Zeit zwischen seinem Schloß Villebon in der Perche und Sully verbringen:

> *Lebt wohl, ihr Sorgen um den Staat,*
> *ihr Dienste für mein Vaterland,*
> *laßt mich im Frieden meiner Felder*
> *meine Tage beschließen.*

Er vereinigte in seiner Brust die Seele eines Bauern mit der eines Notars und schaffte das, was an den Ufern der Loire ebenso wie in ganz Frankreich bis dahin fehlte: eine Ordnung, die zum großen Teil weiter nichts ist, als die gesetzmäßige Ausführung des königlichen Willens.

Das Schloß, das verschiedentlich beschossen und zerstört war, wurde nach seinen Anweisungen wiederhergestellt, die Räume wurden verändert. Den Nebenfluß Sange ließ er vor seiner Mündung ableiten, um die Schloßgräben zu speisen, ein Damm an der Loire sollte das Land schützen. Die Gärten wurden wesentlich vergrößert.

Der Herzog führt das Leben eines Grandseigneurs, hat das Anrecht auf eine Kompagnie von hundert Leibwachen und ist von einem kleinen Hofstaat umgeben, der eine strenge Etikette beachtet. Gegen andere anspruchsvoll, ist er es auch gegen sich selbst. Seine Aktivität grenzt ans Wunderbare. Er steht vor Tagesanbruch auf. Seine Ländereien und das ganze Gebiet erleben ein Zeitalter des Wohlstandes. Er arbeitet, ohne zu ermüden, mit seinen Sekretären an der Niederschrift seiner ›Sages et royales économies d'État‹ betitelten Memoiren. In dem ›Turm von Béthune‹ stellt er neben seinem Arbeitsraum eine Druckpresse auf – dieser Turm wurde später der ›geköpfte Turm‹. Sullys Fehler fallen genauso auf wie seine Tugenden: er liebt das Gold und betet den Streit um nichts an. So wollte er nicht zugeben, daß er verpflichtet war, dem Bischof von Orléans zu huldigen, indem er der Kathedrale alljährlich eine große Kerze stiftete. Deshalb strengte er nie endende Prozesse an – die er dann verlor.

Die sterblichen Hüllen von Sully und seiner Frau Rachel de Cochefilet ruhen heute in einem Mausoleum, in dem beide betend dargestellt sind. Es handelt sich um einen genauen Abguß des Marmorgrabmals von Nogent-le-Rotrou, wo sie zuerst beigesetzt waren.

Als die Fronde den französischen Hof zur Flucht aus Paris zwang, war es das Schloß Sully, wohin sich Anna von Österreich und Mazarin mit dem dreizehnjährigen Ludwig XIV. begaben.

Im Jahrhundert der Aufklärung bezeugte Maximilien-Henri de Béthune, der die Tochter von Madame Guyon geehelicht hatte, seine Freigeisterei, indem er Voltaire, den der Regent aus Paris verbannt hatte, aufnahm. Der junge Voltaire scheint sich und die anderen in Sully, wohin er häufig wieder kam, recht gut unterhalten zu haben. Er findet dort liebenswürdige Bewunderinnen, dichtet ›Artémise‹, beginnt die ›Henriade‹ und beschreibt ›Les nuits blanches de Sully‹. Man errichtet für ihn und seine kleine Truppe im großen Saal des Wehrturmes ein Theater.

Während der Revolution entging der Herzog von Sully mit seiner Familie der Guillotine, und zwar dank der Proteste des Volkskomitees der Stadt, das seine Freilassung verlangte und erhielt.

Der Krieg von 1940 hatte für das Land tragische Folgen. Die Schwebebrücke sah während eines Monats Tag und Nacht einen immer dichter werdenden Flüchtlingsstrom. Durch die deutsche Artillerie wurde die Stadt zum großen Teil in Brand geschossen, das Schloß bombardiert, die Brücke zerstört. Sie wurden 1942 wieder hergestellt. Im Jahre 1944 aber werden Stadt und Brücke wieder das Opfer – diesmal jedoch der alliierten Luftwaffe.

Die letzte Besitzerin – die den Namen des Ministers von Heinrich IV. trug – stürzte sich in reichlich extravagante Abenteuer. Statt einen Architekten zu veranlassen, ihr Schloß wieder herzustellen, zog sie es vor, sich an Wünschelrutengänger zu wenden, um einen Schatz zu heben, den sie dort vergraben wähnte. Man untersuchte die Mauern, riß den Boden auf, ohne etwas anderes zu erreichen als den Ruin der von ihren falschen Beratern ausgenutzten Dame.

Das Schloß, das zum Teil noch besichtigt werden kann, ist heute stark heruntergekommen. Die Einrichtung hat man – soweit sie von materiellem Interesse war – versteigert. Kürzlich wurde das Schloß vom Département Loiret erworben. Restaurierungen sind im Gange, und man spricht davon, zu Ehren des Ministers für Ackerbau und Viehwirtschaft in Sully ein Landwirtschaftsmuseum einzurichten.

Talcy

Man erreicht es über schmale Wege, die sich durch die Felder schlängeln. Diese Wege sind wenig belebt. Das Schloß Talcy erhebt keinen Anspruch, mit den großen ›Stars‹ des Loiretals zu wetteifern. Es markiert nicht den ›Beau‹, lockt weder von weitem durch eine helle, stolz aufragende Silhouette noch durch feierliche Alleen oder seinen reichen Aufputz. Das Schloß erhebt sich ganz einfach in seinem Dorfe, fest mit ihm an der Straße verwurzelt. Es bezeugt jene ländliche Kultur, die Frankreich bis zum Beginn des Ersten Weltkrieges kennzeichnete, bis zu dem Augenblick, in dem sich innerhalb eines halben Jahrhunderts die Sitten und Gebräuche tiefgehender veränderten als während eines halben Jahrtausends zuvor.

Warum ergreift uns diese bäuerliche Haltung? Warum rührt uns dieses Rustikale ohne Tünche so? Wir spüren in Talcy ein gewisses ›verlorengegangenes Etwas‹. Wie sollen wir es beschreiben? Es ist der Eindruck von Offenheit und Ursprünglichkeit. Wenn wir uns woanders umschauen, so finden wir selbst in den prunkvollsten Schlössern so viel durch die letzten Besitzer aufgesetzten falschen Schein, so viele falsche Türme und falschen Zierat, so viel falsche Gliederung, gefälschte Ausstattung und gefälschte historische Möbel. Hier dagegen sind alle Steine am richtigen Fleck, die Aufteilung der Räume und die Einrichtung bis in die wertlosesten Kleinigkeiten hinein sind echt.

Ein gut geschnittenes Turmtor, drei achteckige Türmchen, ein Flügel, der in eine herrschaftliche Kapelle übergeht, die zu-

gleich Pfarrkirche ist, ein Hof, dessen höchste Eleganz darin besteht, daß er dem Hof eines großen Gutes ähnelt, all das besitzt
einen gewissen Zauber von patriarchalischem Adel, dem keiner
sich zu entziehen vermag.

Gestalten die Bewohner solche Häuser nach ihren Ideen oder
sind es nicht vielmehr diese, die die Bewohner formen? Erzählen wir zuerst die Geschichte der Schloßherren – eine von zarten
Elegien durchwirkte Geschichte –, um damit das Geheimnis des
Schlosses zu enträtseln.

Die Herren von Chaources waren im 13. Jahrhundert die Besitzer einer Burg in Talcy, die 1466 in die Hände von Juristen,
der Familie Simon, überging. Einer von ihnen wurde schließlich, nachdem er die Weihen erhalten hatte, Bischof von Paris.
Die eigentliche, uns bekannte Geschichte des Schlosses beginnt
mit dem Tage, an dem das Gebäude und seine Ländereien von
Bernard Salviati gekauft wurden. Der Vertrag wurde am 8. November 1517 aufgesetzt.

Die Salviati waren sehr bekannte Florentiner Finanzleute und
mit den Medici verwandt. Bernard ließ sich in Frankreich nieder, wo er ein Fräulein aus dem Orléanais heiratete.

Er ist es, der seinem ländlichen Besitz – er hatte ein Haus in
Blois – das heutige Aussehen gab. Von bürgerlicher Herkunft,
war er bemüht, als Edelmann aufzutreten – die Urkunden bezeichnen ihn als ›Handelsmann‹. Er erhielt die Genehmigung,
sein Schloß mit »Mauern, Türmen, Zinnen, Schießscharten,
Zugbrücken, Vorwerken, Wällen und anderen Verteidigungsanlagen eines festen Hauses zu versehen, allerdings unter dem
Vorbehalt, daß er trotz der genannten Befestigungen sich weder ›Schloßherr‹ nennen noch die Gerichtsbarkeit ausüben,
noch das Recht Wachen zu stellen sich anmaßen darf«. Lassen
wir uns nicht täuschen: das war die übliche Formulierung. Der
Geschäftsmann Salviati dachte bestimmt niemals daran, Belagerungen durchzustehen. Er machte von seinen Rechten nur
in bescheidenem Maße Gebrauch. Der Verteidigungsapparat
der Fassade trat nicht in Erscheinung, es sei denn in den fünf

Schießscharten eines Wehrganges und in Pechnasen von schönster dekorativer Wirkung. Es ist wahrscheinlich, daß, um die Genugtuung zu haben, als Mann von Schwert oder Adel zu gelten, irgendeine großzügige finanzielle Gegenleistung erfolgte.

Wir befinden uns in einer Zeit der Geschichte Frankreichs, in der italienische Bankiers eine hervorragende, wenn auch sehr diskrete Rolle in der Finanzwirtschaft des Königreiches spielen. Salviati nutzte seine florentinischen vetterlichen Bindungen aus. Kein Wunder, wenn Katharina von Medici sich in schwierigen finanziellen Lagen an ihn wandte. Ihr Vetter sollte ihr außerdem eine diplomatische Zusammenkunft mit dem Prinzen Condé, dem Führer der Calvinisten, verschaffen, dessen Heer damals vor Beaugency lag. Im Jahre 1562 begab sich Katharina dorthin, von ihrem zwölfjährigen Sohn Karl IX., dem Marschall vom Saint-André und dem Herzog von Guise begleitet. Der Raum, in dem diese Verhandlungen stattfanden, die keinen anderen Erfolg zeitigten, als die Feindseligkeiten zu vermehren, kann besichtigt werden. Am nächsten Morgen plünderten die Truppen Condés Beaugency.

Ein Sohn von Bernard Salviati sollte auch noch die Tochter von Scipio Sardini, dem mächtigsten Finanzmann Frankreichs, ehelichen, der dem heruntergekommenen Adel, den abenteuerlustigen Kirchenfürsten und selbst dem König enorme Summen vorstreckte, sobald der Staatsschatz Ebbe zeigte. Als Belohnung für solche Dienste war dieser gewandte Mann aus Lucca mit Chaumont-sur-Loire belehnt worden.

Wir müssen es zugeben: der Wohnsitz der Salviati erweckt nirgends den Gedanken an Gewinnstreben oder Geldgeschäfte. Vielmehr erscheint er als Muster eines französischen Schlosses mit eher ländlichem Charakter, dessen Proportionen von mittelalterlicher Bauform bestimmt sind. Wenn man feststellt, daß dieses Gebäude nicht im geringsten das Italienische affektiert und daß die Nähe der Renaissance des Loiretals kaum von Einfluß gewesen ist, so ist man versucht zu glauben, daß die Ge-

mahlin aus der Beauce, die den sanften Namen Françoise Doul-
cet trug, das Ihre zu dem Geiste beigetragen hat, der den Bau
beseelt.

Im Gegensatz zu vielen anderen Schlössern erzählt Talcy uns
also keine Finanzgeschichten. Wunderbare Liebesgeschichten
sind es, die seinen Zauber ausmachen.

Bernard Salviati hatte drei Töchter. Die älteste hieß Cassandra. Wüßten wir es noch, wenn dieser Name nicht durch Ronsard unsterblich geworden wäre? Cassandra war fünfzehn Jahre
alt, als ihre Eltern sie auf einen Ball in das Schloß von Blois
brachten. Der Dichter, der wahrscheinlich aus seinem Vendômois kam, zählte einundzwanzig. Ungeachtet der Trennung,
ungeachtet anderer Liebschaften, sollte die Flamme, die sich
damals entzündete, nie mehr verlöschen.

Die Liebe der Cassandra

Im Jahre fünfzehnhundertsechsundvierzig war es,
daß eine grausame Frau in ihres Haares
Geschling mein Herz gefesselt, das dies Haar berückt:
so grausam und so schön ward ich beglückt.

Doch damals dachte ich: in Ewigkeit,
ich Einfaltspinsel! währt es nicht dies Leid,
und daß die Locken ihrer blonden List
ich schon nach zwei, drei Tagen leicht vermißt.

Ein Jahr verging, ein anderes fängt an
und mehr denn je bin ich im süßen Bann
des goldnen Netzes. Wenn der Tod vielleicht

die Fesseln lösen möcht und heilen meinen Schmerz,
schlingt Amor sie, indem er mich beschleicht
mit leerer Hoffnung, fester noch ums Herz.

Die kindliche Schönheit von nur fünfzehn Jahren
mit hundert goldnen Ringlein in den Haaren,
mit einer Jungfraunhaut, mit einer Rosenstirne,
mit einem Lächeln, das die Seel' entrückt in die Gestirne,

ein schneeiger Hals, milchweißen Busens Lust,
ein reifes Herz in einer jugendfrischen Brust,
und Tugend wert der Schönheit dieses Leibes:
die Götterschönheit eines Menschenweibes.

Ihr Auge ist so stark, aus Nächten Tag zu machen,
und ihre milde Hand verwandelt Leid in Lachen,
hält mich mit ihren Fingern fest umschlungen.

Auch singt sie süß. Doch manchmal unterbricht
ein Lächeln oder Seufzen ihr Gedicht.
Von solchen Zauberein ward mein Verstand bezwungen.

Pierre de Ronsard

Elegie an Cassandra

Mein Aug, mein Herz, Cassandra, du mein Lebenstag,
mit gutem Grunde, ach, muß Neid dich plagen,
auf jenen großen König, ders nicht länger dulden mag,
daß meine Lieder deinen Namen singend sagen.
Er will, daß ich an meiner Laute statt
nun zur Trompete greife, seinen Ruhm zu blasen,
nicht seinen nur, auch den der Ahnen, die er hat
dort oben thronend auf olympischem Rasen.
. . . .
Jedoch sobald der Ahne meines Herrn
die Rechte aus dem Kampfgemenge zieht,
im Zelt die Waffen ablegt und verwahrt,
singt auf der Laute allsogleich Ronsard
– und das nur singt er gern –
für dich allein ein neues Lautenlied.
Denn keine andere Schönheit rührt
das Herz ihm an, seis hier, seis dort,
in diesem Leben oder jenem Port,
wohin, die leichte Last, Charon im Tod ihn führt.

Pierre de Ronsard

Während Pierre de Ronsard nicht aufhörte, seine Schöne zu be-
singen, war diese eine vor dem Gesetz geschlossene Ehe mit
Jean de Peigné eingegangen. Dieser, ein kleiner Krautjunker,
Besitzer von Pré im Vendômois, war durch die Familie Illiers

ein Vetter des Dichters. Haben die Illiers von Marcel Proust dort ihre Wurzeln? Jede literarische Vermutung ist gestattet, wenn man sich in Talcy befindet. Vergessen wir auch nicht, daß eine Tochter von Cassandra einen Ahnen des Dichters der ›Nuits‹, Guillaume de Musset, heiratete.

Wir kennen die Hochzeit der ›Mignonne‹ von Ronsard durch einen Brief von Agrippa d'Aubigné: »Ich kannte Ronsard … Meine erste Liebe galt Diana de Talcy, Nichte von Madame du Pré, die seine Cassandra war.«

Tatsächlich war Diana die Tochter von Jean Salviati, einem der Brüder von Bernard. Und das führt uns zu einer weiteren Geschichte von einer ersten Liebe, einer Liebe, die sich ebenfalls allein von Poesie nähren mußte.

Auch Agrippa d'Aubigné zählte einundzwanzig Jahre, als er Diana Salviati begegnete. Dieser junge hugenottische Krieger hatte gerade etwas Land in der Umgebung von Talcy geerbt. Diana, etwas jünger als er – sie war Musikliebhaberin wie er Dichter war, denn diese beiden Künste gingen damals ineinander über –, machte auf ihn einen so tiefen Eindruck, daß er sie niemals vergessen sollte.

Er hat mit viel Geschmack erzählt, wie »diese Liebe ihm die französische Dichtkunst eingab«, als er seinen ›Printemps‹ dichtete, »in dem es eine ganze Anzahl nicht sonderlich höflicher Dinge gibt, dafür aber umsomehr Leidenschaft, was vielen zusagen wird«.

> *Mit langen Blutgerinseln löst mein elender Leib*
> *vom Orte, den er flieht, die Seele los,*
> *von seinem Herz geschieden, das er draußen ließ,*
> *in jener grausamen Dame blutigen Händen,*
> *sucht er verzweifelt tausendfachen Todesschatten.*
>
> *Je mehr der roten Schicksale das Herz*
> *von dem geplünderten Leibe trennen, rinnt*
> *Blut aus und Leben auf den schmerzgezeichneten Pfad.*
> *Denn Dianas Schönheit reißt, indem sie sich entfernt,*
> *das Herz sich nach. Dem Unheil folgt der Leib.*

Wer mich da findet, wie ich meinen Körper
durch die geröteten Büsche weiterschleppe,
mag mit dem Blick mir folgen wie gebeugte Bauern
des Ebers blutiger Spur bis dorthin, wo er stirbt.

Wer jemals einer solchen Frau ergeben
gedient wie ich, mit soviel Treu und Zucht,
starb meinen Tod und gleicht mir auch im Leben,
hat allen Leichtsinn so wie ich verflucht,
flieht Lethe auch, Erfahrung zu erreichen,
wie Leiden im Erinnern süßen Freuden gleichen.

Agrippa d'Aubigné

Aus welchem Grunde wurde dieser arme und protestantische
Edelmann – wir befinden uns auf dem Höhepunkt der Religionskriege – nicht nur von Diana, sondern auch von ihrem
streng katholischen Vater Jean Salviati, dem Herrn von Talcy,
so gut aufgenommen? Folgende Begebenheit beweist, wie per-
sönliche Sympathie über Fragen des Reichtums und selbst über
die Religion zu triumphieren vermag. Agrippa, der mit mehreren bewaffneten Kameraden einige Tage vor der Bartholomäusnacht aus Paris geflüchtet war, stößt auf eine Bande von Plün-
derern in der Nähe von Beaugency. Ein Handgemenge ist die
Folge und zahlreiche Gegner bleiben im Kampfe. Wenn er
nicht gefangen werden und diese Tat mit dem Leben büßen
will, muß er natürlich in Talcy Zuflucht suchen, wo er dann
mehrere Monate wohnen wird. Es kommt zur Verlobung. Da
aber greift der älteste Bruder, Großmeister von ›Saint-Lazare‹
und Chef der Familie, ein: er gestattet nicht, daß ein Calvinist
in die Familie einheiratet und legt ein endgültiges Veto gegen
die Verbindung ein. Hören wir den Dichter selbst in seinen
›Denkwürdigkeiten‹:

Zu Talcy, wo ich mich während einiger Monate verborgen hielt,
erzählte ich eines Tages dem Vater meiner Herzenskönigin meine
abenteuerlichen Unglücksfälle und da der Mangel an Geld mich hin-
derte, nach Rochelle zu gehen, unterbrach mich der Alte, indem er
sagte: »Ihr habt mir ja schon einmal erzählt, daß die Originaldoku-
mente der Verschwörung von Amboise Eurem Vater selig anvertraut

worden, und daß auf einer dieser Handschriften das Siegel des Kanz-
lers de l'Hôpital sich befände, der jetzt auf seinem Schlosse bei Etam-
pes zurückgezogen lebt. Das ist nun ein Mann, der nichts mehr gilt,
und der Eure Partei verleugnet hat, wenn Ihr wollt, so laß ich ihm
sagen, daß dieses Papier in Euren Händen ist, und stehe Euch dafür,
daß ich es dahin bringen will, daß Ihr zehntausend Taler bekommen
sollt, entweder von ihm selbst oder von denjenigen, die sich dieser
Schrift bedienen wollen, um ihn zu vernichten.« Ohne auf diese An-
rede zu antworten, verließ ich ihn augenblicklich, holte in meinem
Zimmer einen Sack von rotbraunem Samt, der alle jene Papiere ent-
hielt, brachte ihm dieselben, zeigte ihm alle besagten Dokumente, nahm
sie dann wieder aus seiner Hand und warf sie in seiner Gegenwart ins
Kaminfeuer, und als er mich heftig deswegen anfuhr, antwortete ich
ihm: »Ich habe alle diese Schriften verbrannt, damit sie mich nicht einst
brennen mögen, denn ich hätte vielleicht der Versuchung unterliegen
können.« Am folgenden Tage aber faßte der gute Mann den Liebhaber
seiner Tochter bei der Hand und sagte zu ihm: »Wiewohl Ihr mir Eure
Gedanken und Gefühle noch nicht offenbart habt, so habe ich doch zu
gute Augen, um nicht inne geworden zu sein, daß Ihr meine Tochter
liebt. Ihr sehet, daß mehrere, die Euch an Rang und Reichtum über-
legen sind, um sie werben; aber jene Papiere, die Ihr gestern ins Feuer
warfet, aus Furcht, wie Ihr sagtet, daß dieselben Euch einst brennen
möchten, haben mich so für Euch eingenommen, daß ich Euch sagen
muß: ich wünsche Euch zum Tochtermann…« Aber siehe, da brach
der Ritter Salviati, Oheim meiner Verlobten, die ganze Sache wegen
der Religionsverschiedenheit auf einmal ab.

Auf beiden Seiten ist der Schmerz groß. In seinen ›Denkwürdigkeiten‹ schreibt der Dichter weiter:

Meine Verzweiflung war so groß, daß ich so schwer krank wurde,
daß ich von verschiedenen Ärzten aus Paris und einem aus Postel be-
sucht wurde; als dieser mich veranlaßt hatte zu beichten, mußte
er mich bewachen lassen, um zu vermeiden, daß man mich massa-
krierte.

Diana wurde, ohne daß ihr Widerspruch geduldet wurde,
etwas später mit Herrn de Limeuil verheiratet.

Als dieses Fräulein am Hofe den Unterschied bemerkte zwischen
dem, was sie verloren hatte und dem, was sie jetzt besaß, ergriff sie

eine solche Betrübnis, daß sie erkrankte und bis zu ihrem Tode die Ge-
sundheit nicht mehr erlangte.

D'Aubigné seinerseits hat Suzanne de Lezay geehelicht. Seine
erste Liebe hatte ihn aber so tief gezeichnet, daß Suzanne noch
zwanzig Jahre später auf diese erste Leidenschaft eifersüchtig
war, so daß ihr Gatte diesen rückblickenden Groll in Versen zu
besänftigen suchte:

> *Ja, Susanne. Die Nacht der Diana ist ein Tag.*
> *Warum soll ihr Tod mir keine Liebe gewähren –*
> *Nachdem sie tot, Dir noch Eifersucht einflößt.*

Cassandra! Diana! Hatte Talcy die verderbliche Macht, in
seinen Mauern ewige unerfüllte Leidenschaften zu gebären?

Dieses Schloß, nur durch die Vergangenheit lebendig, ist voll
sanfter Schwermut. Wenn auch die Form des Eingangs unter
dem Turm sehr streng wirkt, so überrascht uns, sobald wir die
Tore durchschritten haben, ein Hof von außergewöhnlichem
Liebreiz, und wir haben keine Schwierigkeiten mehr, uns die
Bewohner vorzustellen, die sich in ihm bewegten.

Ein kleiner Treppenturm flankiert den Schloßturm. Das
Wohngebäude ruht auf einer Galerie, deren vier Korbbögen
offensichtlich von der Galerie des Charles d'Orléans in Blois beeinflußt sind. Große Giebel, deren Schrägen mit Waben geschmückt sind, erhöhen den freundlichen Eindruck. Ein von
drei Säulen getragener Helm, der wie ein Zierat dort hingestellt
scheint, deckt einen steinernen Brunnenschacht.

Es gibt heute keine Gartenanlagen mehr, sondern nur Wiesen
und Obstgärten, wodurch der bäuerliche Charakter des Ganzen
noch stärker betont wird, der diesem Wohnsitz so besonders gut
ansteht. Die Nebengebäude scheinen vollkommen erhalten
und wie zur Verwendung bereit. Das Ganze ist von bedeutsa-
mem Interesse für den, der das gutsherrschaftliche Leben ver-
gangener Jahrhunderte kennenlernen will.

In einem Schuppen sehen wir eine große Weinkelter, deren
Holzgetriebe – in ausgezeichnetem Zustande erhalten – sicher

den Höhepunkt der Technik im Jahre 1640 darstellte; denn wie ein großes Kunstwerk ist sie datiert. Noch erstaunlicher ist ein Taubenschlag, dessen kreisförmige Ziegelmauer im Innern eintausendvierhundert Taubenlöcher aufweist, ein jedes für je ein Taubenpaar; eine riesige, auf drehbare Balken montierte Leiter ermöglicht den Zugang zu den einzelnen Zellen.

Das Schloß hat das seltene Glück gehabt, ständig von Besitzern bewohnt zu werden, die sich bemühten zu erhalten, aber nicht zu verändern oder zu zerstören. Im 18. Jahrhundert wurde es von der aus dieser Gegend stammenden Familie du Candal bewohnt. Albert Stupfler, ein Schweizer Diplomat, kaufte es 1834: er war ein außergewöhnlich gebildeter Bibliophile, ein Freund von Delacroix, Stendhal, Mérimée. Seine Schwester, die hochbetagt starb, wachte mit unendlicher Sorgfalt über die Möbel, Tapeten und die kleinsten Gegenstände.

Als die Denkmalspflege 1933 den außerordentlich glücklichen Entschluß faßte, die Liegenschaft zu erwerben, bestand ihre Aufgabe vor allen Dingen darin, zu sichern und zu ordnen, ohne dabei den Charakter eines alten Privathauses anzutasten. Das Wachlokal mit seinen geschnitzen Balken und seinem großen Kamin, das Bureau und die Küche mit ihren Gewölben stammen aus der Zeit der Salviati. Auf der Etage sehen wir das sogenannte ›Zimmer der Katharina Medici‹, ihr Bett und Möbel des 17. Jahrhunderts vor einer Tapete im ›Point de Hongrie‹. Dort soll die berühmte Zusammenkunft mit Condé stattgefunden haben. Die folgenden Räume, mit Aubussonbehängen oder bemalter Leinwand von der Ostindischen Handels-Kompagnie geschmückt, sind seit der Zeit Dianas und Cassandras so unverändert geblieben, daß wir uns kaum wundern würden, wenn ihr Bild in den schönen, goldenen Rahmen der mattgewordenen Spiegel erscheinen würde.

Ménars

Ob wir der Loire auf dem rechten oder auf dem linken Ufer zwischen Orléans und Blois folgen, immer erblicken wir das Schloß Ménars, sei es hinter dem Eingangsgitter am Ende einer Kastanienallee oder sei es jenseits des Flusses, wie es den Abhang der Gärten beherrscht.

Es ist schwer, sich ein Gebäude vorzustellen, das in seiner edlen Einfachheit besser der von seinen ersten Besitzern ausgewählten Lage entsprechen könnte: es ist ein Spiel der Horizontalen. Die Wasserfläche des Flusses, die stufenförmig angelegten Gartenterrassen, die sanften Hänge, die doppelten Treppenläufe, die einen erhöhten und kräftigen Sockel schmükken, die Einteilung der Fenster, die großen Schieferdächer, alles wächst in musikalischer Harmonie zusammen. Wir denken an die Gespräche von Valéry über die stumme Architektur und die Architektur, die spricht oder die klingt. Ménars klingt wie ein langsamer Satz in einem Ballett von Rameau, das Geigen von gedämpftem Klang anvertraut ist.

Die meisten Schlösser des Loiretals bezeugen die erste Entfaltung der französischen Renaissance. Die klassischen Denkmäler sind dort sehr selten. Ménars aber ist eine Art Quintessenz der klassischen Kunst auf ihrem Höhepunkt. Wenn es ein Zeugnis für seine Qualität benötigen würde, so könnte es von drei berühmten Namen signiert sein: der Marquise de Pompadour, ihrem Bruder, dem Marquis de Marigny, Oberintendant der Schlösser von Ludwig xv., und Ange-Jacques Gabriel, Erster Architekt der Königlichen Bauten.

Die Herrschaft Ménars war 1637 durch Guillaume Charron, Sohn eines Weinhändlers aus der Umgebung, erworben worden, den sein sehr lohnendes Amt eines Verwaltungsbeamten beim Heer schnell hatte reich werden lassen. In Paris besaß er außerdem auch noch ein Wohnhaus am Quai de Bourbon auf der Insel Saint-Louis.

Ménars präsentierte sich damals als ein gefälliges, von der Einfachheit so vieler Häuser im Stile Ludwigs XIII. geprägtes Gebäude, das heißt als ein Mittelbau, der von zwei mit spitzen Dächern versehenen Pavillons flankiert wurde. Das war der Kern der Anlage, die wir heute sehen.

Beim Tode des Heeresbeamten erhielt sein Neffe, Jean-Jacques Charron, Ménars als Erbgut. Der soziale Aufstieg dieser Familie vollzog sich völlig übergangslos. Nachdem Jean-Jacques Schwager von Colbert geworden war, durchlief er eine glänzende parlamentarische Laufbahn und wurde Präsident des Parlamentes in Paris. Er rundete seinen Besitz ab, benutzte seine Verwandtschaft, um die Erhebung von Ménars zum ›Marquisat‹ durch Ludwig XIV. beurkunden zu lassen, und verschönte die Gärten. Diese galten schon damals als ein Wunder. Félibien hat uns die vom Präsidenten Charron veranlaßten Verschönerungen beschrieben:

Er hat ihn (seinen Garten) stark vergrößert und unter Ausnutzung seiner glücklichen Lage eines der schönsten Häuser des Landes gebaut. Er hat dort zwei Wohnflügel und eine Orangerie errichtet und zwei schöne Alleen mit vier Reihen von Ulmen gepflanzt. Diese sind so besonders hübsch, weil man von ihnen aus jenseits des tiefer gelegenen Flusses eine weite Landschaft entdeckt, deren Ausdehnung und Mannigfaltigkeit einen prachtvollen Anblick gewähren. Das Ganze ist über zwei verschiedene Terrassen erbaut, die sich bis zum Ufer des Flusses hinziehen.

Durch Zufall ist das Wichtigste dieser Gärten erhalten geblieben; die Alleen, die einen solchen Eindruck auf die Zeitgenossen gemacht haben, sind noch immer die herrlichsten und eindrucksvollsten der Touraine.

Es war im Jahr 1760, als die Familie Charron de Ménars ihr
Gut an Madame de Pompadour verkaufte.

Man weiß von dem kultivierten Geschmack der Marquise
und von ihrer starken Leidenschaft für die Schönen Künste und
die Architektur. Sie hatte viel bauen lassen, bis dahin aber nur
in Paris und seiner Umgebung. Fern von diesen kostbaren Lust-
häusern, diesen von Statuen bevölkerten Gärten in der Nähe
von Versailles und der königlichen Schlösser, sollte Ménars,
wohin sie erst im vorgeschrittenen Alter kam, das friedliche
Landhaus, eine Zuflucht vor allen Behelligungen sein. Sie
führte übrigens dort – für welch kurze Zeit! – das ruhige Leben
einer mildtätigen, von der Bevölkerung geliebten Schloßherrin.

Wenn sie auch die Gunst ihres königlichen Liebhabers verloren hatte, so war ihre Liebe für die Schönen Künste nicht erloschen. Sie wollte Ménars nach ihrem Geschmack einrichten,
das heißt nach der damaligen Mode. Wer wäre für diese Aufgabe besser geeignet gewesen? So wurde der große Gabriel auch
dort ihr Architekt.

Er konnte den Anblick der Flügel des Schlosses, die ihm von
zweifelhaften Proportionen erschienen, nicht ertragen – und
das mit Recht, wenn wir den damaligen Stichen glauben wollen. Er ließ sie abbrechen, um sie durch andere von besseren
Verhältnissen zu ersetzen und diese in Gleichklang mit dem
Vorhandenen zu bringen. Die Fenster der beiden Fassaden öffneten sich in harmonischer Ordnung. Diesseits und jenseits des
Ehrenhofes wurden eingeschossige Nebenbauten errichtet und
mit Mansardendächern versehen, die einen von einer Fiale bekrönten skulptierten Giebel zeigten. Man findet natürlich
in der Gesamtheit dieser Gebäude die stark kontrastierende
Rautenquaderung, die Gabriel so liebte. Unterlassen wir es
nicht, im rechten Pavillon die mit Ziegeln eingewölbten und
mit Gerät aus der Zeit ausgestatteten Küchen zu besuchen,
die mit dem Schloß durch einen unterirdischen Gang verbunden sind!

Die Marquise ließ das Innere nach ihrem Geschmack einrichten. Ein großes und helles Vestibül, das gleichzeitig nach dem Hof und nach der Loire blickt, verbindet die Zimmer. Leider wurde die Ausstattung später verstreut, besonders die Sammlungen von chinesischem Porzellan; man findet aber noch Boiserien mit feingeschnitzten Verzierungen, Kamine, geschnitzte und vergoldete Pfeilerspiegel, besonders schöne im großen Salon, wo sich Rosengirlanden um Stabwerk schlingen. Alles atmet einen geläuterten Geschmack!

Die Pompadour genoß nicht lange ihr neues Heim. Vier Jahre nach dessen Erwerb, noch bevor die Ausschmückung der Räume beendet war, starb sie in Versailles, in ihrem kleinen Salon aus rotem Lack, in großer Toilette, wohl frisiert und gut geschminkt.

Ihr Bruder, der Intendant von Marigny, wurde ihr Nachfolger. Er, dessen Beruf es war, zu bauen, weilte nicht in Ménars, ohne Verschönerungen vorzunehmen. Er berief Soufflot, der sein Begleiter auf jener berühmten Italienreise war, die den Beginn einer neuen Orientierung in der französischen Kunst bedeutete. Die Hof-Fassade wurde abgeändert. Eine mit einem merkwürdigen schmiedeeisernen Geländer verzierte Treppe nahm in der Vorhalle ihren Anfang. Vor allen Dingen aber wurden die Gärten weiter verschönt, und es ist schwer, ihrem Zauber zu widerstehen. Dieser ist zweifellos auf die vollendet klassische Ordnung zurückzuführen, die dort zusammen mit geheimnisvollen Verlockungen, unerwarteten Anblicken und einem gewissen, bereits von der frühen Romantik gefärbten Geist herrscht. Vergegenwärtigen wir uns, daß damals das Werk von Jean-Jacques Rousseau bereits geschrieben war und daß die Besitzer von Ménars durch ihre Persönlichkeit dazu bestimmt waren, in der neuen Mode führend zu werden.

Diese Gärten geben ihren Reiz nicht auf den ersten Blick preis. Zuerst trifft man auf ein großes Parterre nach französischer Art mit Rasenflächen und Randbeeten. Längs der Fassade des Schlosses zieht sich eine Reihe von Büsten römischer Kaiser.

Rechts sehen wir ein recht merkwürdiges rundes Gebäude, das von einer Kuppel bedeckt und von zwei kleinen Flügeln flankiert wird. Es wird neuerdings als ›Liebestempel‹ bezeichnet. In Wirklichkeit hat ihm Marigny niemals diese Bestimmung zugedacht; er hatte darin die Büsten bedeutender Männer aus der Regierungszeit von Ludwig XIV. und Ludwig XV. aufstellen lassen. Dieses wohlproportionierte, aber für diesen Platz zu großartige und zu schwere Gebäude ist ein Werk von Soufflot. Im Anschluß daran folgt eine Orangerie mit dreieckigem Giebel, deren sechs Glastüren sich selbstverständlich nach dem Garten öffnen.

Gehen wir diesen Garten bis zum Rasenplatz hinunter, so werden wir etwas abseits ein Gewässer entdecken, das bis unter die Laubmassen der Bäume reicht. Sein graugrüner Spiegel ruht wie in einem langen, schmalen und geheimnisvollen, aus grünen Blättern gebildeten Saal. Am Ende erscheint ein Bogen aus Stein, der Sockel einer von Algrain geschaffenen Badenden, die sich dem Wasser zuzuneigen scheint, wie um ihr Spiegelbild einzufangen. Lassen wir uns nicht täuschen: dieses liebenswürdige gärtnerische Zauberspiel ist das Ergebnis eines rein geometrisch-linearen Systems.

Auf halbem Wege stoßen wir auf ein völlig zwischen den Bäumen verstecktes Denkmal in Form einer künstlichen Grotte im Geiste der damaligen sogenannten ›Fabriques‹. Sie verdient eine genauere Betrachtung, denn Soufflot hat damit der antiken Architektur durch eine Schöpfung von seltenem Wert gehuldigt.

Marigny fühlte sich verpflichtet, einen jener ›anglo-chinesischen‹ Gärten anzulegen, die damals in Frankreich aufzutauchen begannen: kleine gewundene hügelige Landschaften, von Bächen durchzogen und von kleinen Wasserfällen belebt. Er war es auch, der die imposante Stufenallee, welche die Loire auf einer Länge von einem Kilometer beherrscht und die mit einer doppelten Reihe von Linden bepflanzt ist, fertigstellen ließ. Vom Kreisrund in der Mitte, das ›Belvedere‹ genannt, schweift der Blick in die Ferne nach Chambord. Die Gartenparterres wurden mit Statuen geschmückt. Leider ist davon der größte Teil zerstört oder durch andere ersetzt worden.

Der Park von Ménars war riesenhaft und von einer sechzehn Kilometer langen Mauer umgeben. Er wird von der rechten Uferstraße durchkreuzt, die man ›Route Pompadour‹ nennen könnte, da es tatsächlich die Marquise war, die sie ausbauen ließ. Brücken über die Loire waren selten. Um von Paris nach Ménars zu gelangen, mußte man den Fluß in Orléans auf der steinernen Brücke überqueren, dann der ›Route d'Espagne‹ über Cléry und Muides folgen, um auf der Höhe des Schlosses sich über die Loire übersetzen zu lassen. Die neue Straße zerschnitt den Besitz in zwei ungleiche Teile. Das nördliche, von großen schnurgeraden Alleen durchzogene Gebiet bildete den sogenannten ›Großen Park‹.

Madame de Pompadour hatte ihrem bereits 1757 abgefaßten Testament am 30. März 1761 noch einen Nachtrag beigefügt:

Ich setze Abel François Poisson, meinen Bruder, Marquis de Marigny, zum Nacherben meiner Besitzung, der ›Marquisats-Pairschaft‹ Ménars und aller ihrer Nebengebäude, ein, und zwar in dem Zustande, in dem sie sich am Tage meines Todes befinden werden. Dieses Erbe erstreckt sich ebenfalls auf seine männlichen Nachkommen und Enkel, immer aber auf den Erstgeborenen. Sollte er nur Mädchen als Nachkommenschaft haben, so findet dieses Nacherbe nicht statt, sondern die Besitzung wird unter sie verteilt. Im Falle, daß mein Bruder ohne Nachkommen stirbt, setze ich an seiner Stelle und unter denselben Bedingungen Herrn Poisson de Malvoisin als Nacherben ein, der gegenwärtig Brigadekommandant der Karabinieri ist.

Letzeres war 1781 der Fall. Jetzt brach für Ménars, das bis dahin nur Prunk und Glanz gekannt hatte, eine unheilvolle Epoche an, die mit Nachfolgeschwierigkeiten und Prozessen begann. Um die Renten bezahlen zu können, die die Marquise für ihre Dienerschaft und für Dorfbewohner ausgesetzt hatte, mußte die Zwangsverwaltung damit beginnen, Möbel und Kunstwerke zu verkaufen. Die Zeit der Revolution war von den üblichen Enteignungen und Verheerungen begleitet, ohne daß allerdings die Gebäude selbst in Mitleidenschaft gezogen wurden.

Unter dem Kaiserreich erwarb den Besitz Marschall Victor, der später eifriger Legitimist und Pair von Frankreich wurde. Ménars sollte aber napoleonische Tradition bewahren, da es 1828 von Emilie Pellapra, einer natürlichen Tochter Napoleons, bewohnt wurde, die sich eben anschickte, in zweiter Ehe Prinzessin de Caraman-Chimay zu werden.

Der Prinz ließ zunächst die schadhaften und verfaulten Fußböden herstellen, interessierte sich jedoch für Ménars auf eine besondere Weise: Er war ein fortschrittlicher Prinz, ein Sozialist und von dem Gedanken besessen, hier eine universale Unterrichtsanstalt zu errichten, in der alle sozialen Klassen, vom Aristokraten bis zum Bedürftigen, vereint sein sollten. So lehrte man dort gleichzeitig Wissenschaft, Literatur, Kunst, Handel, Landwirtschaft und gutes Benehmen. Merkwürdigerweise hatte dieses kühne Unternehmen Zuspruch. Der Prinz ließ neben dem Schloß das ausgedehnte Gebäude des ›Prytaneum‹ errichten, von dem noch ein Teil ebenso wie eine kleine Gasanstalt aus Ziegeln vorhanden ist. Trotz seines Reichtums konnte der Prinz diese Musterschule, deren großes Defizit er persönlich ausgleichen mußte, nicht lange am Leben halten.

Die Prinzessin starb 1871, und ihr Mann trat in das Trappistenkloster ein, das er in Belgien, in der Nähe seines Schlosses Chimay, gegründet hatte.

Nach dem Tode ihrer Tochter, die zuerst als Prinzessin von Bauffremont, dann als Prinzessin Bibesco ein bewegtes Leben geführt hatte, wurde im Jahre 1880 das Schloß und sein Mobiliar zum Verkauf angeboten. Die Statuen des Gartens, die seinerzeit der Intendant Marigny hatte aufstellen lassen, forderte der Staat, verlor aber den Prozeß, und Mitglieder der Familie Rothschild waren die Käufer.

Ménars ging dann in verschiedene Hände über, bis es am Vorabend des letzten Krieges die ›Compagnie de Saint-Gobain‹ erwarb, die damit der Jugend einen ehrwürdigen Rahmen bot, den sie mit großer Sorgfalt zu restaurieren wußte. Als gastliche Stätte für Tagungen, für die für unsere Zeit charakteristischen Kolloquien und Seminare, hat Ménars es verstanden, jene den Zeiten der Pompadour oder Marignys eigentümliche Atmosphäre zu erhalten oder wieder zu beschwören.

Chambord

Vierhundertvierzig Zimmer, vierhundertvierzig Kamine, achthundert Kapitelle, zwölf große Treppen und dreißig Nebentreppen, ohne dabei die berühmte doppelläufige Mitteltreppe zu berücksichtigen, ein Park, dessen Umfassungsmauer zweiunddreißig Kilometer mißt, die längste, die es in Frankreich gibt: Chambord zu beschreiben, heißt vor allem ein Spiel mit Zahlen, Statistiken und Superlativen treiben. Doch es sind derer zu viele.

Chambord ist ein Bravourstück, eine großartige Leistung, die ins Paradoxe übergeht. Der jähe Anblick dieser riesigen Masse von behauenen Steinen und dieses ganzen in der schwermütigen Einsamkeit der Wälder von Sologne erstrahlenden Luxus verblüfft, lockt, bewegt und brüskiert durch seine ungewöhnliche Gegenwärtigkeit.

Franz I. beabsichtigte anfangs, aus Chambord ein Jagdschloß zu machen, ein Gedanke, den diese inmitten eines äußerst wildreichen, mit Sträuchern und Röhricht durchsetzten Geheges gelegene Lichtung nahelegte.

Die endgültigen Planungen und die ersten Erdbewegungen datieren aus dem Jahr 1519. Amboise war bereits vorhanden. Aber auch Blois, nicht zu vergessen, stand schon, wo der König seine Residenz errichtet hatte und im Begriff war, die schönen Fassaden zu beenden, die seinen Namen tragen und die den Geist der Renaissance in Frankreich so eindrucksvoll bestätigen.

Doch in Blois hat er nichts anderes getan, als auf seine Art das Werk seiner Vorgänger fortzusetzen. Chambord dagegen wird seine eigentliche Behausung sein, das Gesamtwerk, dessen Errichtung er sein ganzes Leben betreiben wird und dessen Einheit und Anordnung auch seine Nachfolger noch respektieren werden.

Wir befinden uns zur Zeit des glanzvollen Sieges von Marignano über die Schweizer, verspüren aber auch den hochmütigen Trotz über die ergebnislose Begegnung mit Heinrich VIII. auf dem ›Camp du Drap d'or‹, wo des Königs Bemühungen, den Engländer gegen Karl V. auf seine Seite zu ziehen, scheiterten. Es wird behauptet, daß der von Franz I. zur Schau getragene Luxus Heinrich VIII. gegen ihn eingenommen habe. Franz I. aber, ein siegreicher Fürst, Liebhaber der Künste und der Frauen, leidenschaftlicher Krieger und Jäger, leicht entflammt, sieht, wie sein Reich an Wohlstand zunimmt, sich inmitten aller Unruhen festigt, und entscheidet sich für diese verblüffend großartige Geste – für ›Chambord‹. Heinrich VIII. und Karl V. zum Trotz kann nichts groß genug und schön genug sein. Chambord wird zum Symbol eines von triumphierendem Ungestüm überschäumenden Königs.

Es fehlen uns fast alle Nachrichten über das alte Schloß der Grafen von Blois, welches sich an dieser Stelle, am Ufer des Cosson, nicht unweit vom Weiler Chambord – damals sagte man ›Chambour‹ – erhob. Man hatte angenommen, daß die Gebäude von Franz I., zumindest was den Mittelbau anbelangt, entsprechend den Grundmauern des vorher niedergelegten Schlosses aus der Feudalzeit und unter Benutzung derselben errichtet worden seien. Aber die Bedeutung der vorgelagerten Türme mit achtundzwanzig Meter Durchmesser, die für eine Verteidigung sehr schwache Punkte darstellen, lassen eine solche Annahme als sehr gewagt erscheinen. Die Architektur der Renaissance richtet sich im allgemeinen nach der mittelalterlichen Feudalarchitektur: viereckiges Wohngebäude, Ecktürme und Gräben. Wir haben davon zahlreiche Beispiele in der Touraine und in anderen Provinzen, aber in Chambord ist das strategische Vorbild auch aus der Nachahmung verschwunden.

Alles dient dem Schmuck und der Wirkung. Alles, was einen praktischen Zweck verfolgt, ist von zweitrangiger Bedeutung. Es ist Kunst um der Kunst willen – und zwar in all ihrem Glanz.

In diesem morastigen Tal waren die Arbeiten schwierig und gingen langsam voran. Während Franz I. nach dem Unglück von Pavia im Jahre 1525 ein Jahr lang in Madrid gefangensaß, scheint auf den Baustellen nicht allzuviel geschehen zu sein. Doch kaum ist der König nach Frankreich zurückgekehrt, werden die Arbeiten an seinem geliebten Chambord mit Macht vorangetrieben. Man sagt, daß eintausendachthundert Arbeiter – wieder erscheinen Zahlen – dabei beschäftigt wurden.

1539 wird Karl V. dort mit einzigartiger Pracht empfangen. Die Wassernymphen, die Dianen der Wälder, empfangen den Kaiser, entzücken ihn mit ihren Reigen, mit ihren Gesängen und ihren Huldigungen. Man hetzt das Damwild und den Hirschen. Der König, der selbst geschichtliche Aussprüche in so großer Anzahl lieferte, hatte, wie man sagt, die Genugtuung, folgendes aus dem kaiserlichen Munde zu hören: »Dieses Schloß ist der Inbegriff dessen, was menschliche Kunst vermag.«

Dabei waren die Bauarbeiten noch lange nicht abgeschlossen und die Terrassen kaum begonnen. Der westliche Flügel stand noch nicht, auch nicht die langen niedrigen Gebäude, die den Hof umgeben. Das Schloß sollte unter Heinrich II. noch nicht ganz fertig sein, der die Pläne seines Vorgängers weitergeführt hat. Nach ihm wurden die Baustellen stillgelegt, und erst Ludwig XIV., der allzusehr von der Bauleidenschaft besessen war, um diesen Anblick ertragen zu können, konnte schließlich die Terrassen und den Kapellenturm vollenden.

Chambord ist das einzige profane Denkmal dieser Art und Bedeutung, dessen Bau während ungefähr hundertfünfzig Jahren – wenn auch mit Unterbrechungen – fortgesetzt wurde, und zwar so einheitlich, daß die Unterschiede der verschiedenen Bauperioden nur von einem aufmerksamen Betrachter erkannt werden. Es ist das glänzendste und vollendetste Beispiel der französischen Renaissance.

Wir empfehlen dem Besucher, sich auf der schnurgeraden Straße, die von Saint-Dyé und von Muides hinabführt, zu nähern. Wenn Baudenkmäler auf Höhen, weit sichtbar, errichtet sind, scheinen sie an Größe zu verlieren, je näher man an sie herankommt; diejenigen jedoch, die wie Chambord in der Tiefe ruhen, steigen immer höher. Schon Chateaubriand hatte diese Beobachtung gemacht, was damals, als man nur schrittweise zu Fuß oder zu Pferde vorwärtskam, sicher einen noch größeren Reiz hatte. Im übrigen erscheint alles auf Überraschung berechnet. Wenn Versailles – im Zeichen der Horizontalen – sich nach dem Horizont richtet, so scheint Chambord dagegen vom Drang zur Vertikalen bestimmt. Dieser Eindruck wird durch das Spiel der Fensteröffnungen, der Loggien und der Pilaster bedingt, die alle die Senkrechte betonen, um dann mit dem Anschwellen der Schornsteine und der Dachtürmchen wie Raketen gen Himmel zu schießen.

Die wirre und unübersichtliche Dachterrasse, deren einzelne Aufbauten, ganz gleich wo sie stehen und welches ihr Zweck ist, das Streben nach oben und die Vielfalt der Verzierungen gemein haben, nimmt den Blick zuerst gefangen, und zwar derart, daß selbst der Körper des Schlosses zur Rolle eines Sockels herabsinkt, sobald ihm diese drängende Unruhe genommen wird, im Vergleich zu der er von einer übertriebenen Einfachheit erscheint.

Lesen wir, wie Pierre Gascard, ein Mann von heute, Chambord sieht:

Will man in der zeitgenössischen Literatur ein Bild von dem ›Komplizierten‹ von Chambord finden, von dem, was ich in Ermangelung eines anderen Ausdrucks seinen ›Barock‹ nennen möchte, so ist es vielleicht Maurice Scève, bei dem man suchen muß, bei einem dieser Dichter, die aus einem Übermaß an Anspruch gegen sich selbst und voll Aufrichtigkeit – denn die Aufrichtigkeit der Literatur liegt in ihrer Bildhaftigkeit – ins Verworrene und Preziöse gleiten.

In nicht wenigen Punkten ist die Architektur von Chambord bilderreich. Alles geschieht hier auf der senkrechten Ebene, wobei der Wille zu einer pyramidenähnlichen Konstruktion vorherrscht, was diese mannigfaltige Unruhe über den Gebäudekörpern und den Terrassen verursacht. Dieses ganze äußere phantastische Schmuckwerk ordnet sich – ich war im Begriff zu schreiben: liest sich – von unten nach oben.

Wir haben hier das Prinzip der ineinandergeschobenen Schachteln, die schier endlos eine aus der andern hervorkommen, oder von Fernrohren mit ausschiebbaren Teilen, und wir entdecken dabei eine Automatisierung im Geiste, die an das Unbewußte grenzt. Um sich von dieser Behauptung zu überzeugen, genügt es, die Form eines willkürlich herausgegriffenen Pfeilers mit Bleistift zu wiederholen, ein Versuch, den ich schon gemacht habe. Die Bewegung unserer Finger, die den Bleistift halten, wird sofort automatisch. Die Motive der Gliederung entstehen zwanglos eines aus dem anderen, ohne daß wir uns etwas dabei denken. Ähnlich ist es, wenn wir jemand am Telephon zuhören und dabei auf einem Bogen Papier eine rohe geometrische Form zeichnen, die unendlich gegliedert ist. Ohne deshalb einen Abgrund im Psychischen entdecken zu wollen, können wir nicht leugnen, daß dieser unschuldige Zeitvertreib eine Rache an der Einsamkeit und eine Entartung der Stille ist. Rache an der Einsamkeit, Entartung der Stille, in diesen beiden Formeln liegt vielleicht der Ansatz zu einer Definition der Kunst, zumindest der Kunst von Chambord, die – durchaus individualistisch – den Stempel des italienischen Einflusses trägt und sich für immer von der religiös gebundenen mittelalterlichen Kunst gelöst hat.

Diese freie Entfaltung stützt sich ohne Zweifel auf die klassische Ordnung, die durch die Renaissance wieder zu Ehren gekommen ist. In diesem Pfeiler, in jener Säule, die sich erst in einer gewissen Höhe von dem Baukörper lösen, könnte ein Architekt eine Hohlkehle, eine Volute, den oberen und den unteren Wulst bezeichnen, und zwar in gleicher Weise, wie er an irgendeinem beliebigen Punkt des Baues mit dem Finger auf das Säulengebälk, die Querbalken, korinthische Säulenbasen, romanische Bögen, römische oder jonische Kapitelle hinweisen könnte, tausend sich wiederholende und auf irgendeine Weise doch in sich ruhende Einzelteile.

Das vorliegende Wunder, das Wunder von Chambord – und allgemein gesprochen, das Wunder der Kunst überhaupt – ist hier indessen nicht durch Verschmelzung verschiedener Stile erreicht worden, sondern durch Dienstbarmachung und Verwandlung eines jeden von ihnen.

Der obere Teil des Schlosses enthüllt sich besser, wenn man vom Wirtschaftshof kommt, der am Ende der Rasenflächen seine alten Gebäude zeigt, die schon früher mehr oder weniger als Gesindewohnungen gedient haben.

Der Blickwinkel von dort aus bewirkt, daß man vom Schlosse zu Beginn nur das alles sieht, womit es ›bedacht‹ ist, alles was nach oben strebt. Es sind durchaus keine übereinandergesetzten Aufbauten, sondern Glieder, die wie ein Satz Orgelpfeifen den Baukörper durchdringen, um sich erst in einer gewissen Höhe zu enthüllen. Diese Aufbauten sind zahlreich und verschieden, und jeder einzelne davon besitzt – obgleich mit dem Stil des Ganzen verbunden – eine unabhängige Wesenheit und könnte, wenn er einmal abgetrennt und auf freiem Feld aufgestellt würde, als Pfeiler, als Votivtafel, als Turm oder als runder Tempel mit Säulen gelten.

Wendet man von weitem seinen Blick auch nur ganz wenig von dem im übrigen von einer Bodenwelle halbverdeckten Baukörper ab und nach oben, so erinnern die verschiedenen Aufbauten des oberen Teils des Schlosses an die Unregelmäßigkeit einer alten von Mauertürmen starrenden Stadt, die – je nachdem man den Standort verändert – sich verschieben und gegenseitig verdecken, hier eine ausgehöhlte Kuppel aufsteigen und dort Bögen aufschimmern lassen.

In dieser Höhe, in der entblätterte Baumzweige noch zusätzlich ihre Überschneidungen vor dieser verworrenen Stadt von Dächern breiten, die das Gewirr von Schieferwänden und -verzierungen verdunkeln, kann man weder vom Lichte der Renaissance noch von einem Sieg über die Landschaft sprechen. Ganz im Gegenteil! Denn kurz vorher, als wir die Straße, die den Wald durchschneidet, entlangkamen und das Schloß von der Ferne her noch nicht ganz aus dem Boden emporgestiegen war, ähnelte dieser Wirrwarr von Schornsteinen, Türmchen, Glockentürmen, Kuppeln auf dünnen Säulen den obersten Spitzen der Kronen einer Baumgruppe hinter den Bäumen, welche die Straße säumen. Dichte Laubmassen strecken sich gegen den Himmel, die zwischen schlanken Spitzen mit Mistelbeeren geschmückt sind. Eine steinerne Lilie über der Laterne des Schlosses krönt dieses Riesenbouquet mit einem dreizackigen Zweig, der wie die Spitze einer Tanne wirkt. Aus der Nähe gesehen eine Stadt, aus der Ferne ein Wald, kann dieser obere Teil des Gebäudes, je nach der Tageszeit, nach der Fernsicht oder nach dem Gefühl des Zuschauers die unmöglichsten Formen annehmen

und alle Illusionen begünstigen. Habe ich nicht manchmal, wenn ich
mich dem Schlosse näherte, von dem ich nur die Dächer erkennen
konnte, eine gewisse Angst empfunden, ähnlich jener, die man spürt,
wenn man die Hand nach einem großen Schaltier ausstreckt? Man
möge mich bitte nicht für verrückt halten, sondern man möge in dieser
Empfindung zumindest eine Wirkung von der Kraft der Ansteckung
solcher Tollheit merken, die diesem Gebäude innewohnt. »Man wähnt
sich in die Königreiche von Bagdad oder von Kaschmir versetzt«,
schreibt Alfred de Vigny, und »eine Frau, durch deren Haar der Wind
gefahren ist«, sagt mit nicht mehr und nicht weniger Genauigkeit
Chateaubriand. Haben diese Poeten etwa wegen solcher Bilder den
Verstand verloren? Und ist dies etwa der Fall bei jenem anonymen
Schriftsteller vom Anfang des 18. Jahrhunderts, der, als er von der be-
rühmten doppelläufigen Treppe des Schlosses spricht, nicht zögert zu
erklären: »...Bemerkenswert in diesem Hause ist die Anbringung der
Treppen. Wenn man in ein höher gelegenes Zimmer hinaufsteigen will,
muß man hinunter statt hinauf gehen, was ein seltsames und für den,
der es nicht selbst gesehen hat, schwer zu glaubendes Wunder ist.«
Schwer zu glauben, fürwahr, aber irre redet deswegen keiner dieser
Schriftsteller! In Chambord ist alles möglich oder besser: alles ist hier
wahr. Trotz allem aber nicht auf Grund eines Zaubermittels, sondern
einer Mechanik, deren Funktionieren wir nur zum Teil erraten oder
entdecken können.

Blenden wir um hundertzwanzig Jahre zurück! Heinrich Laube
hat in seinem Buch ›Französische Lustschlösser‹ Chambord
ganz ähnlich beschrieben:

Chambord ist sehr leicht zu beschreiben, und dann haben die guten
Leser eine allgemeine unklare Vorstellung von einem weißen Schlosse,
auf dessen flachen Dächern man spazieren geht zwischen zierlichen
Kuppeln und Türmen, zwischen Schornsteinen und Giebeln, von denen
jedes einzelne Stück ein Kunstwerk ist. Und die phantastischen Leser
bauen sich in arabisch-toskanisch-christlichem Geschmacke ein Wald-
schloß der Armide, ein Zauberschloß Ariosto's.

Wäre dann die Aufgabe gelöst? Ist sie zu lösen? Eine vollständige
Beschreibung ist ein Fehler, wenn von künstlerischem Eindrucke die
Rede sein soll. Chambord aber kann just zur Vollständigkeit verführen;
es steht auf einem Wiesenplane, die Wasser davor sind abgeleitet, man

kann es ringsum betrachten, man kann es umgreifen, alle Teile daran sind sauber, deutlich, vollendet, man kann alle einzeln fassen: die Arkaden, die Pilaster, die achthundert Kapitäle, die Karyatiden, die Treppen à jour – und wenn ihr alles habt, und den grünen Waldesgrund dazu, und die einsame Zauberstille einer sonst mageren Gegend, die Zauberruhe einer unökonomischen und unbetretenen Welt – Chambord habt ihr noch nicht. Die schönen Verhältnisse aller einzelnen Teile geben den wohligen Eindruck einer klassischen Zeit, und doch mahnen die kühnen Spitzen, die phantastischen Vorsprünge, der abenteuerliche Tumult des Daches ans Morgenland, an die arabische Welt. Nein, nicht klassisch, nicht orientalisch, der ganze riesige Leib schließt sich an die Schloßburgform des Mittelalters mit Flankentürmen an der Seite und dem Donjon in der Mitte. Was endlich? Geschichtlicher Hauch bezaubert euch. Wie sich der Grieche, wie sich der Orientale, wie sich der Ritter seine Schönheitsvorstellung geformt hat in Stein und Wohnung und Pracht, eine in Stein gefaßte Seele weit entlegener Zeiten und Länder wirkt mit einem Male auf euch ein von einem dichten Mittelpunkte – ihr vergeßt, daß ihr in Frankreich, ihr denkt nicht wo ihr seid. Und waren dies nicht Zeichen eines Zauberorts? Wahrlich, Schloß Chambord ist einzig in der Welt!

Und nochmals fünfzig Jahre früher! Madame Vigée-Lebrun, die berühmte Portraitmalerin der großen Welt um 1800, hat ebenfalls Chambord besucht. Sie schreibt in ihren Erinnerungen:

Sobald ich in Blois angekommen war, machte ich mich auf den Weg nach Chambord, zu diesem romantischen und zauberhaften Anblick, der wie keiner seinesgleichen auf die Einbildungskraft wirkt.

Man verweilt längere Zeit vor den alten Holztüren mit den geschnitzten Salamandern und den Initialen Franz I., wobei man sich der Geschichte des galanten Königs erinnert und dazu noch tausend anderer mehr oder weniger alter und romantischer Begebenheiten. Ich würde die Türe am liebsten mitgenommen haben, um sie einrahmen zu lassen.

Ich würde auch gerne das Innere des Turmes gezeichnet haben, wo sich die drei skulptierten Karyatiden befinden, von denen zwei Diane de Poitiers und die mittlere Franz I. darstellen. Aber es herrschte eine solche, mit einem heftigen Wind verbundene, Kälte, daß ich nach einer Ecke fahndete, um Schutz zu suchen. Umsonst! Aeolus allein be-

herrscht diese Türme und Terrassen und trotzdem konnte ich nur
zögernd den Ort verlassen, der in seiner Art einmalig ist!

Wir müssen uns wohl von dieser Dachterrasse und ihrem Zauber trennen. Sie nimmt uns gefangen und verwirrt uns, denn sie erscheint wie die Narrenhaube einer sonst korrekt angezogenen Person. Dafür wurden allerdings – man darf es nicht verschweigen – die Harmonie des Gebäudes und die seines Geistes sowie die Ausgewogenheit seiner Proportionen geopfert.

Wir werden uns jetzt zwischen diesen ›Belvederen‹ ergehen, wo immer schon die Promenaden stattfanden und die mehr oder weniger verstohlenen Begegnungen der Gäste sich ereigneten. Nehmen wir vorher die Anordnung der Gebäude in uns auf, die trotz ihrer strengen Ordnung auf einen Blick nicht zu erfassen sind.

Der schematische Grundriß ist von äußerster Einfachheit und geht auf zwei ineinandergeschachtelte Vier- und Rechtecke zurück, die an den Ecken die Kreise eines Turmes aufweisen. Das Viereck in der Mitte ist der ›Donjon‹ – aus geschichtlicher Tradition so genannt –, obwohl er mit der schweren Befestigung, die ein solcher Name heraufbeschwören könnte, überhaupt nichts mehr gemein hat. Das Rechteck schließt auf einer Seite die Fassade dieses Donjon ein, verlängert sie durch hohe zweistöckige Galerien, die auf Arkaden ruhen, wogegen die anderen Seiten einen großen Hof mit einfachen ebenerdigen Galerien umschließen. Es ist, alles in allem, der typische Grundriß eines befestigten Schlosses.

Erwähnen wir noch, daß breite und tiefe Wassergräben, deren fließende Gewässer damals den Fuß des Schlosses bespülten, es absonderten und dazu beitrugen, ihm sein Gepräge zu geben. Heute sehen wir nur mehr zwei kanalisierte, vom Schloß abgelegene Wasserarme, abgeleitetes Wasser des Cosson. Dieser kleine Fluß speiste damals die Gewässer bei den Mauern. Ein Stich von Androuet du Cerceau zeigt uns diese Gräben und Wasser, die an verschiedenen Stellen als Seen bezeichnet wer-

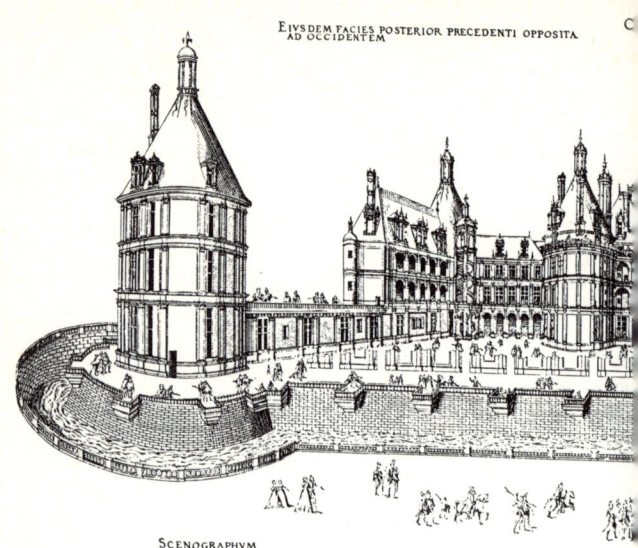

SCENOGRAPHVM

den, so als ob das Schloß auf einer Insel gebaut wäre. Um seine Erläuterungen zu vervollständigen, hat der Stecher diese Gewässer durch stürmische Wellen bewegt.

Ohne Zweifel hat er damit den Plan Franz' I., einen Arm der Loire umzuleiten, vorausgenommen. Nichts war für Chambord zu großartig. Hatte Leonardo da Vinci nicht bereits die Umleitung des Arno geplant? Im nächsten Jahrhundert werden wir sehen, daß Ludwig XIV., von gleicher Maßlosigkeit besessen, den Lauf der Eure ändern will. Solche Unternehmungen entsprachen aber noch nicht den Möglichkeiten der damaligen Zeit. Die Loire gelangte nicht in die Gräben von Chambord, sie mußten später sogar zugeschüttet werden, als – wohl infolge schlechter Instandhaltung – das Wasser zu stagnieren begann und König Stanislaus den Gestank fürchtete.

Was soll man von Chambord sagen, das, unvollkommen und halbfertig wie es noch ist, durch seinen Anblick die ganze Welt in Bewunderung und Entzücken versetzt! Wäre der Plan ganz zur Ausfüh-

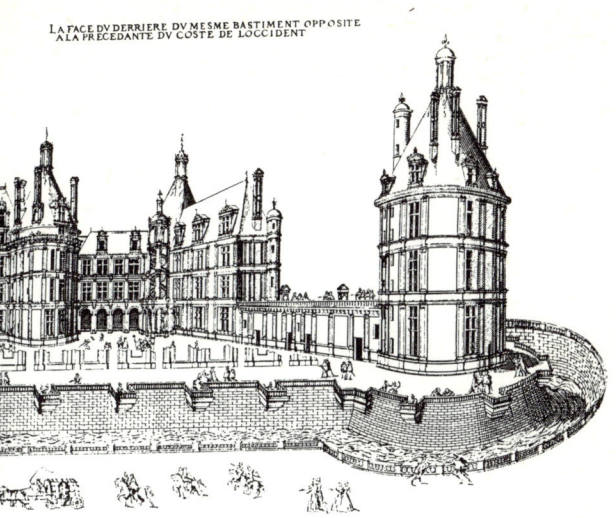

ELEVATION OV PORTRAICT EN PERSPECTIVE

rung gelangt, hätte man es den Weltwundern zuzählen können, nach-
dem dieser große und anmaßende König einen Arm der Loire – manche
sagen den ganzen Fluß – längs der Mauern vorbeiführen und ihren
Lauf ändern wollte, um ihr auf solche Weise seinen Stempel aufzu-
drücken. Dieses große und Bewunderung erheischende Werk besagt
sicher mehr als die römischen Bauten von einst, ein Werk, dessen
große in die Türme und Mauern eingelassene eiserne Ringe noch zu
sehen sind und die dazu dienten, dort anlaufende Kähne und größere
Schiffe zu befestigen, damit sie wie in einem Hafen oder in einer natür-
lichen Bucht verweilen können. Es ist etwas Großartiges, wenn Kunst
die Natur überflügelt! Brantôme

Die dem Strom zugekehrte Front präsentiert sich in stolzester
Weise. Der Mittelteil – das Erhabenste an Chambord – ordnet
sich in einer Anlage von seltener geometrischer Vollendung
um die Treppe, den Laternenturm und den von der Lilie von
Frankreich überhöhten Glockenturm. Zwischen den beiden
massiven, gegen die Mitte zu von wenigen und schmalen Öff-

nungen durchbrochenen Türmen reihen sich in der Front über drei Stockwerken Kreuzfenster, die sehr klar durch Gurtgesimse getrennt sind. Es sind Gesimse, die um das ganze Gebäude herumführen. Drei Fenster des oberen Stockwerkes sind nicht ohne Ungeschick mit Rundbögen versehen worden.

Das Innere macht einen außergewöhnlichen Eindruck. Alles ordnet sich dem Mittelpunkt der Anlage, der mit Recht berühmten Treppe, unter, von der das ganze Gebäude ausstrahlt. Im Kern des Schlosses gelegen, ist sie eine Art von monumentaler Skulptur, die ihr eigenes Leben führt und ihre Unabhängigkeit bewahrt; und zwar dies weniger als Architektur denn als hohes Kunstwerk. Diesseits und jenseits sind vier Säle kreuzförmig angelegt. Waren sie zu Beginn unterteilt? Waren es nicht hohe Schiffe, die die Treppe in ihrer ganzen Entfaltung zu überschauen gestatteten? Da keine Unterlagen mehr vorhanden sind, erscheint der ganze Bau von Chambord recht geheimnisvoll. Doch liegt die Vermutung nahe, daß ein Plan von solcher Originalität während seiner Ausführung aus Gründen der Bewohnbarkeit abgeändert wurde.

Es ist die mittelalterliche Wendeltreppe, die wie in einen durchbrochenen Käfig gesetzt erscheint. Ihre Verwandtschaft mit der Treppe in Blois drängt sich auf, besonders durch die Anordnung der Öffnungen – ohne jedoch deren Reichtum und Liebreiz zu besitzen. Man kennt ihre Eigentümlichkeit: diese beiden ineinander verschränkten Spiralrampen gestatten allen, die sich ihrer bedienen, sich gegenseitig zu sehen, ohne sich jemals treffen zu können. Diese Anordnung ist nicht weniger geglückt als ihr Schmuck. Die flachen Kassettengewölbe sind mit verschiedenartigen Salamandern geschmückt, die mit den königlichen Initialen abwechseln. Die Kapitelle, die Pilaster, die Hängezapfen der strahlenden Säle sind mit lebhafter Phantasie im leichten und verfeinerten Geschmack Italiens behandelt.

Es gibt – abgesehen von den vielen Details, auf die wir vielleicht allzu wohlgefällig unsere Aufmerksamkeit konzentriert haben – eine ›Logik‹, einen ›Geist von Chambord‹. Der wichtigste Teil des Gebäudes, der jüngste, in seiner mathematischen Genauigkeit der feinste und am reichsten verzierte, ist jener durchbrochene Turm, dessen doppelläufige Treppe im Zusammenspiel der Spiralen zu einem ›point de vue‹ führt, nämlich dem der Terrassen, von denen aus sich der Blick auf die Wälder der Umgebung erstreckt. Chambord ist eben in erster Linie ein ›Belvédère‹.

Was heute noch der Hauptanziehungspunkt für die Besucher ist, war es schon immer. So schreibt Mademoiselle de Montpensier in ihren Memoiren:

Monsieur reiste mir voraus bis Chambord, das drei Meilen von Blois entfernt ist. Es ist ein ihm gehörendes Schloß, von Franz I. inmitten eines Parkes von acht bis neun Meilen in ganz ungewöhnlicher Art gebaut, ohne einen anderen Hof zu besitzen als einen Raum, der um einen runden Teil des Wohntraktes liegt. Eines der merkwürdigsten und sehenswürdigsten Dinge des Hauses ist die Treppe, die so angelegt ist, daß einer hinauf- und der andere hinuntergehen kann ohne sich zu treffen, obgleich man sich dabei sieht. Das veranlaßte Monsieur, mit mir einen Spaß zu treiben. Er befand sich oben auf der Treppe, als ich anlangte; er kam herunter, als ich hinaufstieg und lachte sehr, als er mich – vorbeilaufen sah, als ich ihn erreichen wollte. Ich war sehr erfreut über das Vergnügen, das er hatte, und war es noch mehr, nachdem ich bei ihm war. Wir stiegen dann gleich zusammen in eine Karosse, die uns nach Blois brachte, wo die Körperschaften der Stadt kamen, um mich zu begrüßen und mir Komplimente zu machen, wie dies auch in den anderen Städten, durch die ich kam, der Fall war, und wie es sich geziemt. Monsieur bemühte sich persönlich um meine Vergnügungen und kam ständig in mein Zimmer, obgleich ich von ihm durch einen Hof getrennt untergebracht war und er eine Treppe steigen mußte.

Ich kam seinen Absichten entgegen und befaßte mich mit all den Dingen, die mir Freude machten, wozu für gewöhnlich das Federballspiel oder irgendein anderes Bewegungsspiel gehörte, zumal solche Spiele Dinge sind, die ich neben anderen auf dieser Welt am meisten liebe. Monsieur hatte die Güte, auch von der Partie zu sein und mit

mir Wettspiele zu spielen, wobei ich meistens gewann und mit Uhren
und aller Art Juwelen, wie sie in der Stadt nur aufzutreiben waren,
belohnt wurde.

Der erste Stock des ›Donjon‹ beherbergt die sogenannten Gemächer Ludwigs XIV., die später von dem Marschall von Sachsen benutzt wurden. Franz I. wollte nicht dort wohnen. Um in
Chambord zu residieren, ließ er den östlichen Flügel errichten,
der vier Fensterachsen über einer Arkadengalerie zeigt. Die
Dachböden werden durch hohe Lukarnen erhellt, die von verzierten Giebeln überhöht sind.

Das Innere ist sehr kahl. Dennoch befindet sich hier eine Tür,
deren Vorderseite die kräftig herausgearbeiteten königlichen
Initialen und den Salamander zeigt. Sie öffnet sich nach einem
vorspringenden, von Franz I. ›Oratorium‹ genannten Raum,
den man lange Zeit als sein Kabinett bezeichnet hatte. In der
steinernen Wölbung sind in Kassetten die königlichen Insignien
angebracht, allerdings erstaunlich schwerfällig und verwischt.
Und trotzdem beschwört dieser Raum inmitten der allgemeinen Verwüstung vergangene Zeiten.

Der Flügel Heinrichs II. ist symmetrisch behandelt. Die weitere Entwicklung des Stiles wird sichtbar und zeigt die Orientierung des Geschmackes zum Klassizismus hin. Für den Laien
vollzieht sich der Übergang von den Balustraden und den mit
Halbmond und gekröntem H geschmückten Giebeln zu dem
ersten Auftauchen der Strahlen des Sonnenkönigs fast unbe-
merkt.

Die weiträumige, unter Heinrich II. im Eckturm eingerich-
tete Kapelle ist von außen überhaupt nicht zu erkennen. Voll
gewölbte Decken, schwere Verstärkungsrippen, eine kaum
sichtbare lineare Ausschmückung, kurz und gut, eine große
schmucklose Einfachheit kennzeichnen sie. Beim Tode Heinrichs II. waren der Turm und die Galerie unvollendet und ohne
Dach. Erst 1684 ließ Mansard das verfaulte Gebälk erneuern
und dem Turm ein kegelförmiges Dach aufsetzen.

Es kommt vor, daß ein Schloß seinen besonderen Ruf dem

Umstand verdankt, der nicht vorhanden ist oder vielleicht nie vorhanden war, da man legendären Überlieferungen mehr als den Realitäten, die man vor Augen hat, glaubt. So wie die meisten Besucher von Loches vor allen Dingen den ›Käfig des Kardinals La Balue‹ zu sehen wünschen, sind diejenigen von Chambord enttäuscht, die dort die Scheibe suchen, in die Franz I. in einem Augenblick der Verbitterung ein berühmtes Distichon mit dem Diamanten seines Ringes eingeritzt haben soll.

Versuchen wir einmal diese kleine Begebenheit aus der ›kleinen Geschichte‹ zu klären. Ausgangspunkt ist der Text von Brantôme, der diese Worte zitiert, die nicht auf einer Scheibe, sondern an der Wand einer Fensternische – vielleicht war es das Kabinett Franz' I. – eingeritzt wurden: »Souvent femme varie – Frauen sind launisch.« Bernier behauptet, 1682 noch den Reim dazu gesehen zu haben: »Mal habile est qui s'y fie – Ein Narr, der darauf baut«, wogegen die Legende als Zusatz: »Bien fol est qui s'y fie« erhalten hat. Wie aber kommen diese Augenzeugen dazu, zumindest Bernier, zu versichern, daß diese Verse gerade von Franz I. stammen? Der König hat sie, wohlbemerkt, nicht signiert, und die eingeritzten Schriftzeichen und Sätze in Chambord sind von der Zeit der Erbauung bis heute so zahlreich, zuweilen auch wirklich interessant, daß man über die Herkunft dieses Distichons im Zweifel sein muß. Sicher liegt es nahe, sie einem leicht entzündbaren und in seinen Liebeleien sehr unbeständigen Fürsten zuzuschreiben. Königliche Liebeshändel verdrehen sehr leicht die Köpfe, so daß romantische Erweiterungen sich von selbst ergeben: Franz I. hätte nur an Anne de Pisseleu zu denken brauchen. Und das Verschwinden der Inschrift konnte nur die Tat eines anderen großen verliebten Königs gewesen sein. Man hat sogar gefolgert, daß die Scheibe durch die Hand Ludwigs XIV. in Gesellschaft von Maria Mancini zerbrochen wurde – eine Geste, die etwa bedeuten sollte: »Dein mein ganzes Leben.« Die Legende aber kümmert sich nicht um Daten, denn in Wahrheit war Maria Mancini bereits durch die Infantin verdrängt, als der Sonnenkönig nach Chambord kam.

Auf der Höhe der Terrasse angelangt, setzt sich die Treppe fort. Sie verändert sich, wird schmäler, bewahrt nur eine ihrer beiden Spindeln und erhebt sich über den Kern, den sie in der Umwindung begrenzt hatte. Acht Stützen tragen den Unterbau des ›Belvédère‹ aus kleinen Säulen, das die große Lilie in den Himmel aufsteigen läßt.

Wir glauben uns in einer merkwürdigen, schwebenden Miniaturstadt mit ihren Straßen, Gäßchen, Kreuzungen und Plätzen. Wir bewegen uns inmitten von rechteckigen und zylindrischen Aufbauten aller Größen, die reich in Stein behauen und mit Rauten, Dreiecken, Kreisen und Halbkreisen aus Schiefer in den steinernen Gesimsen stark verziert sind, deren Zweck auf den ersten Blick nicht klar wird und die in Wirklichkeit Türme, Türmchen, Seitentürmchen, Schornsteine, Lukarnen, Nischen darstellen. Dies alles ist mit Fialen, Voluten, Blumen, Nymphen, kleinen Faunen, Sphinxen, hübschen Ungeheuern und einer fröhlichen Menge beflügelter Liebesgötter geschmückt. Die königlichen Embleme treten überall auf: vor allen Dingen die Lilien, verstreut, vereinzelt und in Gruppen – so bestehen die Kränze einzelner Schornsteine aus dreißig nebeneinander angebrachten Lilien. Der Buchstabe F erscheint in allen Größenordnungen, ferner Königskronen und feuerspeiende Salamander, wobei die Bildhauer Vergnügen daran fanden, deren Aussehen abzuwandeln und die Flammen wie enteilende Irrlichter zu verteilen.

Obgleich wir uns in einer ausgesprochen französischen Landschaft befinden, führt uns diese luftige Stadt in die Irre; denn trotz so vieler Attribute des königlichen Frankreich fühlen wir uns in ein merkwürdig fremdes Land verpflanzt, in eine Traumstadt, eine Laune des Orients oder vielleicht Italiens. Italiens…? Aber die Namen jener Handwerker, die uns unter den Künstlern in Chambord überliefert sind, sind von reinster französischer Prägung. Königliche Schreiben erwähnen nämlich Arbeiten von Jacques und Denis Sourdeau, Pierre Trin-

queau und Jacques Coqueau, die als Baumeister die Baustellen leiteten.

Man darf aber kaum annehmen, daß bei den Entwürfen für
ein Bauwerk, das Italien so viel verdankt, die Hand eines italienischen Architekten gefehlt hat. Man hat sowohl von Serlio wie
von Rosso oder Primaticcio gesprochen. Archivdokumente fehlen zwar, jedoch läßt das Nichtübereinstimmen der Daten solche Mutmaßungen als wenig wahrscheinlich erscheinen. Was
wir genau wissen, ist die Tatsache, daß Domenico da Cortona,
›Boccadoro‹ genannt, der damals den Titel eines ›maître des
œuvres de maçonnerie du roi – Baumeister der Königlichen
Bauten‹ führte, ein Holzmodell des Hauptkörpers anfertigte,
das Félibien in einer in Cheverny aufbewahrten Handschrift
wiedergegeben hat. Es ist nicht genau die Front, die wir heute
sehen, Entwurf und Ausführung sind aber von gleichem Geiste
beseelt, wobei bei der Ausführung eine gewisse Monotonie des
Entwurfs ausgeglichen wurde. Bei Gebäuden von solcher Bedeutung pflegen ja ein oder mehrere Architekten verschiedene
Pläne, denen ein bestimmtes Programm zugrunde liegt, ein-
zureichen. Wir wären nicht erstaunt, wenn es Boccadoro selbst
gewesen wäre, der später seinen Fassadenentwurf abgeändert
hätte. Der Vergleich mit der Fassade eines anderen berühmten
Gebäudes, des alten Rathauses von Paris nämlich, dessen Schöpfer er nachweisbar ist, kann uns nur in dieser Annahme bestär-
ken. Sein ursprünglicher Plan für Chambord unterscheidet sich
von dem zur Ausführung gelangten im wesentlichen nur durch
die Einplanung der großen Treppe. Boccadoro sah in Chambord
eine gerade Treppe wie in Chenonceaux und wie in Azay-le-
Rideau vor, was einen der vier Arme des kreuzförmigen Gebil-
des beansprucht hätte.

Diese Diskrepanz zwischen Plan und Ausführung und die
Frage der Urheberschaft von Chambord dürfte sich auf nach-
stehende interessante Weise klären.

Nachdem Leonardo da Vinci, der von Franz i. seit 1517 eine
Pension bezog, im gleichen Jahr das in engster Nachbarschaft

von Amboise gelegene Landhaus in Cloux – seit dem 18. Jahrhundert Clos-Luce genannt – bezogen hatte, festigten sich seine Beziehungen zum König. Der König hegte eine solche Bewunderung für den universellen Geist des Künstlers und dessen Erfindergabe, daß er ihn höchstwahrscheinlich um Rat gebeten hat, als die Pläne für ein solch bedeutendes Unternehmen wie Chambord ausgearbeitet wurden. Das Gegenteil scheint fast undenkbar. Da zum Zeitpunkt des Todes von Leonardo die ersten Arbeiten in Chambord begannen, kann man annehmen, daß gerade während der beiden vorangegangenen Jahre engster Nachbarschaft von König und Künstler diese Pläne durchgesprochen und begutachtet wurden.

Welches war der Erfolg? Die gerade Treppe, die auf Boccadoros Entwurf erscheint, wird durch eine im Mittelpunkt des Schlosses angebrachte doppelläufige Wendeltreppe ersetzt. Die von den Gelehrten Lesueur und Heydenreich anläßlich des Leonardo-da-Vinci-Kongresses 1952 veröffentlichten Abhandlungen, die von François Gébelin festgestellten Parallelen zwischen gewissen Zeichnungen von Leonardo und Chambord sowie ein Text von Palladio über Chambord und die Portici des Pompeius rechtfertigen die Vermutung, daß der Künstler Leonardo bei diesem genialen Einfall Pate gestanden hat. Eine seiner Zeichnungen von Erfindungen mit eigenhändigen Randbemerkungen zeigt eine Treppe mit vier ineinanderverschlungenen Spindeln gleich dem Prinzip von Chambord.

Wenn man sieht, mit welcher Vorliebe Leonardo sich in seinen Entwürfen mit kirchlichen Zentralbauten befaßt hat, und wenn man feststellt, daß die Treppe von Chambord und ihre äußere Krönung im Schnittpunkt von vier kreuzförmig angelegten Sälen liegt – entsprechend der Stelle des Altars unter der Kuppel mit Laterne –, so darf man annehmen, daß im Falle von Chambord das Eingreifen des Meisters wahrscheinlich ist.

Auch Heinrich II. interessierte sich für Chambord und setzte die Arbeiten fort, die – ein seltener Fall – die Harmonie des Gebäudes nicht stören. In Chambord hat er die Abmachungen mit den deutschen fürstlichen Gegnern Karls v. 1552 ratifiziert, die Frankreich die drei reichsunmittelbaren Bistümer Metz, Toul und Verdun zuführen sollten. Nach seinem Tode ist seine Witwe, Katharina Medici, allzusehr mit Blois und Chenonceaux und nicht zuletzt mit der Führung einer ränkevollen und undurchsichtigen Politik beschäftigt gewesen, um sich mit anderen Bauten zu befassen, so daß Chambord für sie uninteressant wurde. Weder Heinrich iii. noch Heinrich iv. haben sich dann später noch mit diesem Schloß befaßt.

Ludwig xiii., der trotz eines kurzen und kränklichen Lebens Frankreich in allen seinen Teilen bereiste, ist mehrere Male dort gewesen. Um sich seines Bruders Gaston d'Orléans, des ewigen Verschwörers, zu entledigen, verbannte er ihn nach Blois, dem Chambord als Apanage zugehörte. Monsieur wird hier zwar Jagdpartien geben, sich aber nicht um die Gebäude kümmern. Seine Tochter, Mademoiselle de Montpensier, die ›Grande Demoiselle‹, wird ihn oft dorthin begleiten. Sie schreibt 1659 in ihren Memoiren, die wir schon einmal zitierten:

Wir reisten von Paris ab, begleitet von den Freudenbezeugungen und Segenswünschen des Volkes für den König und für den glücklichen Verlauf und Erfolg seiner Reise. Die Prinzessin Conti begleitete die Königin; die Pfalzgräfin mit ihrer Ehrendame, der Gräfin du Fleix, die Herzogin von Uzès, die Gattin ihres Kammerherrn, gehörten ebenfalls dazu. Madame de Noailles war in anderen Umständen oder krank. Man ging nach Fontainebleau, wo man einige Zeit blieb und wollte dann in Gergeau übernachten, um nicht nach Orléans zu fahren.

Monsieur befand sich in Chambord, denn Madame hatte sich verletzt. Der Hof übernachtete dort statt in Blois. Am Tage der Ankunft sagte mir der König in der Karosse: »Ich wollte mich nicht umkleiden, noch meine Haare lösen, denn wenn ich mich putzen würde, würde ich Ihrem Vater, Ihrer Stiefmutter und Ihrer Schwester zu sehr wehe tun; deshalb habe ich mich so häßlich wie möglich gemacht, damit ich ihren Widerwillen errege.« Er scherzte so mit mir mit großer Fröhlichkeit. – Monsieur kam dem König außerhalb des Parkes von Chambord ent-

gegen, von wo aus wir dann gleich ins Schloß gingen, um Madame zu begrüßen. Anschließend bestieg der König sein Pferd und entfernte sich mit meinem Vater, der ihn zu einem Spazierritt und zur Fasanenjagd abholte. Da wir zu früher Stunde angekommen waren, hatte der König Zeit für die Jagd. Die Königin blieb im Schloß, denn es gibt keine Wege, die für einen Spaziergang zu Fuß geeignet wären. Meine Schwestern waren nicht anwesend. Mein Vater sagte der Königin, die nach ihnen fragte, daß er sie nach Blois gesandt habe, um Wohnraum zu schaffen, und daß er auch seine Offiziere fortgeschickt habe, so daß niemandem Essen gereicht wurde. Er speiste mit dem König und der Königin. Was mich anbelangt, so hatte ich meine Leute und war um die Honneurs des Hauses besorgt, indem ich allen Damen der Königin und ihren Töchtern ein Souper servieren ließ.

Am nächsten Tag speiste man in Blois, wo mein Vater dem König im Schloß ein Essen gab. Meine Schwestern empfingen Seine Majestät am Fuße der Treppe. Unglücklicherweise hatten gewisse Fliegen, die man Schnaken nennt, meine Schwester gebissen. Da das Schönste an ihr der Teint ist und dieser so ruiniert war, sah sie zum Erbarmen aus mit ihrem mageren, unentwickelten Busen eines vierzehnjährigen Mädchens. Rechnen wir noch den Schmerz hinzu, denn sie hatte geglaubt, den König zu ehelichen. Man hatte ihr immer wieder davon gesprochen und sie ständig ›die kleine Königin‹ genannt. Sie mußte nun einsehen, daß er im Begriffe war, eine andere zu heiraten, und das alles verlieh ihr keinen Reiz. Was die kleine Valois anbelangt, so war diese sehr hübsch. Man wollte sie tanzen sehen, und die Königin bat Madame de Raré darum. Sie tanzte sehr schlecht, obgleich man sagte, daß sie sehr gut tanze. Die Kleine, von der mein Vater gesagt hatte, daß sie äußerst unterhaltsam sei und die Leute in Grund und Boden rede, wollte den Mund nicht öffnen. Da die Küchenmeister meines Vaters mit der Zeit nicht mitgegangen waren, fand man das Essen, so prächtig es auch war, nicht gut und die Majestäten aßen sehr wenig. Alle in großer Zahl erschienenen Damen des Hofes von Blois glichen in ihrer Kleidung den Speisen, das heißt sie waren durchaus nicht à la mode angezogen.

Der König und die Königin hatten es so eilig wegzukommen, wie ich es noch niemals gesehen habe. Das machte keinen verbindlichen Eindruck, doch ich glaube, daß mein Vater die gleichen Gefühle hegte und er sehr zufrieden war, als er uns los wurde. An dem Morgen, an dem wir von Chambord aufbrachen, weckte er mich um vier Uhr früh, setzte *sich an mein Bett und sagte: »Ich hoffe, daß Sie nicht ärgerlich sein werden, wenn ich Sie geweckt habe, denn ich werde nachher keine Zeit mehr finden, Sie zu sprechen. Sie unternehmen eine große und lange Reise. Was man auch sagen möge, es ist nicht leicht, den Frieden zu schließen – wie man wohl glaubt –, und vielleicht kommt es gar nicht dazu, so daß Ihre Reise länger als vorgesehen dauern wird. Ich bin alt und verbraucht und kann während Ihrer Abwesenheit sterben. Wenn ich sterbe, so empfehle ich Ihnen Ihre Schwestern. Ich weiß, daß Sie Madame nicht lieben und daß sie sich Ihnen gegenüber nicht betragen hat, wie sie es sollte. Aber ihre Kinder können nichts dafür; kümmern Sie sich um meinetwillen um sie. Sie werden Sie bitter nötig haben, denn ihre Mutter wird ihnen keine große Hilfe sein.« Er küßte mich drei, vier Male, worüber ich sehr gerührt war. Ich habe ein gutes Herz, und wenn man seinen Pflichten nachkommt, rührt man mich leicht. Ich sagte Monsieur alles, was ich für ihn fühlte, und meine Rede war voller Respekt, Zärtlichkeit und Dankbarkeit für die Offenheit, mit der er mit mir gesprochen hatte. Wir gingen in bestem Einvernehmen auseinander, und ich schlief wieder ein. Würde ich mich nicht genau an diesen Vorfall erinnern, dann müßte ich glauben, geträumt zu haben, wenn ich an all das denke, was vorher geschehen war.*

Sobald wir im Wagen saßen, wurde über all das Vorgefallene gesprochen; man machte sich über meinen Vater sehr lustig, der, da er seine Fasanen außerordentlich liebte, alles daran gesetzt hatte, sie zu erhalten. Der König sagte mir: »Ihr Vater war über die vierzehn Fasanen, die ich erlegte, sehr erbost.« Der König freute sich über alles.

Als der junge Ludwig XIV. im Jahre 1660 im Begriffe war, die Macht zu ergreifen, hatte Monsieur den ausgezeichneten Gedanken, zu sterben – und Chambord fiel an die Krone zurück. Nach der Hochzeit von Saint-Jean-de-Luz nahm Ludwig auf seiner triumphalen Rückkehr nach Paris Aufenthalt auf diesem Besitz, den er noch nicht kennengelernt hatte. Nichts entging ihm. Als er die nicht vollendeten und vom Verfall bedrohten Gebäude sah, gab er seinen ersten Auftrag an Jules Hardouin-Mansart.

Er liebte Bauten zu sehr, als daß er sich nicht für diese interessiert hätte. Da er sich bei seinen Reisen von einem Teil seines

Hofes, seiner Offiziere und seiner Staatssekretäre begleiten ließ, benötigte er Unterkünfte. Die niedrigen Terrassen der Umfassungsmauer wurden durch Mansardendächer erhöht, eilige und provisorische Bauten, die heute glücklicherweise verschwunden sind. Übriggeblieben ist nur die ›Porte Royale‹ am Cosson, die der übliche Eingang zum Schloß wurde. Stallungen und Nebengebäude wurden rückwärts angebaut. Gärten und ein Vorplatz lassen nun die Fronten gebührend hervortreten. Das Dorf selbst wurde zum Teil wiederaufgebaut und eine neue, Ludwig dem Heiligen gewidmete Kirche errichtet.

Während der Aufenthalte des Königs in Chambord war natürlich ein großer Teil des Tages der Jagd gewidmet. Um sich am Abend bei verschiedenen Vergnügungen entspannen zu können, hatte der König 1669 bei seinen Schauspielern, Komödianten und Musikern eine Ballett-Komödie bestellt, wobei Molière und Lulli den ›Monsieur de Pourceaugnac‹ aufführten. Im nächsten Jahr hatte ein anderes Stück einen ungeheuren Erfolg. Es war so hinreißend und fand einen solchen Anklang bei den Zuschauern, daß es viermal hintereinander gespielt werden mußte. Es war ›Der Bürger als Edelmann‹. Der König sah sich sogar veranlaßt, Molière mitteilen zu lassen, daß ihn noch nie ein Schauspiel so gut unterhalten habe. Der Chevalier d'Arvieux hat uns einen Bericht hinterlassen:

Bevor der König nach Chambord zu Jagdvergnügungen fuhr, wollte er seinen Hof mit einem Ballett unterhalten. Da der Eindruck des Auftretens der Türken in Paris noch ganz frisch war, war er der Ansicht, daß es angebracht sei, sie auf der Bühne erscheinen zu lassen. Seine Majestät befahl mir daher, mich mit den Herren Molière und Lulli zusammenzutun, um ein Theaterstück zu komponieren, in das man etwas von türkischen Sitten und türkischer Kleidung einfügen könnte. Dazu begab ich mich nach dem Dorfe Auteuil, wo Herr Molière ein sehr hübsches Haus besaß. Dort arbeiteten wir an jenem Theaterstück, das in den Werken von Molière unter dem Titel ›Le bourgeois gentilhomme‹ erscheint, der sich als Türke gab, um die Tochter des Großwesirs zu heiraten. Ich war zuständig für alles, was die Kleidung und die Sitten der Türken betraf. Als das Stück fertig war, wurde es dem König vor-

gelegt, der es genehmigte, und ich verblieb acht Tage beim Schneider, Meister Baraillon, um türkische Kleider und Turbane herstellen zu lassen. Alles wurde nach Chambord gebracht und das Stück im September aufgeführt, und zwar mit einem Erfolg, der den König und den ganzen Hof befriedigte. Seine Majestät hatte die Güte zu erwähnen, er habe wohl gesehen, daß der Chevalier d'Arvieux sich um die Dinge gekümmert habe, worauf der Herzog d'Aumont und Dacquin antworteten: »Sire, wir können Euer Majestät versichern, daß er sich sehr viel Mühe damit gegeben hat, und daß er jede Gelegenheit wahrnehmen wird etwas zu schaffen, was Euer Majestät Freude bereiten könnte.« Der König entgegnete, daß er davon überzeugt sei und daß er niemals etwas bestellt habe, was ich nicht zu seiner Zufriedenheit ausgeführt hätte, daß er für mich sorgen und sich bei Gelegenheit meiner erinnern würde.

Solch verbindliche Worte aus dem Munde eines so großen Monarchen brachten mir den Beifall des ganzen Hofes ein – ein Weihwasser, mit dem die Höflinge nicht sparsam umgehen!

Das Ballett und die Komödie wurden mit einem so großen Erfolg gegeben, daß, obgleich man sie mehrmals hintereinander wiederholt hatte, sie immer wieder verlangt wurden. Auch war das Spiel der Darsteller über jedes Lob erhaben. Man wollte die türkischen Szenen sogar dem ›Ballett der Psyche‹, das man für den folgenden Karneval vorbereitete, einfügen; nach reiflicher Überlegung kam man jedoch überein, daß diese beiden Motive nicht zueinander paßten.

Ab 1682 nimmt Madame de Maintenon an den Reisen teil, als Patin von Dorfkindern wird ihre Anwesenheit in den Kirchenbüchern vermerkt. Im Jahre 1685 kommt Ludwig XIV. zum letzten Male nach Chambord. Das Schloß bleibt zwar verwaist, wird aber trotzdem nicht dem Verfall preisgegeben. Als der junge Herzog von Anjou durchkam, um den Thron von Spanien zu besteigen, vermerkt er, daß »das Gestein noch so schön ist, als ob es soeben fertig geworden wäre«.

Für die Dauer von vierzig Jahren sollte es aber unbewohnt bleiben, bis Ludwig XV. eine gute Gelegenheit für seine Verwendung fand, indem er es seinen entthronten und aus Polen ausgewiesenen Schwiegereltern anbietet. Stanislaus Leszczynski muß ein königliches Schloß in Besitz nehmen, das verkommen, feucht, mit morastigen Zugängen versehen und fast ohne Möbel ist. Stanislaus der Philosoph, Stanislaus der Wohltäter – sanft, ruhig und friedfertig – wünschte vor allen Dingen zu lesen und zu schreiben. Diese Residenz hätte ihm nicht mißfallen, wenn die Luft im Sommer erträglich gewesen wäre. War aber nicht der Gestank, der dort herrschte, verantwortlich für das ›Wechselfieber‹, das ihn zwang, in der Nachbarschaft Zuflucht zu suchen? Er versuchte dagegen anzugehen, indem er die Wassergräben zuschütten ließ. Aber dieser Fürst, der, als er sich später in Nancy und Lunéville niederließ, seinem vollendeten Geschmack Ausdruck gegeben hat, hat auch in Chambord seine Spuren hinterlassen, indem er vor den Fassaden Gartenparterres und Terrassen von großer Wirkung anlegte.

Er wurde etwas später durch eine Persönlichkeit abgelöst, die in allem sein Gegenteil war, nämlich von dem feurigen Marschall von Sachsen, dem als Sieger von Fontenoy alle Ehren zuteil geworden waren. Um ihn darüber hinaus auszuzeichnen, übertrug ihm Ludwig xv. das Krongut Chambord. Der Marschall hat dort während der beiden Jahre seines Aufenthaltes ein wildes Leben inmitten seiner Trophäen, seiner Fahnen und Drommeten geführt. Seine ›Oberst-Brigade‹ mußte Aufsehen erregen, da sie aus achtzig, wie Tataren gekleideten, schwarzen Reitern auf Schimmeln bestand. Zweihundert Mann gehörten zur Wachmannschaft, dreißig Offiziere zum Tafeldienst, und fünfhundert Pferde waren auf den Wiesen. Er speiste an offener Tafel wie der König und hielt die schöne Favart und selbst ihren willfährigen Mann aus, für den er ein großes Theater im ›Donjon‹ errichten ließ.

Madame Favart, mit ihrem Mädchennamen Marie Justine Benoite Duronceray, kam 1744 aus Nancy nach Paris und heiratete 1745 Charles Paul Favart, den Direktor der Komischen Oper. Sie bezauberte das ganze Publikum durch ihren Liebreiz. Marschall Moritz von Sachsen, der Sohn August des Starken und der Gräfin Aurora von Königsmark, war so hingerissen, daß er die Künstlerin auf Schritt und Tritt ver-

folgte und sie durch einen ›lettre de cachet‹ einsperren ließ, als sie den
aufdringlichen Huldigungen des stürmischen Kriegers widerstand.
Als er noch immer nicht zu seinem Ziele kam, erklärte er der Sängerin,
er werde ihren Mann töten lassen, wenn sie nicht seine Maitresse
würde. Da gab sie endlich nach und wurde erst, als der aufgedrun-
gene Liebhaber 1750 fiel, von ihm befreit.

Mit herkulischer Kraft ausgestattet, sonst aber von feinen
Zügen und lebendigen Geistes, wollte der Marschall ständig
Bewegung um sich haben. Während seines Aufenthaltes kehrte
das Leben und der Glanz der Tage Franz' I. nach Chambord
zurück. Im Jahre 1750 schreibt er an seinen Halbbruder, den
König von Polen:

Mademoiselle de Sens wird mit einem Schwarm von Hofdamen einen
Teil des Sommers bei mir in Chambord verbringen. Ich werde für sie
Treibjagden und jeden Tag Theater und Ballspiele veranstalten, wes-
halb ich auch die Komödiantengruppe, die nach dem Hofe von Com-
piègne unterwegs ist, aufhalten ließ, und die ich mit Hirschkühen und
Ebern füttern werde. Ich rechne damit, daß diese Damen sich sehr gut
unterhalten werden, denn ich habe ein erlesenes Offizierskorps – hüb-
sche, junge Gestalten, die wie Mönche im Schloß Chambord eingeschlos-
sen sind. Man kann weit suchen, um so etwas zu finden, und man be-
ginnt schon, darüber zu klatschen. Sie werden aber herkommen, man
möge nur reden, was man will. Eure Majestät werden vielleicht finden,
daß ich diese Angelegenheit entsprechend meiner früheren Lebensweise
betreibe, es ist aber das Schicksal der alten Karrentreiber, das Knallen
der Peitsche gern zu hören. Allen Sündern sei Gnade gewährt.

Alle, die sich diesem Grandseigneur näherten, wurden von
seinem Geist und von seiner Tatkraft gefangengenommen. Davon weiß der Marquis de Valfons zu berichten:

Ich verbrachte im Jahre 1749 einige Zeit beim Marschall von Sachsen
in Chambord. Er brachte mich im Zimmer der Maria Medici unter,
und vier Tage hintereinander hatte dieser große Mann die Güte, sich
in einen Fauteuil neben meinem Kopfkissen zu setzen, während ich zu
Bette lag. Er erinnerte mich an alle Einzelheiten seiner Feldzüge mit
der liebenswürdigen Einfachheit, die Helden besonders kennzeichnet.
Das Schloß, das der König dem Marschall zur Verfügung gestellt

hatte, war der eines solch berühmten Gastes würdige Aufenthalt. Dort führte er das Leben eines Fürsten mit einer Einnahme von über hunderttausend Dukaten, die er von seinen Dienstgraden und seinen Regimentern bezog. Eine Kavalleriekaserne, ein Gestüt und ein Tiergarten wurden von ihm eingerichtet. Seine geistige und körperliche Lebendigkeit verlangte nach ständiger Beschäftigung und verschiedenartigen Unternehmungen. Er schmiedete weitreichende Pläne, befaßte sich mit phantastischen Projekten, widmete sich aber gleichzeitig und ohne Unterlaß krafterfordernden Vergnügungen, indem er Hetzjagden veranstaltete, die Arbeiten am Schloß beaufsichtigte, wobei er oft selbst Hand anlegte, und zusätzlich noch sein Regiment exerzieren ließ, das ihm der König als besondere Vergünstigung in Garnison gegeben hatte und das er, Gewehr bei Fuß, mit Dienstverschärfungen wie in einer Festung hielt. Erbeutete Geschütze und Fahnen, die die Tore schmückten, vervollständigten die Illusion. Sehr oft wurden auch Theaterstücke aufgeführt und Konzerte auf dem Wasser oder in den Räumen gegeben.

Der Titularkanzler Maupeou erwies mir auch die Ehre, sich ab sieben Uhr morgens an meinem Kopfende niederzulassen, ohne mir zu gestatten, das Bett zu verlassen. Wir waren Tür an Tür auf dem gleichen Gang untergebracht, und wenn er aus seinem Zimmer heraustrat, kam er zu mir, um sich mit mir zu unterhalten. Er verblieb vier Tage in Chambord, und da wenig Gäste anwesend waren, unternahmen wir viele gemeinsame Spaziergänge sowohl im Park wie in den Gemüsegärten. Die Unterhaltung mit ihm war witzig und voller interessanter Anekdoten.

Der Marschall war damals nicht älter als dreiundfünfzig Jahre und die Kraft seines Temperaments erhielt ihn trotz der großen Schmerzen, die ich ihn oft mit einem heldenhaften Mut habe ertragen sehen, tapfer und unermüdlich. Wenn man ihn so kräftig und unternehmend sah, so voller Lebensfreude und voller edelmütiger Einfälle, hätte niemand gedacht, daß er seinem Tode so nahe sei, der trotzdem als Folge eines tückischen Fiebers den 30. November des folgenden Jahres eintrat. Es war ein großer Verlust für Frankreich, dessen Waffen er ganz Europa fürchten und achten lehrte und, wenn ich es wagen darf zu sagen, ein sehr nachteiliger für mich.

Das war die offizielle Darstellung. Aber die Version, laut der der Marschall von Sachsen in einem Duell mit dem Fürsten

7 Chambord, Luftaufnahme

11 *Gaston d'Orléans, von van Dyck*

12 *Ludwig XIV. auf der Jagd bei Chambord, Stich von Le Pautre*

9 *Marschall Moritz von Sachsen, von Liotard*

10 *Chambord zur Zeit des Marschalls, Stich von J. Rigaud*

◄ 8 *Chambord, der Dachaufbau*

13 Cheverny im 17. Jahrhundert, von Félibien

14 Fougères, Innenhof

Conti, dessen Frau eine seiner zahlreichen Maitressen gewesen ist, tödlich verwundet worden sei, ist nicht aus der Luft gegriffen. Baron de Grimm war Zeuge einer Szene, die er genau beschreibt:

Ich befand mich mit dem Grafen von Friesen seit drei Tagen in Chambord, und unsere Rückkehr nach Paris war bereits festgelegt. Der Marschall litt jetzt weniger unter seinen Krankheiten, und sein Neffe hatte von ihm das Versprechen erhalten, daß er den ganzen Winter über nach Paris kommen würde.

Wir hatten einen Mann ohne Livrée in das Schloß eintreten sehen, der dem Marschall ein versiegeltes Billett geheimnisvoll zusteckte, als dieser in seinem Arbeitszimmer allein war. Der Überbringer wartete im Nebenzimmer. Der Marschall übergab ihm seine Antwort, und der geheimnisvolle Kurier entfernte sich sofort. Der in sein Arbeitszimmer zurückgekehrte Marschall ließ sich für alle verleugnen. Wir haben nachher erfahren, daß er damit beschäftigt war, Papiere zu ordnen und zu schreiben. Er verließ den Raum, fragte nach seinem Neffen, mit dem er sich eine Zeitlang unterhielt und begab sich allein und immer wieder in dieselbe Allee, wobei er manchmal seine Blicke auf das Gitter, das nach dem Wald geht, heftete.

Ich war in das Schloß zurückgekehrt, von einer gewissen melancholischen Unruhe gepeinigt, von deren Ursache ich mir keine Rechenschaft geben konnte. Im Salon unterhielt man sich über den vor ganz kurzer Zeit erfolgten Tod von Mademoiselle de Sens. Bei dieser Nachricht schrie Herr von Friesen plötzlich auf: »Wo ist mein Onkel?« und während er in äußerster Aufregung aufstand, faßt er mich an der Hand und zieht mich in den Park. Wir erblicken eine Gruppe von Dienern, die eine Tragbahre tragen. Wir nähern uns ... es war der Marschall, verwundet, ohne Bewegung und von einer erschreckenden Blässe. Bei den Schreien seines Neffen öffnete er die Augen und machte eine Anstrengung, ihm die Hand zu reichen. Die wenigen Worte, die er hervorbringen konnte, enthüllten uns die Ursache seiner Verwundung: »Ist der Prinz Conti noch hier? Versichert ihm, daß ich ihm nicht gram bin. Benachrichtigt Senac. Ich fühle, daß er zu spät kommen wird; ich habe aber das Bedürfnis, meinen Freund wiederzusehen. Ich wünsche die größte Verschwiegenheit über das, was soeben geschehen ist.« Senac war im Schloß, konnte aber keine Wunder wirken. Die Wunde war tödlich.

Es ist nicht notwendig, Grimm aufs Wort zu glauben. Er war beauftragt, an Preußen die in Frankreich umlaufenden Neuigkeiten weiterzugeben. Aber andere Zeugen haben bestätigt, daß es einen Trauerfall gegeben hatte und daß allen Bediensteten Schweigen darüber anbefohlen worden war. Es ist wahrscheinlich, daß dieses Geheimnis noch lange den Tod des glorreichen und wollüstigen Marschalls umwittern wird.

Zu Beginn der Revolution ließ der Architekt des Schlosses die Banden aus der Umgebung verhaften, die die Lilien, die Kronen und andere monarchische Embleme zerstören wollten. Er zeigte ihnen, daß zu viel davon da waren, um sie alle zerstören zu können, und daß es ein Verlust für die Nation wäre, den er auch in Zahlen ausdrückte.

1792 fordern die Einwohner von Saint-Dyé die Zerstörung dieser »enormen Masse von nutzlosen Steinen«. Aber angesichts der Kosten einer solchen Unternehmung beruhigten sich die Geister sofort. Allerdings, alles, was an Möbeln oder an beweglicher Ausstattung vorhanden ist, wird geplündert oder versteigert. Die Mauern sind zwar nackt wie eine Eierschale, aber wenigstens hat die Schale gehalten. Man richtet im Schloß ein Remontendepot und später eine Werkstatt für die Herstellung von Pulver und Salpeter ein.

Napoleon folgte der Tradition der Könige und bot Chambord einem Soldaten, dem Marschall Berthier, an, stattete es mit einer Rente von fünfmalhunderttausend Livres für die Reparaturen und die Unterhaltung aus und erhob es zum ›Fürstentum von Wagram‹. Die erste und einzige von Berthier veranlaßte Arbeit sollte die Entfernung der F von Franz I. und deren Ersetzung durch ein B sein. Da der Haudegen an Chambord, wo er nur zwei Tage verbracht hat, kein Interesse nahm, wird das Unternehmen nur im Erdgeschoß flüchtig durchgeführt. Nach seinem Tod im Jahre 1816 läßt Madame Berthier Kahlschläge in die Wälder legen und vermietet das Schloß an einen englischen Oberst, der aus der Kapelle einen Hundezwinger macht.

Chambord schien in einem so kläglichen Zustand für eine Verwertung auf Abbruch reif zu sein. Es war damals der Graf de Calonne, der eine Sammelaktion aller französischen Gemeinden in Vorschlag brachte, um das Staatsgut zu kaufen und es Henri Charles Ferdinand Marie Dieudonné von Artois, Herzog von Bordeaux, einem Enkel von Karl x. und letztem Sproß der älteren Linie des Hauses Bourbon, dem ›enfant du miracle‹ – das von verschiedenen Seiten als illegitim oder unterschoben bezeichnet wurde –, anbieten zu können, der nach der Ermordung des Herzogs von Berry die Hoffnung der Legitimisten verkörperte.

Der Gedanke, daß Chambord dazu bestimmt werden könnte, brachte den Hellenisten und politischen Schriftsteller Paul-Louis Courier, Gutsbesitzer von la Chavonnière, zum Rasen. Er wendet sich in einem Pamphlet, das an die Mitglieder des Gemeinderats von Veretz gerichtet ist, gegen diesen Plan:

Der Hof, Mittelpunkt der Korruption, dehnt überall seinen Einfluß aus. Es gibt niemand, der dies nicht, der jeweiligen Entfernung entsprechend, empfindet. Die Verdorbensten sind die Nächsten, und wir, die der gütige Himmel hundert Meilen von diesem Sumpf entfernt zur Welt kommen ließ, wir sollten dafür bezahlen, um ihn in Zukunft vor unserer Tür zu haben! Davor bewahre uns Gott!

Ein Landbiedermann von Chambord selbst, den ich letzthin in Blois traf und der auf meine Frage, wie man bei ihm über diese Angelegenheit denke und was die Bewohner wünschten, sagte mir folgendes: »Wir möchten gerne den Fürsten haben, aber nicht den Hof. Die Fürsten sind im allgemeinen gut, und wären nicht die, die sie umgeben, so wäre es eine Freude neben ihnen zu wohnen. Sie wären die besten Nachbarn der Welt: human, wohltätig, hilfsbereit gegenüber allen, frei von allen Lastern und Leidenschaften, die der Drang, es zu etwas zu bringen zeitigt, da sie keine Vermögen zusammenzuraffen brauchen. Ich meine die Fürsten, die als Fürsten geboren sind. Was die anderen anbelangt – hätte man ohne ihr Dasein jemals erraten können, wie weit Unverschämtheit zu gehen vermag? Wir können davon Geschichten erzählen, wir Einwohner von Chambord! Diese Fürsten nämlich, ob sie nun alten oder neuen Datums sind, von Gottes oder von irgendeines anderen Gnaden, höflich oder brutal, wir sehen sie niemals. Wir sehen ihre Diener, Edelleute oder Bürgerliche, die einen schlechter als die anderen, und ihre Karossen, die uns zermalmen, und ihr Wild, das uns auffrißt. Seit jeher führt das Wild gegen uns einen Krieg, und ein einziges Mal, im Jahre 1789, wurde es besiegt: wir fraßen es unsererseits auf! Als Herren unseres Erbes fingen wir damals an, für uns zu säen, als der Held erschien und aus Deutschland Verwandte oder Verbündete unserer in der Campagne von 1789 getöteten tierischen Feinde kommen ließ. Zwanzig Paare Hirsche trafen ein, die die Wälder wieder bevölkern und unsere Felder für das Vergnügen eines einzelnen Mannes verwüsten sollten. Und der auf diese Weise wieder entbrannte Krieg geht weiter. Seitdem leben wir immer in Angst und fühlen uns jeden Tag von einer neuen Invasion von Rotwild, mit einem Marcellus oder Marcassus an der Spitze, bedroht. Paris müßte daran denken, mindestens so oft wie wir. Denn Paris wurde während achthundert Jahren von den roten Biestern blockiert, und in seinem Weichbild – heute so reich und so fruchtbar – wurde nicht einmal genügend produziert, um die Jagdaufseher ernähren zu können.

Ich meinesteils, ich gestehe es Euch, stimme unter den vorliegenden Umständen und an dieses alles denkend, in reiflicher Überlegung und Erinnerung an das, was ich in meiner frühen Jugend gesehen habe und was man wiederherstellen will, für die ›schwarze Bande‹, die meiner Ansicht nach die ›weiße Bande‹ wohl wert ist, da sie dem Staat und dem König besser dient. Ich bete zu Gott, daß sie Chambord kaufen möge.

Es stimmt, Courier hoffte, die ›schwarze Bande‹ würde das Terrain von Chambord in viertausend Parzellen aufteilen, die dann viertausend Bauernfamilien übergeben werden sollten…

Das Staatsgut wird nichtsdestoweniger für 1 542 000 Francs Herrn von Calonne, dem Beauftragten einer Menge von Unterzeichnern, zugesprochen, und der Herzog von Bordeaux wird den Namen eines Grafen von Chambord annehmen. Sieben Jahre später eröffnet die Herzogin von Berry eine ›Restaurierungskampagne‹, deren Notwendigkeit auf der Hand liegt. Sie wird mit Sorgfalt und Ausdauer durchgeführt. Die geplünderten Wälder werden wieder aufgeforstet. Man repariert die Dächer, bringt die verfaulten Fußböden in Ordnung und restauriert die Lukarnen. Im Jahre 1860 sind die Terrassen der Umfassungsmauern von den Zutaten Mansarts befreit.

Heinrich v., Graf von Chambord, kam – seltsames Para-
doxon – erst 1871 in sein Schloß! Dort geschah es, daß er sein
edles aber nutzloses Manifest, das Bestürzung in den Reihen der
Royalisten hervorrufen mußte, auf die weiße Fahne schreiben
sollte:

Chambord, den 5. Juli 1871

Franzosen!

*Ich bin in Eurer Mitte. Ihr habt mir die Tore Frankreichs wieder ge-
öffnet und ich konnte mir nicht das Glück versagen, mein Vaterland
wiederzusehen. Ich gedenke aber nicht, durch einen längeren Aufenthalt der Unruhe der in diesem Augenblick so verwirrten Geister neue
Nahrung zu geben. Ich verlasse also dieses Chambord, das Ihr mir gegeben habt und dessen Namen ich seit vierzig Jahren mit Stolz getragen habe, um in die Verbannung zu gehen.*

*Ich lege Wert darauf, Euch zu sagen, daß ich mich auch mit der Ent-
fernung nicht von Euch trenne: Frankreich weiß, daß ich ihm gehöre.
Ich kann weder vergessen, daß das monarchische Recht Erbgut der
Nation ist, noch die Pflichten übersehen, die dieses Recht mir Frankreich gegenüber auferlegt.*

*Diese Pflichten werde ich erfüllen; glaubt an das Wort eines Ehren-
mannes und eines Königs. Mit Gottes Hilfe werden wir gemeinsam
– und so bald Ihr es wünscht – eine Regierung auf der breiten Grund-
lage der Dezentralisation der Verwaltung und der örtlichen Freiheiten gründen, die den tatsächlichen Erfordernissen des Landes entspricht.*

*Wir garantieren diese öffentlichen Freiheiten, auf die jedes christ-
liche Volk ein Anrecht hat, durch Gewährung eines ehrlich gehand-
habten, allgemeinen Wahlrechts und eines Aufsichtsrechts über die
beiden Kammern. Wir werden die nationale Bewegung vom Ende des
vorigen Jahrhunderts wieder aufnehmen, indem wir ihr ihren wahren
Charakter wiedergeben.*

*Eine Minderheit hat – gegen die Stimme des Landes – daraus den
Beginn für eine Periode der Demoralisation durch Lüge und der Des-
organisation durch Gewalt gemacht. Ihre verbrecherischen Anschläge
haben einer Nation die Revolution aufgezwungen, die nur Reformen
verlangte, und sie seit jenem Zeitpunkt an den Abgrund gedrängt, in
den sie ohne die heldenhaften Anstrengungen unserer Armee gestern
gestürzt wäre.*

Es sind die arbeitsamen Klassen, diese Arbeiter in Stadt und Land, deren Schicksal Gegenstand meiner liebsten Studien war, jener, die am meisten unter dieser sozialen Unordnung gelitten haben. Aber Frankreich, durch ein Unglück ohnegleichen über seinen Irrtum aufgeklärt, wird verstehen, daß man nicht zur Wahrheit gelangt, indem man die Irrtümer wechselt, und daß man nicht durch Ausweichen ewigen Notwendigkeiten entgeht.

Frankreich wird mich rufen, und ich werde mich ihm mit Aufopferung, Treue, Überzeugung und mit meiner Fahne ganz hingeben. Im Hinblick auf diese Fahne hat man von Bedingungen gesprochen, denen ich mich nicht unterwerfen kann. Ich bin zu allem bereit, um meinem Lande zu helfen, sich aus seinen Ruinen zu erheben und seine Stellung in der Welt wiederzugewinnen. Das einzige Opfer aber, welches ich ihm nicht bringen kann, ist das meiner Ehre. Ich gehöre unserer Zeit an, und daran soll sich nichts ändern. Ich zolle ihr aufrichtige Ehrerbietung für ihre großen Leistungen und habe, welches auch die Farbe der Fahne war, unter der marschiert wurde, das Heldentum unserer Soldaten bewundert und Gott gedankt für all das, was ihre Tapferkeit zum Ruhm Frankreichs beigetragen hat.

Zwischen Euch und mir aber darf es kein Mißverständnis und keine Hintergedanken geben, doch ich werde es niemals zulassen, daß das Banner Heinrichs IV., Franz' I. und der Jeanne d'Arc meinen Händen entrissen wird. Unter diesem Banner erfolgte die nationale Einigung und mit ihm haben Eure Väter, von den meinen geführt, das Elsaß und Lothringen erobert, deren Treue unser Trost im Unglück sein wird.

Dieses Banner hat die Barbarei auf dem Boden Afrikas besiegt – Zeugnis der ersten Waffentaten der Fürsten meiner Familie –, und es wird die neue Barbarei besiegen, die die Welt bedroht. Ich werde es ohne Furcht der Tapferkeit unserer Armee anvertrauen, die weiß, daß es nur den Weg der Ehre gegangen ist. Ich habe die Fahne wie ein heiliges Vermächtnis vom alten König, meinem Großvater, erhalten, als er im Exil starb, und sie war für mich nie zu trennen von der Erinnerung an das ferne Vaterland – sie hat über meiner Wiege geflattert, und sie soll mein Grab beschatten. In den glorreichen Falten dieses makellosen Banners werde ich Euch Ordnung und Freiheit bringen.

Heinrich V. kann das Banner Heinrichs IV. nicht verlassen!

Durch Starrheit und mangelnde Konzessionsbereitschaft gegenüber den Forderungen einer neuen Zeit verhinderte der

Herzog von Bordeaux, dem zu seinem Tauf-Tag am 1. Mai 1821 Chambord – er nennt sich später Graf von Chambord – übereignet worden war, die Aussöhnung der Familie Bourbon und enttäuschte die Legitimisten durch sein Festhalten an der weißen Fahne Heinrichs iv. und durch seine Kompromißlosigkeit in seinen verschiedenen Manifesten. Er starb am 24. August 1883 zu Frohsdorf bei Wiener-Neustadt, fern von seiner Heimat.

In der Kapelle des westlichen Turmes des Schlosses wurde einige Wochen später eine Totenfeier veranstaltet. Von den schwarz ausgeschlagenen Wänden hoben sich in silberner Schrift einzelne Daten aus dem Leben des Grafen ab, unter anderem:

29. sept. 1820	*Dominus dedit – Der Herr hat ihn gegeben*
3. jul. 1871	*In propria venit – Semel in vita! –*
	Er kam in sein Eigentum – Einmal im Leben!
21. jun. 1883	*Princeps in morbum graviter incidit –*
	Der Prinz erkrankt schwer
24. aug. 1883	*Extinguitur Sancti Ludovici ultima proles –*
	Dominus dedit. Dominus abstulit –
	Der letzte Nachfahr Ludwigs des Heiligen stirbt –
	Der Herr hat ihn gegeben, der Herr hat ihn
	genommen.

An diesem Tage wehte eine schwarze Fahne von dem Turm der Kapelle.

Das Schloß von Chambord ähnelt selbst einem weißen Banner, das über der Leere flattert. Schon Flaubert war vom Schicksal dieses Schlosses betroffen. Es schien allmählich die Rolle eines Hindernisses übernommen zu haben und wurde – so oft wie möglich – hervorragenden Persönlichkeiten angeboten, die sich aber nur vorübergehend dort aufhielten. Denn rechnen wir nach: Chambord war seit Heinrich ii. bis heute niemals länger als zehn Jahre bewohnt. Hören wir Flaubert:

Am nächsten Morgen besuchten wir eine noch verfallenere Ruine, ich spreche von Chambord...

Wir sind die leeren Galerien entlang und durch die verlassenen Zimmer gegangen, wo die Spinne ihre Netze über den Salamander

Franz'I. spannt. Ein schmerzliches Gefühl ergreift einen bei diesem
Elend, das nichts Schönes hat. Es ist vielmehr ein verschämtes Elend,
das sein fadenscheiniges Kleid aufbürstet und den Wohlanständigen
spielt. Man bessert das Parkett in diesem Zimmer aus, in jenem
anderen läßt man es faulen. Man sieht hier ein vergebliches Bemühen,
zu bewahren, was stirbt, zurückzurufen, was geflohen ist. Seltsam,
das alles ist traurig und ohne Größe ...

Chambord wirkt wie ein verlassenes Gasthaus, in dem die Reisen-
den nicht einmal ihren Namen auf den Wänden zurückgelassen haben.
Ich habe dort nur ein einziges Einrichtungsstück gesehen, ein Kinder-
spielzeug; ein Modell eines Artillerieparkes, das dem Herzog von
Bordeaux vom Obersten Langlois geschenkt worden war und unter
Leinwanddecken sorgfältigst aufbewahrt wurde.

Als wir über eine äußere Galerie zur Treppe von Orléans gingen,
um die Karyatiden anzusehen, die Franz I., Madame de Chateau-
briand und Madame d'Étampes darstellen sollen, und als wir um die
berühmte Laterne schritten, die die große Treppe abschließt, haben wir
mehrere Male den Kopf durch die Balustrade gesteckt, um hinunter-
zublicken: im Hofe rieb sich ein junger Esel, der an den Zitzen seiner
Mutter saugte, gegen sie; er schüttelte seine Ohren, streckte die Nase
vor und sprang auf seinen Hufen. Das sah man im Ehrenhofe des
Schlosses von Chambord; das sind jetzt seine Gäste: ein Hund, der
im Grase spielt, und ein Esel, der auf der Schwelle der Könige säugt,
schnaubt und iaht, mistet und springt!

Heute noch überlegt man, auf welche Weise diese großen
trostlosen Räume belebt werden können.

Nach dem Krieg von 1914 ist eine Übereinkunft zwischen dem
französischen Staat und den österreichischen Erben des Grafen
von Chambord, den Prinzen von Bourbon-Parma, zustande
gekommen. Nach 1947 ist ein Teil der Herrschaft dem Was-
ser- und Forstfiskus, ein anderer der Verwaltung der Staats-
güter unterstellt worden, während das Schloß selbst und seine
Umgebung in die Fürsorge der Denkmalpflege kam.

Obwohl die früheren Besitzer alle ihre Einnahmen aus der
Domäne für die Erhaltung des Schlosses opferten – und in den
letzten Jahren des 19. Jahrhunderts, als die kleinen und großen

Lukarnen instand gesetzt wurden, sogar noch weit mehr –,
sahen sich die Architekten der Denkmalpflege einem weitge-
henden Verfall gegenüber, der durch einen Brand der Dächer
1945 noch schwerwiegender wurde. Wie immer betraf das
Dringlichste und Kostspieligste die am wenigsten sichtbaren
Teile, vor allem das Gebälk einiger Türme, das völlig neu
erstellt werden mußte. Durch seine Größe, seine Vielfältigkeit,
den Überfluß an Ornamenten ist Chambord ein unersättlicher
Schlund für jene, die für seine Erhaltung zu sorgen haben. Die
Restaurierung ist noch lange nicht beendet.

Man sollte annehmen, daß das Äußere, die Treppe und die
Terrassen bei weitem die interessantesten Teile sind und daß
es deshalb genügen würde, diese Teile den Besuchern zu zeigen.
Das Publikum aber ist nicht der gleichen Meinung. Es kommt,
um alles zu besichtigen. Deshalb wurden auch die Wohnräume
wiederhergestellt, um die in Massen eintreffenden Besucher
würdig empfangen zu können. Die Tafelplatte, auf der der
Marschall von Sachsen einbalsamiert wurde, die Spielzeug-
artillerie des Grafen von Chambord und die rührenden Sticke-
reien der legitimistischen Damen für den Prätendenten waren
zunächst ungefähr alle Kunstwerke, die gezeigt werden konnten.

Durch Wiederherstellung der Wandtäfelungen nach den
alten Vorlagen, durch Anbringen von Lüstern und Aufstellen
einiger Möbel, durch Erbetteln von Gegenständen und Bildern
aus verschiedenen Museen ist es schließlich gelungen, den Gemächern, die für Ludwig XIV. eingerichtet waren, bevor sie dem
Marschall von Sachsen übereignet wurden, ein Gesicht zu
geben.

Betrachten wir Chambord nicht als einen wirklichen Wohnsitz, sondern als ein seltsames Kunstwerk, dessen Unverwend-
barkeit noch immer deutlich ist. Noch heute weiß der Staat, der
mit seiner Nutzung beauftragt ist, nicht, wie er es lebendig
machen soll. Wir müssen Chambord als das nehmen, was es
ist: ganz einfach als einen großartigen und launenhaften Einfall.

Vor allen Dingen aber als eine Architektur ohnegleichen, die sich klassisch geben wollte und ihre Anregungen in der wieder-entdeckten Antike gesucht hat, die aber mit einer seltsamen, außerordentlichen Virtuosität ohne Rücksicht auf Verstiegen-heit oder Disharmonie ihre Grenzen sprengte. Chambord er-scheint wie ein riesenhaftes weißes Phantom, das aus den Wäl-dern emporsteigt und den Geist durch seine Geheimnisse und Phantastik versucht und das – einst für das Leben feuriger Männer und Frauen geschaffen – letzten Endes heute nur noch einem allzu üppigen Grabe ähnelt.

Diese Untergangsstimmung von Chambord hat der Fürst Her-mann von Pückler-Muskau schon vor rund 130 Jahren gespürt und in seinen Reisebildern eindrucksvoll festgehalten:

Es kommt bei allen Dingen für den späteren Eindruck immer sehr viel darauf an, unter welchen Umständen wir einen Gegenstand zuerst erblicken. Auch hierin war ich heute begünstigt, denn nichts konnte eindringlicher sein als der Moment, in welchem wir, schon in etwas später Tageszeit, in den Schloßhof von Chambord traten. Ein Gewitter schwebte schwarz über den Gebäuden, deren hundert weiße Kalk-steinspitzen, grell wie gebleichtes Gebein, gegen den dunklen Himmel abstachen. Dumpfer Donner ohne Blitze rollte majestätisch darüber hin. Sonst war kein Laut zu vernehmen und kein lebendiges Wesen zu sehen. Plötzlich öffnete sich die morsche Hauptpforte und ein Dutzend zerlumpter Gestalten, mit kurzen Hirschfängern und Flinten bewaff-net, drangen daraus hervor, von mehr als zwanzig Hunden aller Rassen begleitet. Es waren die ›garde-chasses‹ des Herzogs von Bor-deaux, die heute eine ›battue‹ vorhatten …

Cheverny

Schlösser von Ludwig XII. sind etwas außergewöhnliches im Tal der Loire. Noch außergewöhnlicher aber ist es zweifellos, wenn ein Schloß von Anfang an stets der gleichen Familie gehört.

Im Jahre 1392 tauchte ein gewisser Jean Hurault auf, der das Gut Cheverny mit »seinen Häusern, Keltern und Weinbergen« kaufte. Diesen Huraults, einer alten Familie aus dem Blésois, sollte das Glück lachen. Sie werden später bauen, vergrößern und geachtete Herren sein.

Das älteste Schloß Cheverny, das wir aus einer Zeichnung des Martellange kennen, und von dem wir heute ohne Zweifel Reste in den Nebengebäuden sehen, war eine weitläufige Wohnstätte aus den ersten Jahren des 16. Jahrhunderts, mit wenigen Fenstern und zahlreichen Rundtürmen mit kegelförmigem Dach. Es wurde von Raoul Hurault erbaut, bevor es 1564 der Besitz des Kanzlers Philippe Hurault und des Jacques Hurault, Herrn von Vibraye, wurde.

Ihr Nachkomme Graf Heinrich – Cheverny war zur Grafschaft erhoben worden – hatte von frühester Jugend an ausgesprochene Freude an seiner Militärlaufbahn. Er hatte die elfjährige Françoise Chabot, Tochter des Oberstallmeisters von Frankreich, geheiratet. Da der junge Gatte ständig bei der Armee war, langweilte sich die arme Kleine zu Tode. Sie fand einen Tröster. Ihr Gatte erfuhr dies und ob des Affronts vor Zorn rasend, glaubte er, seine Schmach rächen zu müssen, indem er Françoise einen Becher mit Gift und ein Schwert hinhielt. Sie wählte das Gift. Die Strafe für dieses Verbrechen war mild, der König degradierte den Grafen und verbannte ihn auf Lebenszeit nach Cheverny.

Diesem Familiendrama verdanken wir das neue Schloß. Heinrich heiratete zwei Jahre später die schöne Marguerite Gaillard, die Tochter des Landvogtes, die ihm sieben Kinder schenkte. Sie war eine Frau mit Kunstsinn, und sie beschlossen, das altmodische Schloß abzureißen – vielleicht erweckte es traurige Erinnerungen in ihnen –, um eine neue angenehme Wohnstätte im Geschmack der Zeit zu errichten. Sie wandten sich an einen Architekten in Blois, Jacques Bougier, genannt Boyer. Das neue Gebäude ähnelt in keiner Weise dem vorhergehenden.

Die Familie Cheverny behielt den Besitz bis 1755, dann wurde er auf Grund einer schwierigen Erbfolge an den Grafen Henry d'Harcourt verkauft. Dieser wohnte dort überhaupt nicht; er veräußerte ihn neun Jahre später wieder an Jean-Nicolas Dufort, Graf von Saint-Leu, der bei dem Kauf mit dem Intendanten Marigny, dem Bruder der Madame de Pompadour, rivalisierte. Die Dinge regelten sich dann im nächsten Jahr von selbst, als der Intendant von seiner Schwester Schloß Ménars erbte. Dufort hat den Zustand beschrieben, in welchem sich damals das Schloß befand:

Im Vorhof, dessen Mauern bis zum Boden niedergerissen waren, stand das Korn bis zu den Stufen der Treppe. Das ausgedehnte Pflaster war mit Erde bedeckt und eingesät. Die Fenster des Schlosses waren alle in Rautenmuster verglast und es stimmt schon, daß ich alle Fenster fertig und bemalt in den Läden gekauft habe. Es waren insgesamt nur fünf Zimmer bewohnbar …

Jeden Winter kaufte Dufort Möbel aller Art. Während eines einzigen Jahres erwarb er siebenundzwanzig Marmorkamine und sechzig Kupferschlösser. Im Lauf von zwölf Jahren hat er dieses Schloß zu »einem der wohnlichsten des Landes« gemacht.

Während der Revolution bewohnte Dufort Schloß Cheverny, das nur geringe Schäden erlitt. Im Jahre 1802 wurde der Besitz von einem Pariser Bankier gekauft und ging noch in verschiedene Hände über, bevor er 1825 vom Marquis de Vibraye, einem entfernten Nachkommen der Huraults, erworben wurde, der auf diese Weise wieder in das Schloß seiner Ahnen einzog.

Cheverny gehört zwar zum glänzenden Gestirn ›Blois–Chambord – Chaumont‹, hat aber nichts mit diesen gemein. Massiv, etwas schwer, voll Majestät, ganz Symmetrie, ist es ein Denkmal des ›Grand siècle‹. Nichts erinnert mehr an eine Festung. Alles ist auf Annehmlichkeit des Wohnens abgestellt, auf Harmonie und zur Schau getragene Vornehmheit. Der Ehrenhof ist heute verschwunden und nur der Verlauf des Rasens umgrenzt ungefähr seine Lage. Wir betreten Cheverny von der Seite, denn es ist vorteilhaft, etwas Abstand zu haben, um das Gebäude in seiner ganzen Ausdehnung übersehen zu können.

Die Fassade ist schön. Ein doppeltes Gesims betont die Geschosse, die Fenster sind von Giebeln überhöht. Zwölf kräftig skulptierte Nischen zwischen den Fenstern des Hauptgeschosses bergen die Büsten römischer Kaiser. Eindringlich tritt das Mißverhältnis zwischen den glücklichen und gefälligen Proportionen des Mittelteils und denen der großen und schweren Seitenpavillons vor Augen. Diese sind von vierseitigen mit Laternen bekrönten Helmdächern bedeckt, die die Anlage erdrücken, das Gewicht der bereits sehr schmalen Eingangsfront vermindern und, statt zur Konzentration des Eindrucks beizutragen, diesen verringern. Die Bedachung ist unruhig, ungleich, von verschiedener Höhe und Form, kurz und gut im Widerspruch zur geradlinigen Einfachheit des Planes. Um diesen Fehler zu entschuldigen, hat man wiederholt bemerkt, es handle sich um die ersten Äußerungen eines architektonischen Stils, der seine endgültige Form noch nicht gefunden hat. Erinnern wir uns indessen, daß Cheverny in den Jahren zwischen 1633 und 1640 gebaut wurde, das heißt fast gleichzeitig mit dem Schloß des Gaston d'Orléans in Blois. Das Palais Cardinal, das Schloß Richelieus, und viele andere Bauten des gleichen Stils waren zu diesem Zeitpunkt bereits fertig.

Es ist aber angebracht, sich das Projekt zu vergegenwärtigen,

dessen Ausführung unterbrochen wurde und dessen im Rohbau
errichtete Teile zerstört sind. Der gepflasterte Ehrenhof war
von einem ausgetrockneten Schloßgraben umgeben, der auf die
beiden seitlichen Pavillons des Schlosses zulief und von einer
mit Vasen und Statuen bekränzten Mauer gesäumt war. Durch
ein monumentales Tor näherte man sich der Front des Schlosses.

Obgleich die südliche Fassade ebenfalls aus völlig symmetrischen Teilen besteht, ist sie weniger streng. Der Mittelpavillon
und die Seitenpavillons springen vor. Der Architekt hat die traditionellen Baugrundsätze wiederaufgenommen. Eckenqua-
derungen geben dem Gebäude größere Leichtigkeit. Die
Lukarnen entsprechen denen der Eingangsfassade, sie sind aber
einfacher behandelt. Der einstige Schloßgraben – nur noch auf
dieser Seite vorhanden – wird von einer steinernen Brücke
überquert.

Die Besucher werden sich aber nicht vor diesen Fassaden aufhalten, die ich flüchtig zu beschreiben versuchte. Sie haben es
eilig, ins Schloß einzutreten, das sich so einladend wie nur möglich präsentiert. Einmal, weil man sich in einer prachtvollen
Umgebung befindet, zum anderen, weil man sehr gut aufgenommen wird. Der Besitzer hat es verstanden, mit der Zeit
zu gehen und durch geeignete Maßnahmen der heutigen Auffassung von einem historischen Schlosse zu entsprechen, zum
großen Vorteil des letzteren übrigens. Das Gut Cheverny gehört – mit einer Unterbrechung von siebzig Jahren – der Familie
seit fünf Jahrhunderten. Ein Schloß lebt durch den Schloßherrn.
Daher ist das Innere des immer bewohnten Schlosses Cheverny
in all seinen altehrwürdigen Einrichtungen so lebendig geblieben.

Die Anordnung ist ungefähr die ursprüngliche. Die Räume,
die ihre alte Dekoration bewahrt haben, sind von einer unvergleichlichen Schönheit. Der Stil Louis'xiii. erweist sich hier von
einem solchen Geschmack und einer solchen Kraft, daß die
schmückende Fülle niemals überladen oder unruhig wirkt.

Die ziemlich enge, mit Gobelins nach Kartons von Vernet geschmückte Vorhalle mündet in die Treppe, die den Mittelbau
fast ganz einnimmt. Sie ist ganz noble Architektur, ein Denkmal aus Stein.

Der schwere steinerne Aufgang – so charakteristisch für den
Stil Louis'xiii. – findet seine Entsprechung in den Pilastern der
gegenüberliegenden Wand.

Gerade Treppenläufe, Pfeiler und Pilaster mit tiefen Kanne-
lüren, in denen sich reiche Fruchtgirlanden winden, stehen sich
durchs ganze Treppenhaus symmetrisch gegenüber. Im ersten
Stock sind diese Pilaster mit kriegerischen Attributen verziert.
Der bildhauerische Schmuck, von einer für die damalige Zeit
seltenen Üppigkeit, läßt im Wechsel derbe und delikate Behandlung erkennen. Man entdeckt erstaunliche Motive, ge-
riffelte Waffengehänge und Attribute der Künste und sogar
einen fein geputzten kleinen Musketier mit dem Hut in der
Hand. Im obersten Stockwerk erscheinen im Laubwerk des
Pfeiler-Frieses Rebhühner und Schnecken.

Der große Salon des Erdgeschosses – einer der wenigen restaurierten Räume – enthält ein prächtiges Mobiliar im Stil
Louis'xiv. mit rotblumigen Aubussonteppichen bezogen. ›Lie-
besspiele‹ in Grisaille, von einer berückenden Zartheit, schmükken die Wände. Man findet dort auch schöne Familienporträts
und Bilder aus der Werkstatt von Tizian und Raffael.

Der kleine Salon ist mit flämischen Wandteppichen nach
Kartons von Teniers ausgestattet und mit kostbaren Möbeln
eingerichtet.

Außergewöhnliche Porträts der Angehörigen der Familie
Hurault de Vibraye bereichern die Galerie, in der die Porträts
der Anne de Thou und des Kanzlers de Cheverny von Clouet
und vier Rigauds durch den Adel ihres Ausdrucks besonders
auffallen.

Der Speisesaal endlich, der einst die Größe des Saals der Wachen hatte, zeigt noch das alte Gebälk, dessen Malereien restauriert wurden. Anschließend öffnet sich eine Galerie. Die Wände

dieser beiden Räume sind wie die Stühle mit Leder aus Cordoba bespannt. In die Täfelung sind vierunddreißig Füllungen mit Darstellungen der Abenteuer des Don Quijote eingelassen.

Das erste Geschoß des rechten Hauptgebäudes wird durch den ›Saal der Wachen‹ völlig eingenommen. Der Blick wird hier von einem monumentalen Kamin angezogen, dessen Feuerstelle von Karyatiden eingerahmt ist. Die Kaminstatuen der Venus und Merkurs sind zwar ohne Geschick ausgeführt, aber dennoch nicht ohne Würde. Die Mitte zeigt ein helles Bild von Mosnier mit der Darstellung vom Tod des Adonis.

Die Balken der Decke sind mit Arabesken, Blumen und den Wappen der Hurault in einem grünlichen Ton bemalt. Eine niedrige Täfelung läuft um den ganzen Saal, auf der die verschiedensten Blumen, die auf den umliegenden Feldern wachsen, sorgfältig in Kartuschen auf einem Landschaftshintergrund in grüner Grisaille dargestellt sind und etwas von Vorlagen für eine Pflanzenkunde haben. Ein lateinischer Wahlspruch auf den Füllungen nimmt Bezug auf jede einzelne Blume. Man muß sie als Anspielungen sehen oder wie Bilderrätsel lösen: es ist die gezierte, kindische oder geheimnisvolle Art der Darstellung, die in der Umgebung der sogenannten ›Preziösen‹ ihren Anfang nahm. Abwechselnd sind andere Füllungen mit zarten in Grisaille gemalten schlanken mythologischen Figuren geschmückt. An der Wand gegenüber dem Kamin hängt ein Bildteppich aus dem 17. Jahrhundert, der den Raub der Helena voller Bewegung und Glanz darstellt.

Dieser Saal ist also das Vorzimmer zum Gemach des Königs. Unserer heutigen Auffassung, die zur Nüchternheit und Schmucklosigkeit neigt, entspricht es in keiner Weise. Wir sind hier auf dem Höhepunkt verschwenderischer Üppigkeit in der Ausstattung angelangt. Es gibt nicht den kleinsten Raum, der nicht mit skulptierten, gemalten oder gewebten Figuren besetzt ist oder in dem die Farben nicht mitschwingen. Aber alles trägt zu einem wunderbaren Ergebnis bei, denn es herrscht eine kräftige und edle – stets von der Antike her bestimmte –

Ordnung, in der jede Einzelheit ihren richtigen Platz und ihren richtigen Fluß hat.

Der Maler Jean Mosnier aus dem Blésois, kein großer, aber ein Künstler mit viel Geschmack, hat diesem Raum seinen eigentümlichen Glanz gegeben. Wir sind zuerst durch den rauschenden Zusammenklang der blauen, roten und goldenen Töne beeindruckt, um dann gewahr zu werden, daß diese Farben so siegreich jubilieren, weil andere sie zur Geltung bringen: so sind die Füllungen der Türen in weißen, grauen und bläulichen Tönen gehalten, wogegen die tiefrote Kartusche darüber mit Laub auf blauem Grunde umgeben ist.

Die rechteckig kassettierte Decke erzählt die Geschichte von Perseus und Andromeda, die mit einem in den Kamin eingelassenen Gemälde ihren Abschluß findet. Der Kamin hat den gleichen Aufbau wie der im Saal der Wachen. Eine etwas genauere Untersuchung der Malereien der Decke enttäuscht jedoch; der Künstler scheint seinen Geist für die Wandtäfelung aufgespart zu haben, bei der er uns in dreißig Füllungen die romantische Geschichte von Théogène und Chariclée erzählt.

Das Gemach des Königs endlich verdankt einen großen Teil seines Rufes der Reihe kostbarer Bildteppiche, die seine Wände schmücken. Es sind sechs, von Bildern des Simon Vouet beeinflußte Teppiche der Odysseussage, die also aus der Zeit stammen, in der das Schloß gebaut wurde.

Inmitten dieses außergewöhnlich reichen Schmuckes steht – noch strahlender – ein Baldachinbett, genannt das ›Bett des Königs‹, das alte, mit vielfarbigen Blumen bestickte persische Seide ganz bedeckt.

Im mittleren Pavillon befindet sich eine sehr einfache Kapelle mit einem Kreuzrippengewölbe. Ein Buntfenster aus der Zeit stellt Jacques Hurault dar. Zwei Inschriften, lateinisch und französisch, sind auf schwarze Marmorplatten graviert:

> *Niemand weiß, wie viel Harm und Pein*
> *Auf irdischen Glanz folgen und menschliches Sein.*
> *Wenn ein Unvorsichtiger, vom Glück verwöhnt,*

Eines langen Lebens unglückseliges Glück ersehnt,
Da in dieser Welt nur ständiger Wechsel besteht,
Ein langes Leben sich oft selbst überlebt.
Von allen Freuden entblößt und voller Not,
Ist ein langes Leben ein langer Tod.
Viele edle Geister mußten sich darein ergeben
Hienieden ein freudloses Alter dahinzuleben,
Wenn alle Güter und Ehren ihnen entglitten,
Die sie sich in den besten Jahren erstritten.

Welch pessimistischer Geist mag diese Verse verfaßt haben?

Der Park von Cheverny ist noch immer anziehend, es fehlt jedoch jede Spur der prächtigen französischen Parterres, die einst von einem Kanal durchzogen und mit Statuen im Stil von Versailles geschmückt waren. Eine Orangerie aus dem 18. Jahrhundert von sehr reinen Proportionen ist sein klassischer Schmuck. Teile der Wirtschaftsgebäude sind wahrscheinlich Überreste des ersten abgetragenen Schlosses. Ein großer Saal wurde vom Marquis de Vibraye, dessen Jagdausrüstungen berühmt sind, als eine Art Jagdmuseum eingerichtet. Es starrt tatsächlich von einem Wald von Hirschgeweihen.

Fougères

Ich habe etwas gezögert, dieses Gebäude aufzunehmen, denn auf den ersten Blick gemahnt es so gar nicht an ein ›Schloß an der Loire‹. Der mächtige, feste, noch ganz mittelalterliche und von der Renaissance unbeeinflußte Bau besitzt den ganz eigenartigen Zauber ungezwungener Vornehmheit und Bäuerlichkeit.

Im Dorfe Fougères-sur-Bièvres gelegen, lenkt er uns durchaus nicht von den Schlössern des Blésois, von Beauregard oder Cheverny, ab. Er stellt sich in der profanen Architektur des 15. Jahrhunderts als ein charakteristischer Herrensitz dar, der rasch besichtigt und beschrieben werden kann.

Hundert Jahre vor seinem Bau hatte der ›Schwarze Prinz‹ – ein Sohn des englischen Königs Eduard III. –, der in der Schlacht bei Poitiers Jean le Bon, den König von Frankreich, gefangengenommen und nach London gebracht hatte, alle festen Schlösser der Gegend schleifen lassen. Von Fougères blieb nur der Wehrturm übrig.

Das Gut ging dann durch Heirat an Jean de Refuge über. Sein Sohn, Pierre de Refuge, Rat von Charles d'Orléans und Schatzmeister von Ludwig XI., erhält 1470 durch königlichen Erlaß das Recht, das Schloß wieder aufzubauen und zu befestigen.

Der Wehrturm wird restauriert. Die Eingangsfassade ist eingezwängt zwischen diesem viereckigen Wehrturm und einem schweren runden Turm, wobei das Tor selbst von zwei kleineren Türmen flankiert wird. Ein Flügel ist rechts längs der Straße errichtet und dem dicken Turm angefügt. Die nächste Generation ließ den rückwärtigen Flügel bauen, der mit der anderen

Seite des Wehrturmes durch eine Arkadengalerie verbunden ist. Auf diese Weise schließt sich das Schloß um einen großen viereckigen Hof.

Der Schwager von Refuge, Jean Villebresme, wurde Besitzer des Schlosses. Er ließ Fenster brechen und Lukarnen an verschiedenen Stellen des Wehrturmes anbringen, um mehr Licht hereinzulassen. Das Gebäude war damals von Gräben umgeben.

Die Villebresmes starben ohne Nachkommenschaft, und das Gut wurde vom Marquis d'Effiat 1686 erworben. In den darauffolgenden hundert Jahren hatte es fünf verschiedene Besitzer. Ähnliches können wir des öfteren feststellen: im Laufe des 17. und 18. Jahrhunderts gehen die Güter sehr häufig von Hand zu Hand, was ebenfalls eine Ursache der vielen aufeinanderfolgenden Retuschen der Gebäude ist.

Fougères wurde 1789 von René Lambot gekauft, der nach der Revolution eine Spinnerei darin einrichtete. Nachdem diese verschwunden war, wurde das Schloß in eine Unterkunft für Landarbeiter umgewandelt. Seitdem ist es jedoch ausgesprochen wieder zu Ehren gekommen.

Die Hauptbedeutung dieses Schlosses liegt in seiner Beispielhaftigkeit. Es zeigt uns sozusagen den Mustergrundriß eines festen Landhauses vom Ende des Mittelalters, das in der Nähe der Felder errichtet war, die der Schloßherr meistens selbst verwaltete.

Er mußte damals vor allen Dingen darauf bedacht sein, seine Ernte vor bewaffneten Angriffen in Sicherheit zu bringen; sie mußte außerhalb der Reichweite eines Artilleriebeschusses gelagert werden, der damals allerdings so schwach war, daß eine einigermaßen dicke Mauer ihn wirkungslos machte.

In den auf zwei Stockwerken um den Hof verteilten Räumen lebten der Edelmann, seine Familie, eine zahlreiche Dienerschaft, die nicht nur den Haushalt betreute, sondern auch die Landwirtschaft besorgte, eng zusammen. Der Schloßherr konnte die vor dem Schloß angelegten Blumenbeete, die übrigens von bescheidenem Umfang waren, seine Gemüse- und seine Obstgärten leicht beaufsichtigen. Das war noch die Mustereinteilung der meisten Gutshöfe. Der Pfuhl und die Ziehbrunnen, kostbarster Besitz, befanden sich oft inmitten der Gebäude, die zu dem doppelten Zweck: als Wohnstätte und Verteidigungsplatz, errichtet wurden.

Vor dem Schloß von Fougères befand sich der Wirtschaftshof, umgeben von Ställen, Speichern, Schweinekoben, Hühnerställen, Taubenschlägen, Keltern und Vorratskellern. Man durchquerte ihn, um über eine Zugbrücke – die heute mit den Gräben verschwunden ist – das von zwei kleinen, mit Schießscharten versehenen Türmen flankierte enge Tor zu erreichen. Einer dieser Türme enthält eine Wendeltreppe. Ein geschlossener, mit Pechnasen versehener Wehrgang krönt die Türme und die Zwischengebäude. Nur die obersten Fenster datieren noch aus der Bauzeit. Dieser Teil des Schlosses hat im ersten Stock nach dem Hofe einen Gang, der von breiten, gedrückten Bögen getragen wird.

Die Wohngebäude dehnen sich nach Westen und Süden aus. Einer der Säle ist mit einem kielförmigen Gebälk gedeckt. Der größte Teil der Wohnräume wurde mit großen, skulptierten Kaminen geheizt.

Wir erwähnten schon, daß der Hof auf der anderen Seite von einer Galerie begrenzt ist. Diese öffnet sich weit in flachen Arkaden von einer ruhigen und entzückenden Anmut. Tragepfeiler und Gesimse sind mit großer Sorgfalt bearbeitet. Ist diese Galerie nicht in gerader Linie Nachfolgerin der kurz vorher entstandenen Galerie von Charles d'Orléans in Blois?

Der ganz einfache Hof ist sehr anziehend. Er scheint den Bedürfnissen entsprechend gebaut worden zu sein ohne die geringste Absicht einer Planung. An der Eingangsseite sind Bögen, flache Mauern, scheinbar zwecklose Dächer in verschiedenen Höhen vorhanden, aus denen mit Kegeldächern versehene Rundtürme emporsteigen, die ein lebendiges Spiel der Phantasie vortäuschen, aber in Wirklichkeit sicherlich dem bewußten Verlangen nach Eleganz entspringen.

Der Schmuck ist sparsam, jedoch köstlich und geistvoll angebracht. Hier sind es die Türstürze in Kielbögen, dort drei Engelchen mit großem Flügelschlag, etwas weiter ein heiliger Michael, der den Drachen erschlägt und dann zwei Soldaten im Kampfe. Dies alles nimmt nur wenig Platz ein, ist nicht viel, ergibt aber einen harmonischen Zusammenklang. Es ist ja letzten Endes unwichtig, ob diese hübschen Themen durch Berechnung oder auf Grund eines flüchtigen Einfalls dorthin gesetzt wurden.

Beauregard

Am Ende der Regierung von Franz I. zeigten gewisse gebildete und aufgeschlossene Kreise Interesse für die von den Italienern in Fontainebleau errichteten Bauten, denen gegenüber die Werke der Baumeister des eigenen Landes plump erschienen. Es war nicht lediglich die Vorliebe an der Entdeckung – die zu Zeiten Ludwigs XII. vor allem im Kopieren von Zieraten oder in der mehr oder weniger gelungenen Nachahmung architektonischer Details ihren Ausdruck fand –, sondern es war darüber hinaus ein Suchen nach den Gesetzen des Bauens und der Proportionen, ein wissenschaftliches Studium der Formen, die am Beginn der klassischen Kunst stehen. Es scheint, als ob der Einfluß von Serlio dabei von besonderer Bedeutung gewesen sei.

Die Hofleute, die Fontainebleau oft besucht hatten, waren seinem Glanz gegenüber nicht unempfindlich geblieben. Es war ganz natürlich, daß sie sich gedrängt fühlten, im gleichen Geist zu bauen und in einem neuen Rahmen zu leben.

Das Schloß Beauregard bei Blois, das das Tal des Beuvron und den Flecken Cellettes beherrscht, ist das schönste Beispiel eines unter diesem Einfluß ungefähr um 1550 gebauten Wohnhauses.

Es ist sehr einfach, und sein Reiz beruht in gewisser Weise auf dem an diese Landschaft gebundenen Geist, den die vollendet abgewogne Anordnung der Fassaden atmet. Ein großer Teil der Gebäude stammt von Erweiterungsbauten aus der Zeit Ludwigs XIII. Ein rückwärtiger ursprünglicher Flügel ist verschwunden. Einige dekorative Einzelheiten sind leider mißglückt, so

die runden Nischen in den Wandfeldern, die Giebelfelder der
Lukarnen, mit denen man im vorigen Jahrhundert glaubte, die
Fassade ›verschönern‹ zu müssen, deren Schönheit ja doch ge-
rade in ihrer Schlichtheit lag.

Beauregard wurde von Jean du Thier erbaut, Staatssekretär
von Heinrich ii., der als die Verkörperung des Humanisten der
Renaissance gelten kann, der die Bücher und die Künste liebte
und seine Freude an der freien Natur und der Jagd hatte. Er war
ein Freund von Ronsard, der ihn bei seinen Käufen von Manuskripten beriet und dies in einem Vers beschrieben hat:

> Viel goldene Zechinen hast du ausgegeben
> Für Bücher, die nun schon Jahrhunderte siegreich leben
> Und deren Titelblatt die großen Namen zieren,
> Die uns zu Pindar und Simonides führen,
> Mit denen du dein üppiges Beauregard,
> Dein Schloß, dein Werk, geschmückt, daß es noch schöner ward.

Wir finden die Wohnräume von Jean du Thier nur im Mittel-
trakt, der aus einer offenen Arkadengalerie im Erdgeschoß besteht, über die eine geschlossene, zwei schmale Pavillons verbindende Galerie läuft. Der äußere Schmuck ist denkbar einfach: eine dorische und eine jonische Ordnung. Und es herrscht
jener Liebreiz, der auch den einfachsten Baudenkmälern der
Loire anhaftet.

Jean du Thier hat seinen ganzen Kunstsinn in den Innenräu-
men entfaltet. Ein Kabinett neben der Bibliothek ist vollständig
mit einer geschnitzten und mit Gold abgesetzten Eichenholz-
täfelung verkleidet. Eine der Kassetten der Decke zeigt das
Wappen der du Thier ›Drei Schellen in Blau‹. Das Motiv der
Schellen ist überall als Schmuckmotiv in der Täfelung wiederholt. Wie ein Schmuckkästchen wirkt dieser Raum mit seinen
Füllungen, in dem Feinheit und Kraft sich die Waage halten; er
hat den Namen ›cabinet aux grelots – Schellenkabinett‹ erhalten. Die oberen Füllungen sind nicht geschnitzt, sondern gemalt. Welch bescheidener und ungenannter Meister mag wohl

diese Stilleben gemalt haben, die an das Leben des Herrn von Beauregard erinnern? Es sind Handschriften, Goldschmiedearbeiten, Waffen, Musikinstrumente, Spielgeräte, Haufen von Äpfeln und eine Kelter – Symbole der Wissenschaft oder einfach der Ausdruck von Momenten des Glücks im Leben eines Landaristokraten und eines geistreichen Menschen.

Die eigentliche Anziehungskraft von Beauregard bildet jedoch die Galerie des ersten Stockes. Eine lange Galerie mit bemaltem Gebälk, dessen niedrige Täfelung aus verzierten Füllungen besteht, in die Malereien von Jean Mosnier, dem Künstler des Blésois, der auch in Cheverny gearbeitet hat, eingelassen sind.

Über dieser Täfelung befindet sich eine dreifache Reihe von dreihundertdreiundsechzig berühmten Persönlichkeiten von der Zeit Philippes von Valois bis zur Regierung Ludwigs XIII., wobei der letztere (wenn man hereinkommt: links) zu Fuß erscheint, um diesen einmaligen Aufzug abzuschließen. Den Kamin ziert Heinrich IV. zu Pferde, von einer doppelten Reihe von Berühmtheiten seiner Zeit begleitet.

Wir finden dort fünfzehn Bildnisse der Könige von Frankreich, zusammen mit denen der Königinnen, der Prinzen und Prinzessinnen und der bedeutenden Männer ihrer Regierungszeiten. Darunter erscheinen auf der Boiserie lateinische Inschriften: die Devisen der Herrscher. Dieses Ganze mußte eine einmalige Sammlung ikonographischer Dokumente ergeben, die dann auch in Form von Kopien weitgehend dazu beigetragen haben, das Museum in Versailles einzurichten, das von Louis Philippe »A toutes les gloires de la France – der höchsten Ehre Frankreichs« geweiht wurde.

Solche Porträtgalerien waren damals nicht selten. Manche Wohnsitze besaßen sogar sehr bedeutende, die auch die Porträts der Vertrauten der Familie enthielten. Bei Herrn de Bussy-Rabutin sehen wir auf seinem Besitz in Burgund die eine Galerie seines Schlosses den großen Heerführern, die andere seinen schönen Freundinnen gewidmet. In Epoisses schmücken mehr

als zweihundert Bildnisse die Säle des Schlosses – die Sammlung
wurde bis ins 19. Jahrhundert fortgesetzt.

Zahlreiche Gemeinden wollten auch eine Erinnerung an ihre
– nach jeder Wahl abkonterfeiten – Schöffen und an ihre ange-
sehenen Bürger bewahren. Diese Malereien unterschiedlicher
Qualität hatten alle ein ähnliches Format. Schachbrettförmig
mit der Wand verbunden, waren sie ein Teil der Innenarchitek-
tur. In Beauregard erstaunt es, daß die dreihundertdreiundsechzig Bildnisse uns so unversehrt erhalten geblieben sind.

Eine andere Merkwürdigkeit von Beauregard ist die schöne
Pflasterung des Fußbodens dieser Galerie mit Delfter Fayence-
kacheln in blauer Bemalung auf weißem Grund, die eine
›Armee auf dem Marsch‹ zur Zeit Ludwigs XIII. darstellen. Es
ist ein erstaunlich lebendiges Gewimmel von kleinen Figuren,
die dort in militärischer Formation mit Musketieren, Pickenträ-
gern, Reitern, Artilleristen und Fahnen aufmarschieren. Es gibt
dergleichen nicht noch einmal in ganz Frankreich.

Am Ende der Galerie befand sich eine Kapelle mit Malereien
von Nicolò dell'Abbate, die leider zu Beginn des 19. Jahrhunderts
abgerissen wurde.

Das Schloß wurde 1617 vom Staatsrat Paul Ardier gekauft, der
1638 fünfundneunzigjährig starb. Um das Werk seines Vaters
zu vollenden, hatte der Sohn eine andere Galerie eingerichtet,
in der er vierundsiebzig Bildnisse aus der Regierungszeit Ludwigs XIV. vereinigte. Sie wurden im 19. Jahrhundert in alle Winde verstreut.

Der jüngere Bruder des Präsidenten Ardier, unter dem Namen Vineuil bekannt, war der Freund und Mitarbeiter von La
Rochefoucauld. Er war Mitglied der Fronde, folgte Condé und
erhielt dann die Erlaubnis, sich nach Beauregard zurückzu-
ziehen, wo er die ›Grande Mademoiselle‹ empfing.

Das Gut Beauregard ging durch Erbschaft auf verschiedene
Mitglieder der Familie Fieubet über, danach an den Marquis
von Gaucourt, der einen Teil des Besitzes um 1810 übel zurich-
tete. Sein Schwiegersohn, Vicomte de Preval, Generalleutnant

der Königlichen Armee, ließ – zweifellos von den ersten Verheißungen des industriellen Zeitalters enthusiasmiert – seine Felder mit Zuckerrüben bestellen und seine Gutshöfe in Zukkerfabriken umwandeln. Er ruinierte sich dabei. Beauregard ging daraufhin in verschiedene Hände über, die sich alle bemühten, das Äußere zu ›verschönen‹ und das Innere ›stilecht‹ zu gestalten, wobei sie die Wappen, die die Giebelfelder der Lukarnen schmückten, durch ihre eigenen ersetzten. Zum Glück blieb die große Galerie der Bildnisse verschont.

Blois

An den Gebäuden im Hofe des Schlosses von Blois kann man die Geschichte der französischen Kunst von Ludwig dem Heiligen an bis zu Ludwig XIII. Kapitel für Kapitel ablesen.

Da ist vor allen Dingen der bedeutende Rest des Feudalschlosses der Grafen von Blois: der Ständesaal, ein großes gotisches Schiff aus dem 13. Jahrhundert. Ihm gegenüber die Galerie von Charles d'Orléans – sehr niedrig und sehr einfach –, an die sich die Kapelle Saint-Calais anlehnt. Der Flügel von Ludwig XII. bildet den Eingang. Die Blicke werden aber vor allen Dingen vom aufwendigsten, reichsten und berühmtesten Flügel, dem Franz' I., angezogen. Schließlich repräsentiert der Schloßtrakt des Gaston d'Orléans, der nüchtern und streng den Hintergrund abschließt, die Architektur vom Anfang des 17. Jahrhunderts.

Der Ursprung des Feudalschlosses liegt wohl sehr zurück. Zu Anfang hatten die Grafen auf dieser vorgeschobenen, damals noch isolierten Hochfläche, die bereits eine Stadt mit Schieferdächern beherrschte, wie überall zuerst einen Wehrturm und zinnengeschmückte Mauern errichtet, die die recht kargen Räume der jagenden und kriegführenden Herren schützten.

Als nach dem Hundertjährigen Krieg der Frieden einigermaßen hergestellt war, entstanden in Frankreich überall wohnlichere Schlösser und Burgen. Die Besitzungen verloren ihr kriegerisches und unnahbares Aussehen und begannen von der Freude des Lebens Zeugnis zu geben.

An den Ufern der Loire ist für diese Wandlung der Wohnsitz des Charles d'Orlèans in Blois besonders aufschlußreich. Wenn Karl VII. noch an seinen Schlössern nur Reparaturen vornehmen ließ, so wünschte Charles d'Orléans, aus der Linie Valois-Orléans, anziehende Bauten zu errichten. Er verjüngte und erweiterte deshalb die alten festen Schlösser.

Dieser Schöngeist hatte gerade ein Vierteljahrhundert in englischer Gefangenschaft verbracht und dort Muße gehabt, sich einer seiner Leidenschaften, der Dichtkunst, zu widmen. Kaum nach Frankreich zurückgekehrt, ließ er die Arbeiten beginnen. Der alte, verlassene Schloßturm wurde zuerst teilweise wiederaufgebaut. Das Hauptgebäude befand sich damals dort, wo wir heute das Schloß des 17. Jahrhunderts sehen, und dazu gehörte eine rechtwinklige Galerie, von der nur mehr ein Teil vorhanden ist. Im Erdgeschoß laufen steinerne flache Arkaden und das einzige Stockwerk in Backstein ist mit Kreuzfenstern versehen, die – ein neues Motiv – von Hausteinrahmen umgeben sind. Zwei starke, waagerechte Gesimse über den Arkaden, ein Dachgesims, kleine abgestufte Lukarnen, das ist der einzige Schmuck dieser weißen und rosafarbenen Front, die inmitten der anderen arm und fast wie ausgelöscht wirkt. Und doch – welcher Zauber zieht uns an? Ohne Zweifel dieser feine, edle und fröhliche Geist, der in Frankreich die von einem Fürsten und Dichter geförderten Anfänge der Renaissance geprägt hat.

Charles d'Orléans war Blois und dem Wohnsitz, den er sich hatte bauen lassen und den er über alles liebte, innig verbunden:

> *Schick mir einen süßen Blick,*
> *der mich führ' nach Blois zurück.*
> *Ich geb ihn gerne dir zurück,*
> *doch schwer fällt das Warten auf solches Glück.*

> *Da du die Flagge mir entreißt,*
> *die jegliche Süßigkeit verheißt,*
> *schick mir einen süßen Blick,*
> *der mich führ' nach Blois zurück.*

Ich bitte Gott, daß er dich bewahre,
dir geb' gute Tage, Monde und Jahre
und all deinem Wünschen und Wählen willfahre.
Gib mir die Gaben mit Dank zurück,
schick mir einen süßen Blick.

Da man in Orléans Stechpuppen sticht,
geh ich nach Blois – denn länger nicht
ertrag ich Panzerzeug und -zaum,
brauch für die Ruhe wieder Raum.

Ich tu's aus einem guten Grund.
Entschuldige mein Fernsein drum.
Wenn man in Orléans Stechpuppen sticht
und ich nach Blois geh, groll mir nicht.

Nach einem Hafer nur wiehere ich,
nach Blois alleine sehn ich mich.
Denn diesmal war ich, meine Schöne,
vielleicht zu lang in der Touraine.

In großen Fischen schlemmte ich
und trank in Fülle den Wein von Grois.
Nach einem Hafer nur wiehere ich:
ich will zurück nach Blois, nach Blois!

Als Villon nach der Einbruch-Affäre im Kollegium von Navarra im Jahre 1456 aus Paris verbannt wurde, nahm Charles d'Orléans ihn auf. Eines seiner erstaunlichsten Gedichte teilt uns sogar mit, daß der Fürst ihn als Pfand genommen habe. Er beteiligte sich am ›Concours de Blois‹, einer Art dichterischem Turnier, auf dem sich zwölf Dichter gegenüberstanden und eine Ballade über das Thema des Widerspruches reimten, wobei der letzte Vers von Charles d'Orléans gegeben war. Die ›Ballade Villon‹ wurde in den Manuskripten des Fürsten gefunden:

Ich sterbe dürstend an der vollen Quelle;
Ich heiß wie Glut – mir zittert Zahn um Zahn.
Frostklappernd sitz ich an der Feuerstelle,
In meinem Vaterland ein fremder Mann.
Nackt wie ein Wurm, geschmückt wie Tamerlan,

Lach ich in Tränen, hoffe voller Leid
Und schöpfe Trost aus meiner Traurigkeit,
Ein Mann voll Macht, ein Mann in Acht und Bann,
Und meine Not ist meine Seligkeit –
Ich, höchst beliebt, verschrien bei Jedermann.
Nichts ist mir sicher als das Nie-Gewisse,
Und dunkel nur, was allen anderen klar;
Und fraglich nichts, als das für sie Gewisse,
Denn nur der Zufall meint es mit mir wahr.
Gewinner stets, verspiel ich immerdar.
Mein Frühgebet: Gott, mach den Abend gut!
Im Liegen vor dem Fallen auf der Hut,
Bin reich ich, der ich nichts verlieren kann,
Und hoff auf Erbschaft – ich, ein rechtlos Blut –
Ich, höchst beliebt, verschrien bei Jedermann.

Deutsch von Richard Dehmel

Ludwig XII. hatte den Thron im Jahre 1498 eben bestiegen, als er beschloß, sich in Blois niederzulassen, um daraus die Hauptresidenz der Krone zu machen. Blois ist eine merkwürdige Mischung. Jede Generation hat dem Schloß ihren Stempel aufgedrückt. Trotzdem harmonieren alle Teile miteinander, mit Ausnahme des Flügels von Gaston d'Orléans, der ganz in klassischem Stil gehalten ist. Der Grund für diese Harmonie ist sehr einfach. Jeder hat den Grundriß des alten Feudalschlosses benutzt und alte Teile, mehr oder weniger sichtbar, verwendet. Im Grunde herrscht überall gemeinsamer Geist, der, selbst bei den berühmtesten Schöpfungen der Renaissance, nichts anderes ist als der noch lebendige Geist der Gotik.

Fügen wir noch hinzu, daß Ludwig XII. den damals gewiß seltenen Wunsch hatte, das Werk seiner Vorgänger zu vollenden, ohne einen Bruch sichtbar zu machen. Die Dächer sind einwandfrei höher und das Schmuckwerk ist reicher als am Flügel von Charles d'Orléans, gleichzeitig aber entdecken wir Arkaden, die sich im Hof fortsetzen, darüber zwei kräftige Simse und Fenster mit einfachen Sprossen, die in ein Backsteingeschoß gebrochen sind, wo sich dieselbe Eckenquaderung wiederholt.

Die Unterschiede, die sich uns besonders im Wechsel der Pfeiler aufdrängen, sind weniger auf die Baumeister der damaligen Zeit als auf die Restaurierungen des 19. Jahrhunderts zurückzuführen, eines Jahrhunderts, das immer bemüht war, unübersichtlich und prunkvoll statt ›wahr‹ zu gestalten.

Die äußere Fassade ist von edler Einfachheit. Zwei Fenster sind mit einem steinernen Balkon verziert. Eine mit vielem Schmuckwerk bedeckte Nische über dem Eingangsportal birgt das Reiterstandbild von Ludwig xii. – eine Nachahmung des während der Revolution zerstörten Originals. Diese Front wurde so geschätzt, daß sie als Vorbild für das Palais der Herzöge von Lothringen in Nancy diente, wo das Reiterstandbild von René ii. ebenfalls zerstört und wieder ersetzt wurde.

Die Gemächer Ludwigs xii. und der Anne von Bretagne entgingen nicht der Verwüstung. Man findet zwar darin noch eine Anzahl alter Wappentiere – von Stachelschweinen der Orléans und von Hermelinen der Bretagne –, aber die von Duban nach eigener Erfindung im 19. Jahrhundert wiederhergestellten verschiedenen Kamine und Skulpturen sind wirklich kein Gewinn.

Ludwig xii. ließ große und schöne Gärten durch einen Fachmann, Pacello de Marcoliano, den Karl viii. aus Italien mitgebracht hatte, entwerfen. Sie erstreckten sich in Terrassen bis zum heutigen Bahnhof und waren mit dem Schloß durch eine Galerie – ›Galerie der Hirsche‹ genannt – und durch eine Brücke verbunden, die die Gräben in Höhe des Turmes von Château-Renault überquerte.

Die einzigen Namen, die bei Beginn dieser Gebäude auftauchen, sind die der Baumeister Simonnet Guischaut und Jacques Sourdeau. Letzterer war auch Baustellenleiter in Amboise und in Chambord. Sind sie fremden Entwürfen gefolgt? Nichts verbietet diese Annahme. Sie haben auf jeden Fall ein durchaus französisches Werk geschaffen, selbst bei der summarischen Übernahme von Schmuckelementen italienischer Herkunft.

Wir werden diesem Sourdeau, der als »maître maçon de l'œuvre du châtel de Blois – Baumeister des Schloßbaus von

Blois« bezeichnet wird, im Jahre 1518 wiederbegegnen, als man den Flügel für Franz I. baute, der – zehn Jahre nach Fertigstellung des Traktes für Ludwig XII. – aus einem ganz anderen Geist heraus begonnen wurde.

Dieser Teil der Anlage wurde in verschiedenen Bauabschnitten vollendet und durch jeden wurde sie umgestaltet. Das mittelalterliche Schloß lehnte sich an eine Ringmauer. Franz I. beschränkt sich zu Beginn auf die Wiederherstellung der alten Gebäude, in die er – wie man jetzt anfing, es überall zu machen – Kreuzfenster sowohl nach dem Hof als auch in die Ringmauer nach außen brechen läßt. Zweiter Abschnitt: Der König, der von den Bauten eines Bramante in Italien beeindruckt ist, will eine Fassade von gleichem Aussehen. Er läßt jetzt auf einer starken Grundmauer, die nach der Schlucht zu abfällt, ›Loggien‹ an der äußeren Wand der Umfassungsmauer anbringen. Diese selbst ist erhalten und befindet sich nun in der Mitte des neuen Gebäudes in sieben Meter Entfernung von jeder der Fassaden. Wir erkennen auch die drei Türme des Mittelwalles wieder: jener von Château-Renault im Süden – er erscheint beim Übergang zum Flügel von Gaston d'Orléans –, der mittlere, der von dem neuen Gebäude umbaut ist, und der Nordturm, der in der Höhe seines ersten Geschosses geköpft wurde.

Diese für Frankreich so erstaunliche Fassade wurde auf eine merkwürdige Weise gebaut. Französische Baumeister, die zweifellos versuchten, den ihnen vorgelegten italienischen Entwurf zu kopieren, haben nicht zwei übereinanderliegende Arkadengalerien erstellt, sondern eine sehr dicke Mauer errichtet, in die sie die ›Loggien‹ – etwa wie Grotten – hineingehauen haben. Die Pilaster, die die Flächen aufteilen, sichern diesen betonten Rhythmus, dessen Wiederholung durch vorgekragte Türmchen und ein vorspringendes Kapellchen bereichert wird. Wenn diese Front des Schlosses einen strengeren Eindruck als die Fassade nach dem Hof hin macht, so ist dies hauptsächlich darauf zurückzuführen, daß die Steinmetzarbeiten, die auf beiden Seiten sehr ähnlich sein sollten, unterbrochen wurden.

Dieses Schmuckwerk erreicht im Hofe eine unvergleichliche Qualität – wenn man nach dem urteilt, was vom ursprünglichen noch erhalten ist. Es herrscht hier ein Erfindungsgeist, eine Feinheit der Ausführung und vor allen Dingen eine hohe Kunst in der Verteilung des Schatten- und Lichtspiels sowie ein Aufgehen in den großen Linien der Architektur, daß hier ein Höhepunkt der französischen Renaissance erreicht ist. Daß die französischen Steinmetzen mit italienischen Zunftgenossen oder nach deren Anleitung gearbeitet haben, steht außer jeder Diskussion. Es ist aber trotzdem nicht minder wahr, daß das Gesamtwerk eine der glorreichen Vergegenwärtigungen der französischen Architektur darstellt. Während der nächsten anderthalb Jahrzehnte – aber nicht viel länger – wird alles, was in Frankreich an Bedeutendem entsteht, an Blois anknüpfen.

Die durchbrochene Treppe, die – in den Plänen nicht vorgesehen – nachträglich hinzugefügt wurde, hebt durch ihren prachtvollen Schwung all das auf, was an Starrheit in der mit Pilastern und gewürfelten Zierleisten bedeckten Fassade hätte vorhanden sein können und verleiht dem Ganzen eine Pracht, die seit eh und je Bewunderung erregt hat.

> Geburtsort meiner Herrin, Blois, du Stadt,
> Wohnstatt von Königen und mein Geschick,
> wo mir noch jung an Jahrn ein brauner Blick
> die Seele übermannt und ganz durchstoßen hat,
>
> in dir empfing ich jene erste Glut
> und lernte, was die Grausamkeit vermag,
> sah jene stolze Schönheit hochgemut,
> die mich entflammt bis auf den heutigen Tag.
>
> Amor ist Herr von Blois, des Liebesheiligtums.
> Ihm Köcher, Fackeln, Pfeile zu behüten,
> hing er sie auf in dir, dem Tempel seines Ruhms.
>
> Mag er für immer deine Stadt bebrüten
> tief unter seinen Schwingen, nackt seine lockigen Haare
> stets waschen in den Wassern deiner Loire.   Ronsard

Das äußere Ende des Flügels von Franz i. wurde von den Ge-
bäuden, die Gaston d'Orléans im folgenden Jahrhundert er-
richten ließ, verschluckt, was heute ein wesentlicher Grund zur
Kritik ist. Der zweite Sohn von Heinrich iv. hatte nämlich von
François Mansart, dem berühmtesten Architekten seiner Zeit,
ein ansehnliches Palais verlangt. Sein Jurist Félibien beklagt die
Nichtausführung des Planes, der die völlige Niederlegung der
Renaissancegebäude und eine Ausbreitung der Anlage durch
Terrassen und Kolonnaden über die alten Gärten Ludwigs xii.
hinaus – das heißt bis zum heutigen Platz und zur heutigen
Avenue Victor Hugo – vorsah.

Um der Wahrheit die Ehre zu geben: Stände dieses Schloß des
18. Jahrhunderts für sich allein und frei nach allen Seiten, so
würde es – statt Gegenstand so heftiger Kritik zu sein – bestimmt seiner Bedeutung entsprechend gewürdigt werden.

Die Fassade nach dem Hof besitzt die meisterliche Anordnung
und die noblen Formen der Anlagen eines Mansart. Der mittlere Vorbau ist gekennzeichnet durch ein dreieckiges Giebelfeld sowie einen weiteren, den First des Daches überschneiden-
den halbrunden, von Trophäen gerahmten Giebel mit dem
Wappen der Herzöge von Orléans. Im Verein mit der vorgelegten dorischen Säulenordnung, die im Erdgeschoß in sanftem
Bogen den Vorbau mit den Pavillons verbindet, zeigen sie jene
sicheren, stark herausgearbeiteten und betonten Maßverhält-
nisse, die für die Architektur Ludwigs xiii. kennzeichnend sind.

Die äußere Fassade nach den Gärten hin ist noch stärker von
dieser kraftvollen und majestätischen Haltung durchdrungen,
die den Eindruck ruhiger Macht und Würde vermittelt.

Gaston wohnte darin nicht lange. Damals war die großartige
Mitteltreppe noch gar nicht beendet. Es ist bekannt, daß Ludwig xiii., sein Bruder, beschlossen hatte, diese unselige Ver-
schwörernatur vom Hofe zu entfernen. Es bestand wohl ge-
nügender und gut begründeter Anlaß, gegen diesen Menschen,
der immer gegen die französische Monarchie Partei genommen
hat, streng zu sein. Die Verbannung nach Blois, verbunden mit

finanziellen Zuwendungen, um sich dort beschäftigen zu können, und zugleich die Möglichkeit, sich das ›moderne‹ Schloß zu
bauen, das er sich wünschte, all das dürfte wirklich ein gut ver-
goldeter Käfig gewesen sein. Richelieu aber sorgte für eine lang-
same Bautätigkeit auf den Baustellen, indem er die Kredite nur
in größeren Zwischenräumen bewilligte. Der Flügel von Franz I.
diente viel länger als Wohnung für Gaston d'Orléans als der
nach ihm benannte Trakt.

Die Verbannung und das Alter hatten ihn überdies vernünf-
tiger werden lassen. Er findet Gefallen an den Wissenschaften,
besonders an der Botanik und läßt den Garten von Ludwig XII.,
der allmählich in Verfall geraten war, wiederherstellen und be-
pflanzen. Im Geiste des ›Jardin du Roi‹ – dem heutigen ›Jardin
des Plantes‹ –, der Schöpfung seines Bruders in Paris, veranlaßt
er die Anlage von Parterres, in denen »alle Pflanzen, welche die
Erde an ihrem Busen nährt«, gezogen wurden, wie ein Chronist
schreibt, der allerdings mit Lobhudeleien nicht spart.

Blois war nun vollendet. Anbauten kamen nicht mehr hinzu,
und Änderungen wurden nur noch zur Beeinträchtigung des
Ganzen oder zur Restaurierung vorgenommen.

La Fontaine, der gelegentlich seiner Reise in das Limousin
durch Blois kam, ist bis zum Schloß hinaufgestiegen, auf das er
nur schnell einen Blick warf:

*Ich versichere Ihnen, es ist bestimmt wahr, Herr von Châteauneuf
und ich haben zusammen ausgezeichnet gefrühstückt, um dann den
Wohnsitz des Fürsten zu besichtigen. Er ist in verschiedenen Abschnitten gebaut worden, ein Teil unter Franz I., der andere unter irgendeinem seiner Vorgänger. Gegenüber befindet sich ein modernes Wohngebäude, welches der verstorbene Monsieur – Bruder des Königs – begonnen hat. Alle diese drei Gebäude sind, Gott sei's gedankt, in keiner
Weise symmetrisch und auch nicht in ein Verhältnis oder in Überein-
stimmung zueinander gebracht worden. Der Architekt hat dies nach
Kräften vermieden. Von außen gesehen, hat mich das, was Franz I.
errichten ließ, mehr als das ganze übrige befriedigt. Da gibt es eine
Menge kleiner Galerien, kleiner Fenster, kleiner Balkons, kleiner un-*

regelmäßiger Zierate ohne Ordnung, die ein großes Ganzes bilden, das mir sehr gefällt. Wir hatten nicht die Muße, das Innere zu sehen, aber ich bedauere dies nur wegen des Sterbezimmers von Monsieur, da ich es als ein Heiligtum betrachte, denn es gibt tatsächlich niemanden, der nicht eine äußerste Verehrung für die Erinnerung an diesen Fürsten haben muß. Das Volk dieser Gegend beweint ihn noch und mit Recht: niemals war eine Regierungszeit sanfter, friedlicher und glücklicher als die seine. Solche Fürsten müßten wirklich etwas öfters geboren werden oder überhaupt nicht sterben. Ich hätte sehr gerne seinen botanischen Garten besichtigt, den man, als er noch lebte, für den vollkommensten dieser Erde ansah. Es paßte aber unserem Kutscher nicht, der nur um ein ausgiebiges Mittagessen besorgt war und uns abreisen hieß.

Wenn auch der äußere Eindruck des Schlosses fast der gleiche geblieben ist, so wurde das Innere durch die späteren Bewohner stark verändert. Wenn Balzac dort Katharina Medici auftreten läßt, so erstehen die Stätten mit einer solchen historischen Genauigkeit, wie man sie bei einem Romanschriftsteller nicht oft findet:

Als die Krone die Grafschaft von Blois mit ihrem Besitz vereint hatte, baute Ludwig XII., der diese Gegend liebte – vielleicht auch um sich von Plessis' furchtbarem Angedenken fernzuhalten –, rechtwinklig zum Vorhandenen von Sonnenaufgang nach Sonnenuntergang ein Hauptgebäude, das das Schloß der Grafen von Blois mit den Überbleibseln alter Bauten verband, von denen heute nur noch der große Saal vorhanden ist, in dem unter Heinrich III. die Generalstände tagten. Bevor Franz I. sich in Chambord verliebte, wollte er das Schloß vollenden, indem er zwei weitere Flügel plante, so daß ein vollständiges Viereck entstanden wäre. Chambord aber lenkte ihn von Blois ab, so daß er nur ein Hauptgebäude aufführte, das für seine Zeit und für seine Enkel das ganze Schloß vorstellte. Dies dritte, von Franz I. aufgeführte Schloß ist sehr viel geräumiger und viel reicher ausgeschmückt als der nach Heinrich II. genannte Louvre. Die Architekten behaupten, es stelle das Phantasievollste vor, was in der Renaissance gebaut worden sei . . .

Der Teil des Schlosses, der heute von dem vierten Palast eingenommen wird, welchen sich siebzig Jahre später während seiner Verban-

nung Gaston, der aufrührerische Bruder Ludwigs XIII., baute, bot einst einen Zusammenklang von Blumenparterren und hängenden Gärten, die malerisch mit den stehenden Verzahnungen und den un-vollendeten Türmen des Schlosses von Franz I. harmonierten. Diese Gärten standen durch eine Brücke von großer Kühnheit (Ortsansässige dürften sich noch erinnern, wie sie zerstört wurde) mit einem Parterre in Verbindung, das sich auf der anderen Schloßseite erhob und sich der Bodenbeschaffenheit zufolge auf gleicher Höhe mit ihnen befand. Edel-leute, die der Königin Anne de Bretagne ergeben waren oder Menschen aus dieser Provinz, die Ansuchen an sie stellten, mit ihr verhandeln oder sie über das Geschick der Bretagne aufklären wollten, erwarteten hier die Stunde ihrer Audienzen, ihres ›Lever‹ oder ihres Spaziergan-ges. So hat die Geschichte denn auch diesem Parterre den Namen »Hühnerleiter der Bretonen« gegeben. Heute befinden sich dort der Obstgarten etwelcher Bürger und der Vorhof zum Jesuitenplatz. Die-ser Platz wurde damals ganz in die Gärten dieses schönen Wohn-sitzes, der seine oberen und unteren Gärten besaß, mit einbezogen. Noch heute sieht man in einer ziemlichen Entfernung vom Jesuitenplatz einen von Katharina von Medici aufgeführten Pavillon, worinnen sie – nach den Historikern von Blois – ihre warmen Bäder untergebracht hatte. Diese Einzelheit erlaubt uns, die sehr unregelmäßige Einteilung der Gärten wiederzuerkennen, die hinaufstiegen und herabführten, indem sie den Wellenlinien des Bodens folgten – der um das Schloß herum besonders unregelmäßig war –, ein Vorteil für die Verteidigung und, wie man sehen wird, Grund genug, dem Herzog von Guise viel Aufregung zu bereiten. In die Gärten gelangte man durch innere und äußere Galerien; die bedeutendste von ihnen hieß – ihrer Ausschmük-kung entsprechend – die ›Hirschgalerie‹. Diese Galerie führte bis zu einer prachtvollen Treppe, die zweifelsohne die Anregung zu jener berühmten Doppeltreppe in Chambord gab und von Stockwerk zu Stockwerk zu den Gemächern führte. Wiewohl La Fontaine Franz' I. Schloß dem Ludwigs XII. vorgezogen hat, wird die Schlichtheit des Schlosses des ›guten Königs‹ wirklichen Künstlern wahrscheinlich um so mehr gefallen, als sie die Prachtliebe des Ritterkönigs bewundern werden. Die Eleganz der beiden Treppen, die sich an den äußeren Enden vom Schloß Ludwigs XII. befinden, der feine und originelle Skulpturenschmuck, der dort fast im Überfluß vorhanden ist – zwar hat die Zeit daran genagt, aber seine Reste bilden noch immer das Ent-

zücken der Altertumsliebhaber –, alles, bis zu der fast klösterlichen Einteilung der Gemächer, zeugt von großer Einfachheit der Sitten. Augenscheinlich existierte der Hof noch nicht und hatte sich noch nicht in der Weise entfaltet, wie es zum Nachteil der feudalen Sitten unter Franz I. und Katharina von Medici der Fall sein sollte. Wenn man die meisten Galerien, die Kapitelle einiger Säulen, bestimmte Figuren von erlesener Zartheit bewundert, muß man unbedingt zu der Vermutung kommen, daß Michel Colomb, dieser große Bildhauer, der ›Michelangelo der Bretagne‹, dort seiner Königin Anna zu Gefallen einige Zeit gearbeitet hat. Auf dem Grabmale ihres Vaters, des letzten Herzogs der Bretagne, hat er sie unsterblich gemacht.

Wie La Fontaine auch darüber denken mag, nichts ist grandioser als der Wohnsitz des verschwenderischen Franz I. Dank einer flüchtigen Gleichgültigkeit, aus Vergeßlichkeit vielleicht, zeigen die Gemächer, die Katharina von Medici und ihr Sohn Franz II. bewohnten, noch heute ihre ursprüngliche Einrichtung. Dort kann auch der Historiker die Stätten der tragischen Szenen des Dramas der Reformation besuchen, in dem der Doppelkampf der Guisen und Bourbonen wider die Valois einen seiner Höhepunkte erreichte.

Franz' I. Schloß hat die einfache Behausung Ludwigs XII. durch seine imposante Wucht völlig erdrückt. Auf der Seite der unteren Gärten, das heißt von dem heutigen Jesuitenplatz aus, ist das Schloß fast doppelt so hoch wie auf der Hofseite. Das Erdgeschoß, in dem sich die berühmten Galerien befinden, bildete von der Gartenseite aus die zweite Etage. Also ist das erste Stockwerk, in dem damals die Königin Katharina wohnte, eigentlich das dritte, und die königlichen Gemächer liegen im vierten Stock über den unteren Gärten, die in jener Zeit durch tiefe Wassergräben von den Gebäuden getrennt waren. Das Schloß, das schon von der Hofseite aus kolossal wirkte, mußte von dem unteren Platz aus riesenhaft erscheinen. Von dort aus sah es La Fontaine, der zugibt, weder den Hof noch die Gemächer jemals betreten zu haben. Vom Jesuitenplatz aus erscheint alles klein. Die Balkone, auf welchen man sich erging, die wunderbar ausgeführten Galerien, die skulptierten Fenster, deren Nischen ebenso tief waren wie Boudoirs, und die damals auch als solche benutzt wurden, gleichen den gemalten Phantasien moderner Operndekorationen, bei denen die Maler Feenpaläste darzustellen haben.

Obwohl die drei Stockwerke über dem Erdgeschoß ebenso hoch sind

wie der Uhrpavillon in den Tuilerien, lassen sich im Hof die unend-
lichen Feinheiten der Architektur deutlich erkennen, und sie entzücken
die erstaunten Blicke. Dieses Hauptgebäude, in dem Katharina von
Medicis üppiger Hof und der der Maria Stuart sich aufhielten, ist
durch einen sechseckigen Turm geteilt, in dessen ausgehöhltem Ge-
häuse eine Steintreppe hochführt, eine von Riesen erdachte, von Zwer-
gen gearbeitete maurische Laune, die dieser Fassade ein traumhaftes
Aussehen verleiht. Die Treppenläufe bilden eine Spirale mit viereckigen Abschnitten, welche sich an die fünf Eckstücke dieses Turmes
heftet und von Zwischenraum zu Zwischenraum transversale Vorbauten ergibt, die außen und innen über und über mit Arabesken verziert sind. Man kann diese berauschende Schöpfung erfinderischer
und feiner Einzelheiten, voll von jenen Wundern, die Steine beredt
machen, nur mit den reichen und sorgfältig ausgeführten Elfenbein-
arbeiten aus Dieppe und China vergleichen. Der Stein gleicht völlig
einer Relief-Spitze. Die Blumen-, Menschen- oder Tierfratzen streben
längs der Rippen empor, vervielfältigen sich von Stufe zu Stufe und
krönen den Turm mit einem Gewölbeschlußstein, an dem die Meißel
der Künstler des 16. Jahrhunderts offensichtlich mit denen jener naiven
Steinmetzen gewetteifert haben, die fünfzig Jahre zuvor die Gewölbe-
schlußsteine der beiden Treppen im Schloß Ludwigs XII. ausgehauen
hatten.

Wie geblendet man angesichts dieser Überfülle von Formen auch
sein mag, die mit unermüdlicher Weitschweifigkeit immer wieder entstehen, man merkt doch, daß es ebensowohl Franz I. für Blois als auch
Ludwig XIV. für Versailles an Geld mangelte. Mehr als eine Figur
zeigt ein hübsches zartes Köpfchen, das aus einem noch kaum bearbeiteten Block hervorspringt. Mehr als eine phantastische Rosette ist nur
durch einige Meißelhiebe auf dem Stein angedeutet; Feuchtigkeit läßt
dort grünlichen Schimmer wuchern. An der Fassade, zur Seite der
Spitzenmuster eines Fensters, zeigt das Nachbarfenster rohe Stein-
masse – die Zeit hat sie in ihrer Weise ausgemeißelt, hat sie zerstückelt.
Für weniger künstlerisch empfindliche und weniger geübte Augen ergibt sich ein entzückender Kontrast zwischen dieser Fassade, wo die
Wunder nur so sprudeln, und der inneren Schloßfassade Ludwigs XII.,
die aus einem Erdgeschoß mit einigen Arkaden von duftiger Leichtigkeit, getragen von Säulchen, die unten auf eleganten Galerien ruhen,
und zwei Etagen besteht, wo die Fenster mit einer reizvollen Sparsam-

KATHARINA MEDICI
Gemälde eines unbekannten Meisters
des 16. Jahrhunderts.
Florenz, Museo Mediceo.
Farbaufnahme Scala, Florenz.

keit skulptiert sind. Unter den Arkaden zieht sich eine Galerie hin, deren Mauern Fresken trugen und deren Decke in gleicher Weise aus-gemalt worden war, denn man findet noch heute einige Spuren dieser Malerei in einer italienisierenden Pracht, die von den Heerzügen unserer Könige erzählt, denen einst das Mailänder Gebiet gehörte.

Dem Schloß Franz' I. gegenüber befand sich damals die Kapelle der Grafen von Blois, deren Fassade fast im Einklange mit der Architektur der Bauten Ludwigs XII. stand. Kein Bild kann die majestätische Festigkeit dieser drei Bauwerke darstellen, und trotz des Mißklangs in der Ornamentierung war das machtvolle und starke Königtum, das die Größe seiner Befürchtungen durch die Größe seiner Vorsichtsmaß-regeln bewies, das verbindende Band dieser drei Gebäude so verschie-denen Charakters. Zwei von ihnen stießen an den riesigen Saal der Generalstände, der groß und hoch wie eine Kirche war. Wahrlich, weder die Naivität noch die Kraft jener bürgerlichen Existenzen, die zu Anbeginn dieser Geschichte geschildert worden sind und bei denen die Kunst immer repräsentierte, fehlten dieser königlichen Behausung. Blois war gewißlich das glänzende und anregende Vorbild, das Bour-geoisie und Feudalität, Geld und Adel in den Städten und auf dem Lande in lebendigster Weise immer und immer nachahmten. Anders würde man sich den Wohnsitz eines Fürsten, der über das Paris des 16. Jahrhunderts herrschte, nicht gewünscht haben. Der Reichtum der Edelmannstracht, der Luxus der Damenkleider mußten in wunder-barer Weise mit dem Putz dieser so seltsam bearbeiteten Steine harmo-nieren. Wenn der König von Frankreich die wundervolle Treppe seines Schlosses von Blois hinanstieg, überschaute er von Stockwerk zu Stock-werk die wachsende Weite der schönen Loire, die ihm die Neuigkeiten seines Königreiches zutrug, das sie in zwei sich die Stirne bietende und miteinander rivalisierende Hälften zerteilte.

Wenn Franz I., statt daß er sich in einer toten und düsteren Ebene zwei Meilen von hier entfernt niederließ, sein Chambord neben dieses Schloß auf den Platz gebaut hätte, auf dem sich damals jene Parterres ausdehnten, auf denen Gaston später seinen Palast aufführte, wäre Versailles niemals entstanden. Notgedrungenerweise wäre Blois Frankreichs Hauptstadt geworden.

Vier Valois und Katharina von Medici haben ihre Reichtümer an das Schloß Franz' I. zu Blois verschwendet. Wer aber kann die Sum-men ermessen, die die Krone dort verschwendete, wo der Besucher die

mächtigen Scheidemauern, das Rückgrat dieses Schlosses, bewundert?
In ihnen sind tiefe Alkoven, Geheimtreppen und Kabinette unterge-
bracht und so geräumige Säle wie der Beratungssaal und der der
Wachen, ferner königliche Gemächer, in denen zu unseren Tagen be-
quem eine Infanteriekompagnie hausen würde. Selbst wenn der Be-
sucher nicht sofort begreifen sollte, daß die Wunder innen mit denen
außen im Einklang stehen, würden die Reste des Kabinetts der Katha-
rina von Medici hinreichend die Feinheiten der Kunst bezeugen, die
diese Räumlichkeiten einst mit lebendigen Figurationen bevölkerte,
wo die Salamander in den Blumen schimmerten, wo die Palette des
16. Jahrhunderts die düsteren Nebenausgänge mit ihren glänzendsten
Malereien verschönte. In diesem Kabinette kann der Beobachter noch
heutigentags die Spuren jener geschmackvollen Vergoldungen fin-
den, die Katharina aus Italien mitbrachte; denn die Fürstinnen ihres
Hauses liebten es, in Frankreichs Schlössern das von ihren Vorfahren
durch Handel erworbene Gold unterzubringen und die Mauern der
königlichen Säle mit ihren Reichtümern zu zeichnen.

Die Macht der Verführung, die Blois auf die französischen Herr-
scher ausübte, besaß es auch für die Königinnen. Ludwig von
Orléans, von Natur aus ein launenhafter und doch liebenswür-
diger Fürst, sanft und grausam – je nach den Erfordernissen der
Politik –, ließ sich in Blois nieder, sobald er die Krone von
Karl VIII. geerbt hatte. Es ist bekannt, mit welch unbarmher-
ziger Besessenheit er die Auflösung seiner Ehe mit der armen
Jeanne de France betrieb, die er zweiundzwanzig Jahre vorher
geheiratet hatte, um jetzt zu behaupten, daß er damals unter
Zwang gehandelt habe. Während diese – sie wurde kürzlich
erst heiliggesprochen –, statt mangelnder Schönheit mit Geist
und Herz begabt, sich in das Kloster des von ihr gestifteten
Ordens der Annunziaten in Bourges zurückzog, flüchtete ihre
unmittelbare Nachfolgerin, Anne de Bretagne, zusammen mit
Ludwig XII. aus Amboise. Ohne Zweifel verfolgte sie dort ständig die Erinnerung an Karl VIII. Dafür fand Blois ihre Zuneigung,
das die gemeinsame Liebe der Ehegatten gewesen zu sein
scheint.

Ihre Tochter, Claude de France, war sechzehn Jahre alt, als sie

Franz I. ehelichte. »Sie war allen gegenüber sehr sanft«, schrieb
Brantôme, »niemals bereitete sie Kummer oder tat jemandem
ihres Hofes und ihres Reiches etwas zuleide.« In der Tat so sanft
und süß, daß die süßeste aller Pflaumen – die ›Reineclaude‹ –
ihren Namen nach ihr erhielt. Sie starb acht Jahre später an der
Bleichsucht, nicht ohne ihrem ungestümen Mann sieben Kinder
geboren zu haben.

Eine andere Frau, auf andere Weise herrisch, lebendig, stark
und strahlend, sollte sich danach in Blois durchsetzen. Katharina von Medici hat immer Freunde und Feinde gehabt und hat
sie bis heute noch. Es scheint so, als hätte das politische Doppelspiel sowohl ihrer Veranlagung als auch ihrer Staatspflicht ent-
sprochen. Brantôme hat sie plastisch geschildert:

*Sie war von sehr schönem und üppigem Wuchs, eine königliche Er-
scheinung und trotzdem sehr sanftmütig – wenn es erforderlich war –,
von reizvollem Äußeren, gefälligen Manieren, mit schönen angenehmen Zügen und einem schönen schneeigen und vollen Busen. Ich hörte
einige ihrer Damen sagen, daß ihre feste und stattliche Körperfülle von
einer sehr weißen und reinen Haut überzogen war und daß sie sehr
schöne Beine und Füße besitze, so daß besagte Damen große Freude
daran fanden, sie gut zu beschuhen und den Schuh straff sitzen zu
sehen. Auch nannte sie die schönsten Hände, die ich wohl jemals gesehen habe, ihr eigen. Die Dichter haben früher Aurora wegen ihrer
schönen Hände und schönen Finger gelobt. Ich glaube aber, daß die
Königin sie darin in den Schatten gestellt hätte; auch hat sie sie bis zu
ihrem Tode unverändert behalten. Ihr Sohn, Heinrich III., hat diese
schönen Hände geerbt.*

*Dazu kleidete sie sich stets sehr gut und prächtig und hatte immer
irgendeinen neuen und hübschen Einfall. Kurz und gut, sie verfügte
über große Schönheit, so daß sie sehr geliebt wurde ...*

*Im übrigen war sie eine gute Gesellschafterin von lustigem Wesen,
liebte allen anständigen Zeitvertreib, wie den Tanz, worin sie viel
Grazie und Hoheit zeigte.*

*König Franz machte es Spaß, sie an den Jagdvergnügungen teil-
nehmen zu lassen, bei denen sie den König nie allein ließ und ihm auf
der Hatz immer folgte, denn sie ritt ausgezeichnet, war mutig und
von großer Grazie, denn sie war die erste Frau, die im Herrensattel so*

ritt, daß ihre Anmut viel besser zur Geltung kam als im Damen-
sattel.

Der Reitkunst bis im Alter von sechzig Jahren und mehr zugetan –
bis sie aus Schwäche darauf verzichten mußte –, hatte sie alle Wider-
wärtigkeiten zu erdulden, denn es war eine ihrer großen Freuden,
schnelle Strecken zurückzulegen, obgleich sie zum großen Schaden
ihres Körpers oft stürzte und sich wiederholt verletzte, die Beine brach
und solche Kopfwunden davontrug, daß sie trepaniert werden mußte ...

Täglich gestaltete sie irgendeinen neuen Tanz oder ein schönes Bal-
lett. Wenn es schlechtes Wetter war, erfand sie auch Spiele und ver-
brachte ihre Zeit mit dem einen oder anderen, da sie sehr umgänglich
war, aber – wenn notwendig – auch sehr würdevoll und ernst sein
konnte. Auch sah sich sich recht gerne Komödien und Tragödien an.
Nachdem aber ›Sofonisba‹ von Herrn de Saint-Gelay komponiert und
von ihren Töchtern und anderen Damen, Demoiselles und Hofleuten
ihres Hofstaates in Blois – gelegentlich der Hochzeiten des Herrn de
Cipière und des Marquis d'Albeur – auf ihren Wunsch hin gegeben
wurde, war sie der Meinung, daß sie dem Königreich Unglück ge-
bracht habe, wie es auch der Fall war. Sie ließ keine Tragödien mehr
aufführen, wohl aber Komödien und Tragikomödien, auch die-
jenigen von ›Zani‹ und ›Pantalon‹, woran sie große Freude hatte
und hellauf lachte wie jeder andere, denn sie lachte gerne. Ihrem Na-
turell nach war sie jovial und liebte es, das Wort zu führen, und konnte
recht gut entgegnen; auch wußte sie genau, wann sie ein Stichwort zu
geben hatte und wo sie zu entgegnen hatte.

Den größten Teil ihrer Zeit am Nachmittag verbrachte sie bei ihren
Seidenstickereien, worin sie es zur größtmöglichen Vollkommenheit
gebracht hatte. Kurz und gut, diese Königin liebte alle schicklichen Be-
schäftigungen und widmete sich ihnen, es gab nicht eine, die ihrer und
ihres Geschlechts würdig war, die sie nicht kennen und ausüben wollte.

Aber was bedeutete für die Königinmutter dieses Schloß Blois,
das trotz aller Feinheiten seines Schmuckes eine Art Zitadelle
darstellte, deren Zugang wie bei einer Festung von drei Seiten
durch Abgründe geschützt war? Während eines Kampfes, der
über ein Vierteljahrhundert – voll von Intrigen und Dramen –
von den Valois, den Lothringern und den Guise geführt wurde,
war Katharina, Mutter dreier Könige von Frankreich, das Opfer

einer – für eine Frau von diesem Format und solchem Stolz –
äußerst demütigenden Überwachung. Balzac schreibt darüber:

*Dies schöne Schloß von Blois bildete für Katharina das engste Ge-
fängnis. Nach dem Tode ihres Gatten, durch den sie stets am Gängel-
bande gehalten worden war, hatte sie zu herrschen gehofft, sah sich
aber nun statt dessen von Fremden, deren höfliches Gehabe tausendmal brutaler war als das von Kerkermeistern, versklavt. Keiner ihrer
Schritte konnte geheim bleiben. Diejenigen ihrer Frauen, die ihr ergeben
waren, hatten entweder den Guisen ergebene Liebhaber oder wurden
von Argusaugen bewacht. Tatsächlich zeigten die Passionen zu jenen
Zeiten das Bizarre, das ihnen immer der Antagonismus verleihen wird,
der im Staate zwischen entgegengesetzten Interessen herrscht. Die
Liebelei, deren Katharina sich so sehr bediente, war auch eines der
Guisenmittel. So hatte der Prinz von Condé, das Oberhaupt der Reformation, die Marschallin von Saint-André zur Freundin, deren Ehe-
mann sich dem Großmeister mit Leib und Seele verkauft hatte. Der
Kardinal, dem die Affäre des Vizedoms von Chartres bewiesen hatte,
daß Katharina mehr unbesiegt als unbesieglich war, machte ihr den
Hof. Das Spiel aller Leidenschaften verquickte sich also eng mit dem
der Politik, indem es ein doppeltes Schachspiel daraus machte, bei dem
man sowohl auf das Herz als auf den Kopf eines Menschen achtgeben
mußte, um zu wissen, ob das eine nicht gelegentlich den anderen Lügen
strafte.*

*Während Katharina von Medici ständig in Gesellschaft des Kardi-
nals von Lothringen oder des Herzogs Franz von Guise war, die ihr
mißtrauten, war ihre heftigste und geschickteste Feindin ihre Schwiegertochter, die Königin Maria, eine kleine Blondine, die boshaft wie
eine Kammerkatze, stolz wie eine Stuart, die drei Kronen trug, unterrichtet wie ein alter Gelehrter und mutwillig wie eine Klosterpensio-
närin war. Sie liebte ihren Gatten wie eine Kurtisane ihren Liebsten
liebt, vertraute ihren Oheimen, die sie bewunderte, und war glücklich
zu sehen, daß der König Franz mit ihrer Hilfe die gute Meinung teilte,
die sie von ihnen hatte. Eine Schwiegermutter ist immer eine Persönlichkeit, die eine Schwiegertochter nicht liebt, vor allem wenn sie die Krone
getragen hat und sie sich bewahren will, was die unvorsichtige Katharina sich nur allzusehr hatte anmerken lassen. Ihre frühere Lage, als
Diana von Poitiers noch König Heinrich II. beherrschte, war erträg-
licher gewesen: zum mindesten wurden ihr damals die einer Königin*

gebührenden Ehren und der Respekt des Hofes zuteil, während in die-
sem Augenblicke der Herzog und der Kardinal, die nur ihre Ge-
schöpfe um sich sahen, sich scheinbar ein Vergnügen daraus machten,
sie zu demütigen. Von Höflingen umgeben, empfing Katharina nicht
nur täglich, sondern stündlich Schläge, die ihre Eigenliebe verletzten;
denn die Guisen waren ihr gegenüber bestrebt, das System fortzuset-
zen, welches der verstorbene König wider sie angewendet hatte.

Blois hatte trotzdem für Katharina einen besonderen Vorzug:
es war weit weg von Saint-Germain. Ruggieri sagte ihr voraus,
daß es »in der Nähe von Saint-Germain« sein wird, wo sie der
Tod ereilen wird.

Verschleimt, von einer Bronchitis befallen, widersteht sie
nicht dem harten Winter des Jahres 1589. Die Ärzte haben wenig
Hoffnung. Aber sie beunruhigt sich kaum, denn sie setzt Vertrauen in ihre Astrologen. Heinrich III., der sehr beunruhigt ist,
läßt jedoch einen Priester kommen, um ihr die letzten Sakramente zu reichen. Sie kennt diesen Geistlichen nicht.

»Wer seid Ihr?«

»Der Abbé Julien von Saint-Germain.«

»Himmel! Ich bin tot.«

Sie war es tatsächlich eine Stunde später.

Die Hauptszene der Tragödien, die sich in Blois abgespielt
haben – wir sprechen von den gelebten Tragödien –, ist so bekannt, daß man zögert, sie zu erzählen. Die Ermordung des
Herzogs von Guise ist mit einer so vollendeten Kunst eingefädelt
worden und die Gegenspieler sind so profiliert, daß sowohl die
Bühnendichtung, der geschichtliche Roman, wie auch die Malerei sich ihrer bemächtigt haben und daß sie auch den besten
Stoff für einen historischen Film liefern könnte. Die Schloßführer
kennen natürlich alle Hilfsmittel, um die Besucher – beinahe
hätte ich Zuschauer gesagt – in steigende Spannung zu versetzen,
wenn sie von einem Saal in ein Kabinett, von einem Kabinett in
einen kleinen Gang fortschreiten bis zum grausamen letzten
Akt: dem in den Kamin geworfenen Leichnam des Herzogs.

Einer der Ciceroni zeigte seiner Gesellschaft sogar noch die Blutspuren auf den Bodenplatten ... In Wirklichkeit ist die Aufteilung der Räume seit Heinrich III. weitgehend geändert worden, aber die Anziehungskraft dieser Erzählung ist so groß, daß es für viele bei einem Besuch des Schlosses von Blois nur darum zu gehen scheint.

In Wahrheit lassen die Originaldokumente es überhaupt nicht zu, die Mord-Szene mit verschwenderischem Aufwand an Einzelheiten zu schildern, wie dies allgemein der Fall ist. Genügt nicht lediglich die Einsicht in diese Dokumente, um die Geschichte zu ihrer tragischen Spannung zu führen? Jacques Vivent hat die ›Tragödie von Blois‹ ohne schmückende Zutaten geschildert:

Die Mitglieder des Rates, mit Ausnahme der beiden Guise und des Erzbischofs von Lyon, wurden in das Arbeitskabinett des Königs durch den schrägen Gang geführt, der diesen Raum mit dem Vorzimmer – oder Ratssaal – direkt verband. Der König hieß die fünfundvierzig Mann seiner Leibgarde wieder in sein Gemach heruntergehen und befahl ihnen, ihn dort zu erwarten und sich ruhig zu verhalten, um die Königinmutter in den darunterliegenden Gemächern nicht zu stören. Dann kehrte er in sein Kabinett zurück und sprach »zu denen seines Rates«.

Er erinnerte mit einigen Worten an das wenig schöne Betragen des Herzogs von Guise im Jahre 1585 sowie an die Wohltaten, mit denen er ihn überschüttet hatte, und an den Undank »dieser treulosen Seele«. »Er ist von Ehrgeiz so verblendet«, sagte er, »daß er im Begriffe steht, etwas gegen meine Krone und mein Leben zu unternehmen und zwar so, daß er mich zur Entscheidung zwingt, selbst zu sterben oder ihn sterben zu lassen; das letztere wird noch heute der Fall sein.«

Alle beugten sich diesen fürchterlichen Ausführungen. Er ließ sie auf dem gleichen Weg in den Ratssaal zurückführen und begab sich in sein Gemach zur letzten Ermahnung an seine Getreuen.

Er berief sich zuerst auf die Ehre, die er ihnen erwiesen habe, indem er seine Person ihrer Tapferkeit und ihrer Treue anvertraute. Dann erinnerte er sie an seine Gunstbezeigungen, seine Freigebigkeit und erklärte, daß sie »ihm mehr als sein ganzer Adel verpflichtet seien«.

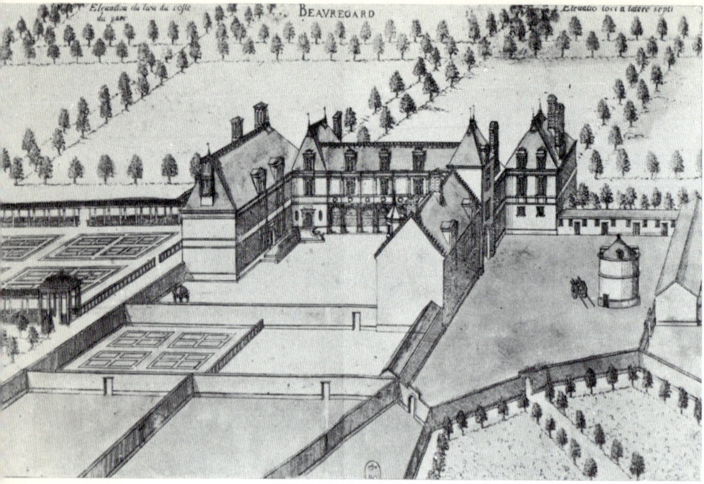

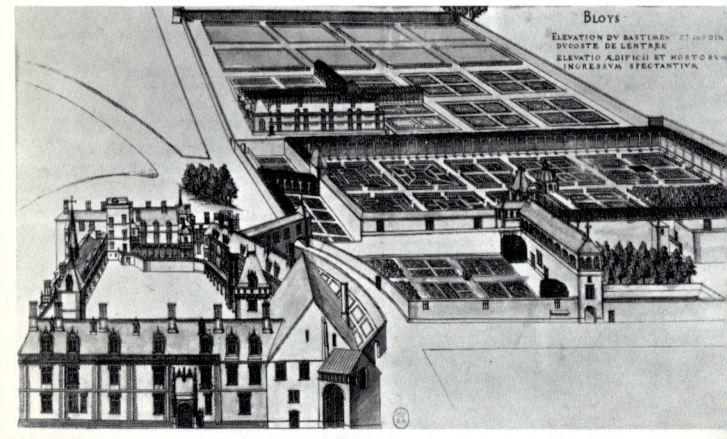

16 *Beauregard, von Jacques Androuet Ducerceau*

◄ 15 *Ludwig XII. und Anne de Bretagne, Buchmalerei*

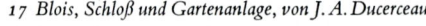

17 *Blois, Schloß und Gartenanlage, von J. A. Ducerceau*

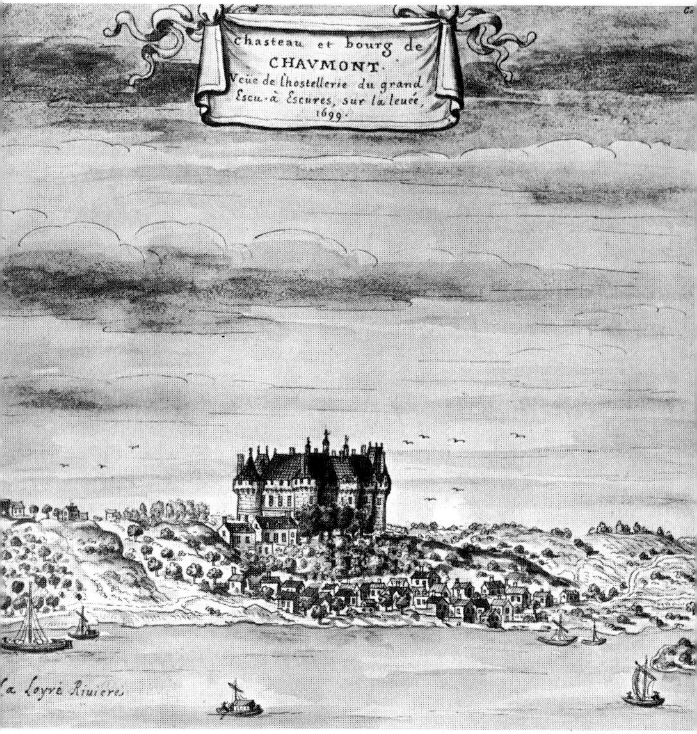

20 Chaumont, von Gaignières

21 Chaumont, von Félibien

18 Blois, Hoffassade des Flügels Franz I., Zeichnung des 17. Jahrhunderts

Profil du Bastiment neuf ex Eleuation

L   H   N

19 *Blois, Pavillon der Anne de Bretagne, von Félibien*

22 *Frau von Staël,
von Isabey*

23 *Charles d'Amboise,
von Solario*

»Nunmehr aber will ich der Eurige in einer drängenden Angelegenheit sein, in der es um meine Ehre, meinen Staat und mein Leben geht.«

Nachdem er seine Vorwürfe gegen Guise erneuert hatte, wiederholte er seinen Satz: »Er muß heute morgen sterben, er oder ich. Wollt Ihr mir versprechen, mir zu Diensten zu sein und mich zu rächen, indem Ihr Ihn tötet?«

Sie schrien alle gleichzeitig und einer von ihnen, Sariac, sagte, indem er mit seiner Hand auf die Brust des Königs schlug:

»Bei Gott, Sire, ich werde ihn Euch tot liefern.« Sie waren so laut, daß der König wegen Katharina, die darunter wohnte und sie hören konnte, Schweigen gebieten mußte. Er fragte dann: »Wer hat einen Dolch?« Es fanden sich acht Stück. Diejenigen, die einen besaßen, blieben im Zimmer, während zwölf andere in dem dunklen und engen Gang, der zu dem Arbeitskabinett führte, aufgestellt wurden. Auf diese Weise konnten sie den Herzog gleichzeitig von vorn und von hinten angreifen, wenn er, ins Kabinett befohlen, die Sammetportiere aufheben würde, um dort einzutreten.

Der Herzog, der kurz nach sechs aufgestanden war, hatte einen sehr leichten Satinanzug an. Er brach um sieben Uhr auf. Der Morgen begann kaum zu grauen. Es war einer der dunkelsten und regnerischsten Tage, die man jemals erlebt hat.

Guise, von seinem Sekretär, dem Rat und Finanzsekretär Péricard begleitet, sprach zuerst bei der Königinmutter vor. Da sie aber Medizin genommen hatte, konnte sie ihn nicht empfangen. Er stieg daher in den Ratssaal hinauf und Péricard begleitete ihn kraft seines Amtes als Finanzsekretär.

Der Kardinal von Guise und der Erzbischof von Lyon waren in den Saal eingetreten, wo – den Beginn der Sitzung abwartend – sich die Mitglieder des Rates stehend in zwanglosen Gruppen zu zweien und zu dreien unterhielten.

Von der Nacht ermüdet und fröstelnd, bat Guise Péricard, ihm seine Konfektdose zu holen. Dies war eine Muschel aus vergoldetem Silber, deren Spuren man dann auf dem Gesicht eines der Mörder entdecken sollte.

Péricard ging hinaus, ließ sich die Konfektdose geben, konnte aber nicht mehr in den Saal zurückkehren. Fünfundzwanzig Häscher waren längs der großen Treppe aufgestellt, sämtliche Ausgänge – besonders die Tür zum Ratssaal – waren streng bewacht. Doch sah Péricard einen Schreiber des Rates, Guéroult, der es übernahm, den Gegenstand dem Herzog zu überbringen. Inzwischen hatte Monsieur de Saint-Prix, erster Kammerdiener des Königs, dem Herzog einige Pflaumen von Brignoles überbracht, da er einer Ohnmacht nahe war.

Nachdem der Herzog seinen Sekretär nicht wiederkommen sah, bat er einen anderen Diener, Rambutteau, ihn zu suchen. Darauf näherte er sich dem Kamin und befahl, darin Feuer zu machen. In diesem Augenblick überfiel ihn ein Nasenbluten. Er behauptete, sein Taschentuch vergessen zu haben, und bat den Schatzmeister des königlichen Schatzes, Hotman, »an der Türe nachzusehen, ob sich dort nicht irgendeiner seiner Pagen oder Lakaien aufhalte, damit man ihm ein Taschentuch bringe«.

Als Péricard hörte, daß sein Herr ständig nach einem der Seinigen rief, versuchte er verzweifelt, die Kette der Schergen zu durchbrechen, doch wurde er brutal zurückgestoßen. Indem er, von seiner Unruhe getrieben, durch das Schloß irrte, gelangte er endlich in das Vorzimmer der Königinmutter, wo er Hautefort – einen Freund von Guise – und Schomberg traf.

Dem Herzog gab man ein Taschentuch des Königs. Da der Rat vollzählig war, setzte man sich jetzt um den Tisch und Ruzé-Beaulieu eröffnete die Sitzung. Etwas später, gegen acht Uhr, als man sich gerade mit einer Finanzfrage beschäftigte, trat der Staatssekretär, Revol, ein und sagte zu dem Herzog von Guise: »Monsieur, der König ruft nach Euch. Er ist in seinem alten Arbeitszimmer.« Der Herzog erhebt sich, legt einige Pflaumen in seine Konfektdose, schüttet den Rest auf den Tisch mit den Worten: »Meine Herren, bedienen Sie sich.« Darauf, den Hut in der rechten Hand, den Mantel über dem linken Arm, die Konfektdose und das Taschentuch in der linken Hand, verläßt er seine Kollegen mit dem Gruß: »Adieu, messieurs.«

Nachdem er an der Türe angeklopft hat, tritt er in das Gemach des Königs.

»Und während sie – Schomberg, Hautefort und Péricard – sich bei der Königinmutter aufhielten, hörten sie das Trappen von Füßen und Geräusche aus dem Zimmer darüber, das dem König zugehörte, und es war das erbärmliche Zusammenhauen des genannten Herrn Guise«, so lautete es im Protokoll von Péricard vor der Untersuchungskommission des Parlamentes von Paris, am 28. März 1589.

»Ich bereue in keiner Weise!« Es besteht kein Zweifel, daß Heinrich III. damit jenen 23. Dezember meinte, der den Bürgerkrieg verschärfen und einem »bösen Mönch« das verhängnisvolle Messer in die Hand drücken, andererseits aber auch zu dem Bündnis des Königs mit dem legitimen Erben führen sollte, wodurch das blutigste Doppelspiel ein Ende fand.

Letzten Endes hatte Heinrich III. wahr gesprochen. Keine Gewissensbisse haben ihn jemals gepeinigt. Seine Ruhe nach der Vollstreckung hatte alle in Staunen versetzt. Er war davon überzeugt, richtig gehandelt zu haben. Bereits am 24. Dezember schrieb er an den französischen Gesandten in Rom, den Marquis de Pisani: »Sie werden Seine Heiligkeit sehen und ihr berichten ... Ich bin davon überzeugt, daß er das, was ich getan habe, loben wird. Denn es ist nicht nur erlaubt, sondern auch fromm, die Ruhe aller Menschen durch den Tod eines einzelnen zu gewährleisten.«

Weder die Vernachlässigung des Schlosses durch die Souveräne noch die Plünderungen während der Revolution verursachten einen derartigen Schaden, wie er später entstehen sollte: Ein Erlaß von 1810 überwies das Schloß der Stadt Blois »zur Verwendung für ihre Garnisonen«. Die Militärs richteten sich so ein, wie dies in irgendeiner Kaserne geschehen wäre. Räume wurden zusammengelegt, Bildwerke verstümmelt oder zerstört und die Innenwände mit ihrem gemalten und skulptierten Schmuckwerk übertüncht.

In diesem Zustande sah es Flaubert:

Das auf furchterregende Mauern gebaute Schloß Blois zeigt an der Nordseite eine Galerie von Doppelarkaden von bezaubernder Wirkung; dort war das Zimmer des Heinrich III. Daneben befindet sich sein Gebetzimmer, ein Nebeneinander, das an und für sich nichts Außergewöhnliches darstellt, hier aber, bei dieser Seele, in der die Wollust durch Religion entzündet und die Grausamkeit durch Angst genährt wurde, erstaunt.

Nachdem wir ein rundes Gewölbe durchschritten und den Platz überquert hatten, traten wir in den Innenhof des Schlosses. Dort herrschte große Freude; die Garnison hatte eine Flasche Wein pro Mann erhalten, und die Soldaten brachten große, mit einer blauen Flüssigkeit gefüllte Weinkrüge an, um sie auf das Wohl des Monar chen zu leeren, dessen Fest ihnen dieses Geschenk beschert hatte. Der Schloßhof ist ein regelmäßiges Viereck. Die Eingangsseite aus der Zeit Ludwigs XII. zeigt nur ein Geschoß mit einer Galerie, die von kurzen, mit Rauten bedeckten Säulen getragen wird, sie ist überall mit dem Knotengürtel der Königin Anne und den Hermelinen der Bretagne geschmückt. Der linke, südliche Flügel wurde nicht vollendet und ist sparsamer im Schmuck, gröber und tiefer im Mittelalter verwurzelt.

Gegenüber sticht ein ganz simples Wohngebäude im Stil Ludwigs XIV. mit seiner Schulklassizität und seinem nüchternen Geschmack – es ist der der Armen – auf unleidliche Weise ab. Neben ihm aber glänzt und schimmert in voller Pracht die schöne Architektur des 16. Jahrhunderts, jene der guten Epoche, die vor der Verbreitung des attischen Pfeilers lag, bevor also die Renaissance im falschen Griechentum der Maria von Medici verflachte. An diesem Wohnflügel sind die beiden köstlichsten durchbrochenen Treppen der Welt angebracht, lebendig ziseliert und ausgeschnitten wie die hohen Spitzenkragen der Damen, die vor dreihundert Jahren deren Stufen hinaufschritten.

Wir haben im Erdgeschoß den Saal gesehen, in dem sich im Jahre 1588 die Stände versammelten. Ein vom Adel von Bordeaux gesandter gascognischer Edelmann nahm daran teil. Er wird, wie ich annehme, an den Diskussionen, die unter dieser hölzernen gewölbten Decke widerhallten, kaum teilgehabt haben. In seinem eleganten, schwarzen Anzug abseits sitzend, mit einer Reitgerte, die er immer trug, spielend, wird er bestimmt irgendeine Stelle aus Sallust oder irgendeinen Vers von Lukan, den die gegenwärtigen Umstände ihm ins Gedächtnis zurückgerufen haben, vor sich hingesagt haben. Ohne Leidenschaft inmitten all dieser lauten Leidenschaften, ohne Glauben neben all diesen heftigen Überzeugungen saß er dort wie das Symbol des Bleibenden neben dem Flüchtigen: er nannte sich Michel de Montaigne.

Es fällt auf, daß Flaubert in der Verwendung des Schlosses als Kaserne nichts Ungewöhnliches fand. Er spart seinen ganzen Tadel für den von François Mansart errichteten Bau auf.

Balzac dagegen war darüber äußerst empört:

Wenn man heute durch die Säle dieses herrlichen Schlosses eilt, die für Kunst und Historie gleich kostbar sind, welch dichterisches Gemüt würde es nicht tausendmal bedauern oder für Frankreich betrübt sein, wenn es sieht, daß die köstlichen Arabesken des Kabinetts der Katharina seit der Cholera auf des Kasernenkommandanten Befehl mit Kalk *übertüncht und schier verloren sind. Diese königliche Behausung ist heute eine Kaserne! Das Holzgetäfel in Katharina von Medicis Kabinett, von dem bald die Rede sein wird, ist die letzte Reliquie des von fünf kunstsinnigen Königen aufgestapelten reichen Hausrates. Wenn man durch diese Flucht von Zimmern, Sälen, Treppen und Türmen wandert, kann man sich mit schrecklicher Genauigkeit sagen: Hier liebkoste Maria Stuart im Interesse der Guisen ihren Gatten. Dort beleidigten die Guisen Katharina. Später fiel an dieser Stelle der zweite Balafré (der Benarbte) unter den Streichen derer, die die Krone rächten. Ein Jahrhundert vorher gab Ludwig XII. von jenem Fenster aus dem Kardinal von Amboise, seinem Freunde, das Zeichen, daß er kommen solle. Auf diesem Balkon ward d'Épernon, Ravaillacs Mitwisser, von der Königin Maria von Medici empfangen, die, wie es heißt, um den geplanten Königsmord wußte und ihn ausführen ließ! In der Kapelle, wo Heinrich IV. mit Margarete von Valois getraut wurde, einziger Rest des Schlosses der Grafen von Blois, läßt das Regiment heute seine Stiefel besohlen! Dieses herrliche Bauwerk, mit dem für uns so viele Stile wieder lebendig werden, in dem so viele große Dinge vor sich gegangen sind, befindet sich in einem Zustand der Erniedrigung, der Frankreich Schande macht. Welch ein Schmerz ist es für die, welche die Bauwerke Alt-Frankreichs lieben, zu wissen, daß von diesen beredten Steinen bald ebensowenig übrig sein wird wie von der Ecke der alten Kürschnerstraße: sie existieren vielleicht nur noch in diesen Zeilen!*

Die Ereignisse sollten jedoch Balzacs Pessimismus unrecht geben. Nach langen Verhandlungen wurde das Schloß seit 1850 von der Garnison nach und nach verlassen.

Doch ein Fluch anderer Art sollte Blois treffen: Unter der autoritären Leitung des Architekten Duban begannen die Restaurierungsarbeiten.

Restaurierung? Es ist die Epoche von Viollet-le-Duc, und die Begeisterung für die Archäologie führt zu allerlei Mißbräuchen. Man hat nicht gezögert, Pierrefonds wiederaufzubauen. Aus dem Geist der Nacheiferung heraus und unter dem Vorwand des Wiederaufbaus soll ein neues Blois erstehen und gezeigt werden.

Der Bau war solide. Einen Neubau im wahren Sinne des Wortes hat es nur bei der Saint-Calais-Kapelle gegeben, denn die alten Stiche und die Photos vor Beginn der Arbeiten sprechen Bände: nämlich, daß man unter dem Vorwande der Reparatur ersetzt und erfunden hat. Das Fingerspitzengefühl fehlt völlig, und der schlechte Geschmack macht sich manchmal auf niederschmetternde Weise breit. Echtes und Falsches stehen bedenkenlos nebeneinander. Da der Besucher manchmal das Gefühl hat, sich in einer Theaterdekoration statt in einem historischen Bauwerk zu befinden, ist es nur gut, wenn er weiß, woran er ist.

All die restaurativen Verwegenheiten von Duban kann man verstehen, wenn man weiß, daß er den Ehrgeiz hatte, das Schloß seines Kollegen Mansart niederzureißen, um an seine Stelle eine Fassade im Stil Franz' I. zu errichten. ›Stilreinheit‹ war das Dogma jener Zeit. Glücklicherweise war das Projekt zu kostspielig, um ausgeführt zu werden.

Die mit Arkaden geschmückte Nische über dem Eingangstor wurde kräftig erneuert. Ein Reiterstandbild von Ludwig XII. von Seurre ersetzt dasjenige von 1498. Das Schmuckwerk des Nebenpförtchens ist modern. Die Verzierungen der Kolonnaden im Hof wurden ›bereichert‹. Die Saint-Calais-Kapelle, von gotischem Aussehen, wurde von Duban ganz neu aufgebaut und ausgeschmückt.

Die Hoffassade des Flügels von Franz I. mit der Treppe befand sich in einem kläglichen Zustand der Verwahrlosung. Der größte Teil der Fenstersprossen war zerstört worden, um Eisenfenster anbringen zu können. Die Lukarnen waren verwittert, die Balustraden, die die Mauern krönten, zerstört. Die Geländer der Treppe waren durch niedrige Ziegelmauern ersetzt worden und ein Teil ihres Schmuckes war verwittert oder vernichtet. Natürlich gab es viel zu restaurieren. Kein Wunder, daß man allzusehr geneigt war, Veränderungen vorzunehmen.

Noch schlimmer ist es im Innern. Kamine wurden mit unbestreitbarer Sorgfalt in einem ausgesprochenen Phantasiestil erstellt und mit bildhauerischem Schmuck versehen. Die Decke des Ständesaales wurde wiederhergestellt und mit einem Streumuster von Lilien bemalt, das vorher nie vorhanden war. Eine lächerliche und armselige Holztreppe ersetzte jene, die bis zum höchsten Geschoß emporstieg. Das Auge wird besonders durch die Vielfarbigkeit der Wände verletzt, deren Buntheit und Überfülle die Feinheit des Geschmacks ersetzen. In den Königsgemächern des zweiten Geschosses erreichen die Buntscheckigkeit und die Vergoldungen ihren äußersten Höhepunkt.

Diese Kritik und diese Warnungen sollen aber nicht Mißfallen hervorrufen oder verhindern, dieses noch immer wunderbare Bauwerk – so wie es sich geziemt – zu genießen. Seine architektonischen Formen und mächtigen Gesimse sprechen eine immer noch edle und verständliche Sprache. Es hat auch eine Menge von bezaubernden Einzelheiten bewahrt. Die nicht zu übertreffende Feinheit der inneren Reliefs der Treppe, die vielgestaltigen Arabesken und die beiden Mäntel der Kamine des großen Saales im ersten Geschoß können zu den Meisterwerken dekorativer Kunst gezählt werden. Und niemand kann sich dem Zauber des sogenannten ›Kabinetts der Katharina von Medici‹ entziehen, das in Wahrheit für Franz I. ausgeführt wurde. Es ist, trotz seiner Zerbrechlichkeit, mit seiner Täfelung aus aneinandergesetzten, vorzüglich geschnitzten Holzfüllungen, unbeschädigt erhalten.

Diese verschwiegenen Ecken und abgesonderten Zimmer, diese in die mittelalterliche dicke Innenmauer gegrabenen Öffnungen, durch die man von den großen Sälen in die Loggienzimmer gelangt, das Geheimnisvolle und die gewisse Fremdartigkeit, die den Geist über die Alpen führt, können leicht – wenn auch zu Unrecht – die Erinnerung an eine Medici wachrufen.

Soviel Ereignisse und soviel Legenden! Alle Träumereien und der ganze Zauberladen des romantischen Historismus entladen sich hier. Doch besteht durchaus ein begründeter Anlaß zur Begeisterung, denn nirgends kommt die Begegnung zweier Kunstformen und zweier Kulturen, ihre zaghafte Annäherung und ihre erste Verflechtung besser zum Ausdruck als in Blois.

Chaumont

Blickt man von der Bahn oder von der Straße entlang der Loire, so erscheint zwischen Blois und Amboise das Schloß Chaumont als weißer Fleck in den Laubmassen, die das Dorf wie eine Kulisse im Hintergrund abschließen.

Hingelagert auf eine steile Böschung, drängt sich das Dorf zu seinen Füßen mit seinen schönen, mit Schiefer gedeckten Häusern aus Tuff, die sich zwischen Felsen und abschüssigen Flußufern aneinanderreihen. Das Schloß ist nur von der Seite her über die Windungen einer Allee zu erreichen, die einen mit prachtvollen Zedern bepflanzten Park durchzieht. Trotz seiner Zugbrücken und seiner stark vorgekragten Wehrgänge macht es auf den ersten Anblick einen eher heiteren und freundlichen Eindruck.

Wir müssen es vorwegnehmen, denn es ist wichtig für das Verständnis seiner Geschichte, daß das Aussehen dieses Schlosses nach der Loire hin völlig verändert wurde. Ein Abbruch, den man vornahm, verlieh ihm sein einladendes und wohnliches Gepräge. Ursprünglich war es – wie der größte Teil der Schlösser dieser Zeit – ein fast viereckiges, in sich geschlossenes Gebäude, das so unzugänglich wie möglich war. Seine Besitzer entschlossen sich 1740, den Flügel, der den Hof gegen Norden abschloß, abzureißen und öffneten diesen dem Licht und dem herrlichen Blick auf die Loire, der sich auf das fast gleichlaufende Tal der Cisse ausdehnt, die den Fluß bald erreicht. Das Schloß öffnet seine Flügel und bietet nun, vom anderen Ufer aus gesehen, das anmutige und verwickelte Spiel der Überschneidun-

gen seiner Dächer, seiner Arkaden und seiner verschiedenartigen Türme. Es ist ein zartes und anmutiges Bild, wie es die ab-
gebrochene Fassade früher niemals geboten hat. Solchen Zer-
störern des 18. Jahrhunderts kann man verzeihen!

Die Herkunft aller Chaumonts Frankreichs scheint sich einwandfrei herzuleiten aus ›calvus mons‹ – der kahle Berg. Der
Bildhauer des 16. Jahrhunderts, der die Türme und die Mauern
mit einem großen Fries geschmückt hat, war offenbar der Auffassung, es bedeute ›calidus mons‹ – der warme Berg –, denn
er zeigt Flammen speiende Berge, die mit dem verschlungenen
Initial C abwechseln. – Kahler Berg? Der Park ist erst in neuerer
Zeit durch Baumgruppen belebt worden, aber fast unmittelbar
hinter dem Schlosse breitete sich eine ziemlich große, landwirt-
schaftlich genutzte, dabei kahle Ebene aus.

Das erste Schloß: die im 10. Jahrhundert durch Eudes I., den
Grafen von Blois, erbaute Festung, die das Blésois gegen seinen
gefürchteten Nachbarn, Foulques Nerra, verteidigen soll. Um
1026 geht sie in die Hände von Gueudoin über, dessen Enkelin
durch ihre Ehe mit Sulpice I. von Amboise Chaumont dieser
berühmten Familie zuführt. Sie wird es für die Dauer von fünf
Jahrhunderten behalten. Auf Befehl eines Grafen von Blois hat
man diese feste Burg im Jahre 1154 geschleift, aber kurz darauf
wiederaufgebaut.

Ein denkwürdiges Ereignis spielt sich 1170 hier in Chaumont
ab: die Zusammenkunft zwischen Heinrich II. von England
und Thomas Becket, Erzbischof von Canterbury. Man las in der
Kapelle eine Totenmesse, bei der man nach der Liturgie nicht
den Friedenskuß zu wechseln brauchte, was eine zu offensicht-
liche Heuchelei gewesen wäre. Es ist bekannt, daß Becket, der
sofort nach seiner Rückkehr nach England den König mit dem
kirchlichen Bann belegen ließ, in seiner Kathedrale durch den
Dolch der vom König gedungenen Mörder fiel.

Im Kampf der Monarchie mit den gegen sie verbündeten großen Feudalherren läßt Ludwig XI. 1465 das Schloß be-

schlagnahmen und erneut schleifen. Pierre d'Amboise, das
Opfer dieser Maßnahme, leistet öffentliche Abbitte, erweist
dem König Dienste, wird wieder in Gnaden aufgenommen und
zu guter Letzt gestattet man ihm, sein Schloß wieder aufzubauen. Er ist der Schöpfer der heutigen Anlage.

Sie wurde nicht in einem Zug erbaut. Der von Pierre d'Amboise geleitete Bauabschnitt dauerte zehn Jahre, von 1465 bis
1475 und umfaßt den nördlichen, auf einem Felsen stehenden
Flügel sowie den rechtwinklig zurücklaufenden westlichen.

Die beiden anderen Teile, die den Hof des Schlosses vervollständigen und schließen, wurden durch Charles d'Amboise,
einen Sohn von Pierre, zwischen 1498 und 1510, das heißt zur
Zeit Ludwigs XII., gebaut. Man spürt hier übrigens etwas vom
Geist von Blois, besonders im Hofe. Catherine d'Amboise, die
dreimal verwitwet war, schrieb hier zu ihrer Tröstung um 1540
ihre ›Dévostes épistres‹ – ihre frommen Briefe.

Erwähnen wir nur kurz die astrologischen Mären und die der
Erscheinungen, die sich um einen mit Zaubergerät angefüllten
Turm ranken! Katharina Medici soll sich mit Ruggieri darin
eingeschlossen haben, der die Sterne und Zauberspiegel befragte und ihr dann das Schicksal von Franz II., Karl IX. und
Heinrich III. vorausgesagt haben soll. Diese Geschichten, die
von im allgemeinen vertrauenswürdigen Geschichtsschreibern
wiederaufgegriffen und ausgeschmückt wurden, sind um so un-
wahrscheinlicher, als Katharina niemals Schloßherrin auf Chaumont gewesen ist. In den Chenonceaux gewidmeten Seiten
werden wir schildern, wie die Königinmutter Chaumont erwarb, um es sofort gegen Chenonceaux auszutauschen, als
Diane de Poitiers es als Erbgut beanspruchte. Die Formali-
täten der Eigentumsübertragung dauerten nicht länger als
einen Monat. Obgleich man im 19. Jahrhundert ein ›Zimmer
der Katharina Medici‹ eingerichtet hat, ist es nicht erwiesen, daß
die Königinmutter sich jemals in Chaumont aufgehalten hat.

Man weiß, daß Diane sich verärgert in Anet niederließ und
daß ihr Schwager, der Herzog von Bouillon und Marschall von

Frankreich, Chaumont für seine Familie erwarb. Im 17. Jahrhundert wurde das Schloß an Scipione Sardini, einen berühmten
Finanzmann, verkauft. Die Besitzer von Chaumont folgen jetzt
schnell aufeinander: Nicolas Bertin de Vaugyen faßt 1740 den
Entschluß, den nördlichen Trakt abtragen zu lassen, um da-
durch die wunderbare Fernsicht auf das Tal zu gewinnen. Zehn
Jahre später geht die Besitzung in die Hände eines besonders
unternehmungslustigen Mannes über, Jacques Le Roy, einen
ehemaligen Oberforstmeister in der Touraine und nachmaligen
Intendanten des ›Hôtel des Invalides‹. Er errichtet Dependan-
çen und benutzt die vorhandenen Gebäude, um eine Hütte für
Fabrikation von Kunstglas zu gründen, die von einem englischen
Maler, Robert Scott Godfrey, geleitet wird. Er baut Öfen zur
Herstellung von Keramiken unter Verwendung des Loire-San-
des und beruft einen italienischen Künstler aus Urbino, Gian-
battista Nini. Am bekanntesten von Ninis Tätigkeit wurde eine
Reihe Medaillons aus gebranntem Ton mit den Profilen be-
rühmter Persönlichkeiten und Hausfreunde von Chaumont,
darunter Benjamin Franklin. Wir sind hier Zeugen der ersten
Anfänge einer Industrieentwicklung – Schloß und Werkstatt
liegen nebeneinander – und eines von einer Avantgarde des
Adels und des Großbürgertums geförderten Vorstoßes welt-
bürgerlicher und freiheitlicher Ideen. Die älteste Tochter von
Le Roy geht nach Amerika, um sich La Fayette anzuschließen,
nimmt an den Unabhängigkeitskriegen teil und ist sogar die
Schöpferin einer französischen Kolonie, indem sie eine kleine
Stadt, die ›Chaumont‹ genannt wird, gründet.

Die Französische Revolution ließ Chaumont-sur-Loire unge-
schoren, Grund dafür waren die das Schloß umgebenden Fabri-
ken. Auch die Waldungen wurden nicht als Herrengut, sondern
als brauchbarer Brennstoffvorrat zu allgemeiner Nutzung
angesehen.

Da die Schloßherren einige Zeit in Amerika lebten, wurde
das Schloß im Jahre 1810 Madame de Staël zur Verfügung gestellt, als sie aus dem Exil zurückgekehrt war und Napoleon ihr

einen Aufenthalt innerhalb von vierzig Meilen um Paris unter-
sagt hatte. Sie beschäftigte sich hier damit, ihr Buch ›De l'Alle-
magne‹ zu beenden und umgab sich mit Schöngeistern, um
ihre Langeweile zu bekämpfen. Chaumont wurde so zur Wiege
der Romantik. Zweifellos hat Alfred de Vigny es deshalb als
Schauplatz für den Beginn seines historischen Romans ›Cinq-
Mars‹ erwählt. Er beschreibt darin das Schloß auf eine allzu
phantastische Weise. Man traf dort Madame Récamier, Benjamin Constant, August Wilhelm Schlegel und Adalbert von
Chamisso, diesen Franzosen, dem Deutschland zum Wahl-
vaterland geworden war – was Madame de Staël entzückte –
und dessen sehnsüchtige Gedichte die jüngste deutsche Generation bewegten. In einem Brief an Wilhelm Neumann vom
1. August 1810 schreibt er:

*Chaumont – auf dem mittäglichen linken Ufer der Loire – liegt wun-
derherrlich auf einer Höhe. Man hat über die Esplanade des inneren
Hofes, wie von den Zinnen der alten, schönen, festen gotischen Türme,
die göttlichste Aussicht über den breiten, schönen, gradfließenden
Strom und die Landstraße fern am anderen Ufer, in eine reiche, grüne
unabsehbare Ebene mit Weinbergen, Ansiedeleien, Saaten und Wäldern. Mein Fenster, an welchem ich schreibe, sieht nun aus dem Hin-
tergebäude über den Hof – zwischen der Burgkapelle und dem anderen
Flügel – diese schöne Landschaft in würdiger Einfassung. – In dieser
alten Burg hausen denn nun die vornehmen Geister alle: der kluge,
zierliche, kühle, schwerfällige Schlegel, die dicke, feurige Staël mit
leichter, froher, anmutiger Bewegung; der milde, fromme Mathieu de
Montmorency; die schöne, anmutige Récamier; der nüchterne, häß-
liche, kleine, stummlauernde, witzige Sabran; der schöne, zarte Nord-
länder Bölk; eine kugelrunde, harte, kalte Engländerin; ein guter Teu-
fel von naivem, fröhlichem, zahmem, furchtsamem, gesprächigem italienischem Künstler –, und ich, nach Zauberer Sitte, räuchre denn diese Geisterschar nach Herzenslust ein, worüber sie die seltsamsten Ge-
sichter schneiden…*

*Man arbeitet übrigens den ganzen Tag und sieht sich in der Regel
nur zu den drei Speisestunden. Die Staël gefällt mir am Ende mehr als
der Deutsche (Schlegel), sie hat mehr Lebensgefühl, obwohl sie sich
etwas weniger als er auf Anatomie versteht, hat auch mehr Leben,*

mehr Lieb' im Leibe, sie hat das Gute der Franzosen, die Form-Leichtig-
keit, Lebens-Kunst und -Anmut – sie hasset sie aber sehr bis auf ihre
Freunde. – Ich passe aber in diese Welt gar nicht, ich habe mit ihr
nichts gemein. Und obgleich eigentlich keinerlei Zwang angelegt ist, so
entbehre ich doch allerlei Freiheit; erstlich lieb' ich eben keinen hier,
und es liebt mich auch keiner, da ging es mir doch in Berlin und selbst
in Paris besser – kurz ich verschmachte an diesem ›Quell Kastalia's‹.
Selbst das Rauchen wird einem sauer gemacht, muß ich doch, wenn es
regnet, von dem Abtritt aus – ein wahrer Lustort, im Vorbeigehen zu
bemerken – meinen Qualm in die gelehrte Welt blasen, denn die sta-
chelschweinförmige britannische Feindin besetzt eine Stube neben der
meinigen, von wo aus sie das Feuer meiner Batterien zum Schweigen
gebracht hat. – Ich werde wohl hier bis Anfang September's bleiben
und sodann mit Schlegel nach Paris zurückkehren. Die Arbeit wird
bis in den Winter hineinreichen, und ein Glück, wenn nicht bis in das
Frühjahr.

Chamisso war damals eine Art Sekretär von Schlegel, der seinerseits, wie man zugeben muß, weniger spitze Briefe über das
Leben im Schlosse schrieb. Mit Madame de Staël verband ihn
schon seit 1804 eine lebhafte Freundschaft. Er schreibt:

Ich schreibe Ihnen hier, teuerste Schwester, an den wegen ihrer Lieb-
lichkeit gepriesenen Ufern der Loire, gerade zwischen Blois und Am-
boise, auf einer alten stattlichen Burg, mit runden unverwüstlichen
Türmen umbollwerkt, ehemals von Königen besessen und bewohnt…
(von dem Cardinal von Amboise, dem Vertrauten Ludwigs xii., gro-
ßenteils wieder erbaut) und wo ein Zauberer, Katherinen von Medici
zu Gefallen, die höllischen Geister beschworen, um ihr die Schicksale
ihrer Nachkommenschaft erscheinen zu lassen. Daß es Nostradamus
gewesen, ist ein Irrtum in der Zeitrechnung; mit allem übrigen hat es
seine vollkommene Richtigkeit. Dies ritterliche Schloß liegt auf einem
Felsen, zu unseren Füßen das Dorf, zweihundert Stufen führen zu
uns heraus, die Heerstraße zieht sich jenseits hin. Die Freunde, die uns
besuchen wollen, müssen erst ihren Charon finden, der sie zu uns Ab-
geschiedenen herüberbringt; aber wie in den elysäischen Gefilden, so
gibt es auch um uns her blühende Gebüsche, worin die Nachtigallen
unaufhörlich singen. Von unserem Altan beherrschen wir eine weite
Aussicht, zwar nicht auf Schweizer Gebirge, aber auf eine fruchtbare

bewohnte Ebene. Seitwärts liegt unter alten Bäumen die ländliche
Pfarrkirche, deren Glocke um die Zeit der Messe, des Angelus und Ave
Maria zu frommen Regungen anmahnt. Auf dem Flusse gleiten
kleine Schifflein mit Segeln vorüber, sie scheinen die Gedanken zum
Meere und einer kühnen Schiffahrt zu locken.

Der Graf von Aramon verwendete unter Louis-Philippe einen
Teil seines großen Vermögens für Restaurierungsarbeiten und
versuchte, Säle wie ›zur Zeit Katharinas von Medici‹ einzurichten. Chaumont erlebte nun endlich eine lange, prunkvolle und
glänzende Periode, nachdem die junge Erbin von Constant Say
den Fürsten Amédée von Broglie im Jahre 1875 geehelicht hatte.
Das Schloß erstrahlte wieder im Glanz neuer Herrlichkeiten,
Möbel und Tapisserien häuften sich, ein großer Park wurde angelegt, an der Stelle der Werkstätten von Le Roy entstanden
Ställe, Reitbahnen und aufsehenerregende Wagenremisen. Der
alte Taubenschlag, in dem einer der Öfen von Nini eingebaut
war, ist erhalten geblieben. Pferde, Fahrzeuge, Pferdegeschirre,
mit Kupfer verziert und mit silbernen Wappen versehen – es
ist die Glanzzeit der Equipagen.

Die Feste folgen aufeinander – Tag und Nacht. Der Tradition
gemäß wird das Dorf durchaus nicht vergessen. Die Gemeinde
und ihre Bewohner erhalten große Schenkungen, die Kirche
wird wieder aufgebaut. Aber auch die fundiertesten Vermögen
verflüchtigen sich bei solcher Lebensform schnell, besonders,
wenn sie nicht nur wenig überwacht, sondern auch das ausge-
suchte Opfer des Steueramtes werden. Kurz und gut, der Staat
mußte 1938 das Schloß Chaumont erwerben und es der Denkmalpflege unterstellen.

Zehn Jahre später sind zwölf Säle, statt deren sechs wie vorher, dem Publikum geöffnet. Dazu gehören verschiedene
Räume mit Dokumenten zur Geschichte des Schlosses und seiner Bewohner. Von der Einrichtung sind nur die besten, echte-
sten und interessantesten Stücke – nach heutigen musealen Be-
griffen – aufgestellt.

Das zu wiederholten Malen restaurierte Schloß gewinnt nicht

durch eine zu genaue Besichtigung. Dieser Eindruck von ›auf alt zurechtgemachtem Neuen‹ soll uns im übrigen nicht zu sehr beunruhigen, und es wäre zu wünschen, daß alle Schlösser dieser Epoche die Zeiten so gut überstanden hätten.

Die symmetrischen Türme, die die doppelte Zugbrücke flankieren, sind mit einem Fries von verschlungenen C (Charles de Chaumont) und von Bilderrätseln (›chauds monts‹) geschmückt, bildlichen Anspielungen, die in diesem Zeitalter sehr beliebt waren. Dieses breite Band aus Steinreliefs, das um das Gebäude läuft, ist übrigens von kostbarer, schmückender Wirkung. Über dem Eingangstor befindet sich ein Feld mit den Initialen Ludwigs XII. und der Anna von Bretagne in einem Streumuster von Lilien und Hermelinen. An dem rechten Turm zeigt eine flache Nische das Wappenschild von Charles d'Amboise, an dem linken das des Kardinals Georges d'Amboise. Wenn wir den Blick heben, sehen wir unter dem vorgekragten Wehrgang, in der Höhe der Pechnasen, den Einfluß der Diane de Poitiers, die den Besitz wenigstens mit ihrem Siegel versehen wollte: verschlungene D's, Jagdhörner, Bogen und Köcher. Rechts erhebt sich in vollendeter Harmonie der Saint-Nicolas-Turm.

Der südliche Flügel stellt den ältesten Teil dar. Der Amboiseturm, von Pierre d'Amboise und seinem Sohn erbaut, ist der höchste und massivste des Schlosses. Seine Mauern haben einen Durchmesser von drei Meter sechzig. Wenn die Eingangstürme mit ihren großen Fenstern, mit Zierleisten und ihren vorgekragten Hauptgesimsen ganz den Eindruck von Scheinbefestigungen vermitteln, so wirkt der Amboiseturm, der doch nur an die dreißig Jahre älter ist, dagegen wie ein starkes Bollwerk gegen jeden Angriff. Er ist nur von einer (später vergrößerten) Öffnung im unteren Geschoß durchbrochen. Mit dem Schloß verbunden, ist er doch unabhängig davon, denn im Mauerwerk führt eine enge Wendeltreppe zu jedem Geschoß.

Sobald man den Hof betritt, wird man zwangsläufig zur Balustrade hingezogen, von der aus der Blick über die Loire und ihr weites Tal gleitet. Gegenüber liegt das kleine Dorf Onzain, das mit Chaumont durch eine von der Armee beim Rückzug 1940 gesprengte Brücke verbunden ist.

Der Ziehbrunnen aus Stein und Schmiedeeisen ist erst vor ungefähr fünfzig Jahren gesetzt worden. Die während der letzten beiden Jahrhunderte erfolgten verschiedenen Umbauten haben die Gebäude Ludwigs XII. merklich verändert. Im Hintergrund ist eine offene Galerie errichtet worden. Ein in der Höhe des ersten Geschosses der Fassade angebrachter, mit Zieraten versehener terrassenartiger Vorsprung war schon längst verschwunden, als der restaurierende Architekt des 19. Jahrhunderts es sich nicht nehmen ließ, ihn – nicht ohne Ungeschick – wiederherzustellen. Zumindest in seinem unteren Teil ist der achteckige Treppenturm dagegen gut erhalten und mit kleinen, rechteckigen, sehr fein gearbeiteten Füllungen mit Motiven in italienischem Stil verziert. Man sieht dort das Wappen des Georges d'Amboise und seinen Kardinalshut.

Die Kapelle, deren dreiseitige Apsis auf die nordöstliche Terrasse vorspringt, beweist durch ihre ungeschützte Lage, daß die Erbauer aus dem Anfang des 16. Jahrhunderts militärische Notwendigkeiten nicht mehr berücksichtigten. Das Innere dieser ursprünglich einfachen Kapelle ist durch schmückende Zutaten verdorben worden – und nur deshalb, weil man glaubte, es besser machen zu können.

Das Schloß bestand ursprünglich aus weiten Sälen, die die ganze Breite des Gebäudes ohne Nebenausgänge einnahmen. Mit dem 18. Jahrhundert brachte die Änderung der Lebensweise, wie fast überall, auch eine Änderung in der Einteilung der Räume. Wir haben gesehen, daß Chaumont immer von Familien bewohnt wurde, die über genügend Mittel verfügten, um ihr schönes Heim nicht nur zu unterhalten, sondern um es auch weiter zu verschönern und angenehmer zu gestalten. Das Ergebnis ist, daß von der ursprünglichen Dekoration so gut wie nichts erhalten geblieben ist. Eine Ausnahme bilden die unteren Säle des östlichen Turmes mit Gewölben, deren Kreuzgurte auf verzierten Konsolen ruhen, und jener merkwürdige Kamin des Turmes ›Saint-Nicolas‹, dessen Mantel mit einem geheimnisvollen Zeichen – drei verschlungene Kreise auf einem Dreieck – geschmückt ist, das sich auch an der Außenwand wiederholt.

Der Besuch ist auch dadurch interessant, daß die Besitzer im 19. Jahrhundert eine schöne Einrichtung zusammengetragen haben, die in einem schlichten Rahmen passend präsentiert wird: verputzte Wände, gut gewachste Balken und so fort.

Die Räume des Erdgeschosses zeigen eine Folge von Aubussonteppichen mit der ›Geschichte Alexanders‹ nach Kartons von Lebrun. Vitrinen enthalten die in den benachbarten Werkstätten entstandenen Medaillons des Nini. Brüsseler Teppiche, bestickte Seiden, Delfter Fayencen, Renaissancetruhen, italienische, spanische, portugiesische ebenso wie französische Möbel zieren das erste Geschoß.

Zum Schluß müssen wir noch feststellen, daß der Park von Chaumont, der zur Zeit der Broglie, das heißt vor dem letzten Krieg, zweitausendfünfhundert Hektar groß war, heute, nachdem der Staat Besitzer geworden ist, nur mehr siebzehn Hektar umfaßt.

Amboise

Das auf einer steilen Böschung errichtete Schloß Amboise beherrscht wie Blois das Tal der Loire. Wie dieses, steht es an der Stelle eines sehr alten festen Schlosses. Wenn wir jedoch in Blois Bauwerke sehen, die in chronologischer Folge auf der Ringmauer der Feudalzeit um einen Hof errichtet wurden, so finden wir in Amboise nur die Reste eines Untergangs. Wir wandern dazwischen hin und her, ergehen uns auf einer weiten, leeren Terrasse. Diese ist allerdings von großer Wirkung und stellt einen der schönen Aussichtspunkte des Tales dar.

Die erhaltenen Teile des Schlosses sind fast vollständig restauriert worden. Diese Restaurierungen – im 19. Jahrhundert begonnen und vor kurzem beendet – sind geschickt, wenn auch nicht immer stilistisch einwandfrei, doch im ganzen gesehen besser als viele der gewagten Wiederherstellungen, die sonst unser Vergnügen stören.

So ist Schloß Amboise bei allem Bruchstückhaften doch voller Anziehungskraft. Architektur und Ornament sind Fundgruben für den Kunsthistoriker und eine Freude für den Künstler, denn für alle halten sie staunenswerte Sehenswürdigkeiten bereit.

Es gab in der Stadt Amboise drei Schlösser und drei Herren, die natürlich niemals aufhörten, miteinander zu streiten und sich zu bekämpfen, bis einer von ihnen, Hugues i. d'Amboise, die Einigung herbeiführte, indem er im Jahre 1080 alle drei Herrschaften an sich riß. Eine Brücke wurde über die Loire geschlagen und ein neues Schloß errichtet. Von da an beginnt die Blüte von Amboise.

Es ist schwer, die Anlage des mittelalterlichen Schlosses zu umreißen, da nur einzelne Spuren noch vorhanden sind. Als die Herren von Amboise zu machtvollen Persönlichkeiten aufgestiegen waren, teilte sich die Familie in zwei Linien, von denen die eine die Herrschaft Chaumont erhielt. Im Jahre 1431 wurde Louis d'Amboise der Verschwörung gegen Karl VII. angeklagt und zum Tode verurteilt. Vom König begnadigt, sah er seine Strafe in lebenslänglichen Kerker umgewandelt. In Wirklichkeit aber blieb er nur zwei Jahre gefangen. Man gab ihm seine Güter zurück, mit Ausnahme von Amboise, das weiterhin der Beschlagnahme durch die Krone unterlag. Dazu ist zu bemerken, daß das Schloß noch heute dem Hause Frankreich gehört.

Ludwig XI. kam oft von seinem Schloß Plessis nach Amboise und ließ dort wichtige Arbeiten, besonders an den Umfassungsmauern, ausführen, die mit Türmen bewehrt wurden.

Aber Karl VIII. ist der eigentliche Schöpfer der prächtigen Bauten, die die Zeitgenossen Napoleons fast noch in ihrer ganzen Ausdehnung erlebten.

Wir haben nicht die Absicht, diejenigen zu beschreiben, die verschwunden sind – das ist Aufgabe der Archäologen und Kunsthistoriker. Es ist aber notwendig, auf ihre Lage hinzuweisen, soweit sie eine Erklärung für die heute verstreuten Gebäude abgeben.

Auffallend ist der feudale, der kriegerische und Verteidigungs-Charakter von Schloß Amboise. Er ist zum großen Teil auf die vorhergehenden Bauten und auf die Lage der Schlösser zurückzuführen, aber auch auf den Umstand, daß Amboise im Jahre 1491, das heißt zwei Jahre vor dem italienischen Feldzug, begonnen wurde.

Selbst die Architektur der königlichen Häuser war bis zu diesem Zeitpunkt von großer Strenge. Erst allmählich – nach dem Bruch mit den harten feudalen Lebensgewohnheiten – wurden Vorkehrungen getroffen, um den Aufenthalt darin angenehmer zu gestalten. Der dekorative Schmuck erschien aber immer noch selten und war äußerst zurückhaltend. Von dem Tage an, an dem der ganz junge Karl VIII. sich der Bevormundung durch die Regentin, Anne de Beaujeu, seiner Schwester, entzog, um persönlich zu regieren, änderte sich alles: die Schlösser und die Kleidung, der Schmuck und die Rüstungen. Es begann damals eine Luxusentfaltung im privaten Leben, wie man sie bisher in Frankreich nur zur Ehre Gottes gekannt hatte.

Dieser Herrscher mit seinem lebendigen und wißbegierigen Geist – dem Temperament nach Künstler – scheint bei diesem Wandel Pate gestanden zu haben. Das hat schon Philippe de Commynes bemerkt:

> Man hat den Eindruck, daß dieses Unternehmen von einem jungen König begonnen wurde, der nicht an den Tod dachte, sondern auf ein langes Leben hoffte, denn er sammelte alle schönen Dinge, die für ihn zu erreichen waren, in welchem Lande er sie auch gesehen hatte, in Frankreich, Italien oder in Flandern.

Seine Gattin, Anne de Bretagne, selbst sehr intelligent, die lateinische und griechische Sprache beherrschend, scheint ihm nicht die Gefühle entgegengebracht zu haben, die er erwartete. Er sann daher auf Mittel und Wege, um sich ihr angenehm zu machen und um ihr Herz zu gewinnen. Das ist ohne Zweifel der Grund, weshalb das Schloß von Amboise einen merkwürdigen Gegensatz bildet zwischen kriegerischem Aufwand: dicke Türme mit Pechnasen am Felsen gelehnt, und leichter, feiner und weiblicher Anmut: kostbar bearbeitete Dachbrüstungen oder Lukarnen mit von Knospen und Fialen geschmückten Giebeln.

Man begann mit der Anlage der Hauptgebäude und zwar mit dem ›Haus der Sieben Tugenden‹ – so genannt wegen der hier in Nischen angebrachten Statuen der Haupt- und Kardinaltugenden –, das mit dem ›Hurtaultturm‹ und der ›Kapelle des heiligen Hubert‹ verbunden war. Diese sind stehengeblieben, der Rest ist verschwunden. Nach dem Feldzug in Italien wurden die nördlichen Gebäude errichtet, das sogenannte ›Logis du Roi‹, zur Loire hin überhängend, der ›Minimenturm‹ und rechtwinklig dazu ein Flügel, der das ›Haus der Sieben Tugenden‹ mit dem für die Kinder des Königs verband; von diesem sind jedoch nur noch Spuren im Boden vorhanden. Denken wir daran, daß diese Gebäude beim Tode Karls VIII. noch lange nicht fertig waren und daß sie durch Ludwig XII. und Franz I. erst beendet, ergänzt und vergrößert wurden.

So war die Lage nach den Plänen und den minuziösen Zeichnungen von Du Cerceau und nach Stichen aus der Zeit vor der Revolution. Die Spitze der dreieckigen Terrasse – dort, wo die Besucher ankommen – war ein von Gebäuden vollständig umgebener Hof und wurde wegen seiner Lage ›Hof des Donjon‹ genannt. Ein zweiter, sich in die Länge erstreckender Hof war gegen Norden durch das der Zerstörung entgangene Wohngebäude, gegen Süden durch weitere noch reicher ausgeführte Unterkünfte begrenzt. Im südöstlichen Teil befanden sich die Stiftskirche ›Notre-Dame-Saint-Florentin-du-Château‹, vom Ende des 15. Jahrhunderts, sowie die Häuser der Domherren und verschiedene Gebäude für die Dienerschaft. Auf der nördlichen Terrasse war – eine große Neuheit – ein von Galerien umgebener italienischer Garten angelegt.

Dem königlichen Zug folgte bei seiner Rückkehr von Neapel »große Beute an Wandteppichen, Büchern, Malereien, Statuen aus Marmor und Porphyr und anderen Einrichtungsstücken, die der König von Handwerkern aus seinem Königreich Sizilien begleiten ließ, um Gebäude nach seinen Plänen und zu seinem Vergnügen in italienischer Art auszuführen«. Bei der Aufzählung dieser Leute kommen die ungewöhnlichsten Zusammenstellungen vor: da erscheinen der Grieche Jean Lascaris neben einem Neger, dem Wächter der Papageien, und ein Erfinder, »fähig Hühner auszubrüten und entschlüpfen zu lassen«. Ferner der Bildhauer Paganino, der Gärtnermeister Dom Pacello, der die Gärten von Amboise und Blois anlegte, Fra Giocondo, der Ingenieur, Architekt und Philosoph, der für die Dauer von sechs Jahren Berater für die Königlichen Bauten sein wird, und Boccadoro, der dann sein ganzes Leben in Frankreich verbringt.

Diese Leute haben mehr oder weniger zur Wandlung des französischen Geschmackes beigetragen, besonders was die Kunst der Steinbearbeitung angeht. Sie ersetzten den stark ausgearbeiteten, spitzigen Zierat des Flamboyant durch flächige Reliefs. Amboise aber, das, wie bereits erwähnt, vor ihrer Ankunft begonnen wurde, konnte natürlich ihren Geist nur noch in einigen Schmuckelementen widerspiegeln. Das wichtigste Beispiel, das von einer möglichen Zusammenarbeit oder ihrem Einfluß erhalten ist, wird oft erwähnt. Es ist der Minimenturm – der zur Zeit ihrer Ankunft sehr langsam in die Höhe wuchs –, dessen Schlußsteine, je weiter man die sanft geneigte Rampe emporsteigt, Zeichen der Entfaltung eines Italianismus sowohl in den dekorativen Motiven als auch in der Bearbeitung zeigen. Ebenso treten auch am Tor des ›Hurtaultturms‹ Pilaster in Erscheinung, die mit Arabesken und Laubfriesen verziert sind. Kurz und gut, Amboise ist ein letzter Abschnitt des gotischen Stils und zeigt vorerst nur einen Reflex des ersten Aufglühens der Renaissance.

Die Wißbegierde von Karl VIII. war, wie Commynes schreibt, unbegrenzt. Neben den Tourainern wie Sourdeau und Trinqueau, die wir an allen großen Baustellen der Loire finden, waren in Amboise flämische Bildhauer wie Casin von Utrecht und Cornelys von Nesve tätig, die ohne Zweifel an der ›Kapelle des heiligen Hubert‹ mitgearbeitet haben.

Karl VIII. sollte die wunderschöne Anlage aber nur als Baustelle kennen. Seine Bauleidenschaft sollte ihm zum Verhängnis werden. Ein Stein der Gebäude, die er errichten ließ, tötete ihn. Philippe de Commynes schreibt in seinen Memoiren:

Als er nun in so hohem Ruhm vor der Welt und in so gutem Willen vor Gott stand, ging er am 7. April des Jahres 1498, am Vorabend des Palmsonntags, aus dem Gemach der Königin Anna von der Bretagne, seiner Gemahlin, und führte sie, um denen zuzusehen, die in den Schloßgräben Ball spielten; nur dieses eine Mal führte er sie hin. Sie traten zusammen in eine Galerie, die man die Gallerie von ›Hackelbach‹ nannte, weil dieser Hackelbach sie ehemals in Obhut gehabt hatte. Es war der unsauberste Ort in diesem Gebäude, denn jeder verunreinigte ihn und der Eingang war eingebrochen. Beim Eintritt stieß der König mit der Stirn gegen die Tür, obgleich er sehr klein war. Dann betrachtete er eine Zeitlang die Spieler und unterhielt sich mit jedem. Ich war nicht dort, aber sein Beichtvater, der Bischof von Angers, und seine nächsten Kammerherren haben es mir erzählt. Ich war nämlich acht Tage vorher von dort abgereist und nach Haus gegangen. Sein letztes Wort, das er sprach, als er noch gesund war, war, daß er hoffte, niemals eine Todsünde oder eine läßliche Sünde zu begehen, wenn er könnte. Als er dieses sprach, fiel er rückwärts und verlor die Sprache. Es mochte etwa zwei Stunden nach Mittag gewesen sein. Er blieb an diesem Ort bis elf Uhr nachts. Dreimal kam ihm die Sprache wieder, aber immer nur kurz, wie mir sein Beichtvater erzählte, dem er diese Woche zweimal beichtete. Jeder, der es wollte, ging in die Galerie. Man fand ihn auf einem ärmlichen Strohsack liegen, von dem er sich nicht mehr erhob, bis er seinen Geist aufgab. Das war um neun Uhr. Der Beichtvater, der immer bei ihm war, hat mir erzählt, als ihm die Sprache wiederkam, habe er alle drei Mal gesagt: »Mein Gott und Du, heilige Jungfrau Maria, und Ihr Heiligen, Claudius und Blasius, steht mir bei!« So schied dieser große und mächtige König an einem so erbärmlichen Ort aus dieser Welt, und er konnte zum Sterben nicht einmal eine ärmliche Kammer finden.

Der Tod Karls VIII. ereignete sich am 7. April 1498. Vierzehn Tage später gab sein Nachfolger Ludwig XII. seinen Wunsch bekannt, Anne de Bretagne, die Witwe des verstorbenen Königs, zu heiraten und beantragte die Annullierung seiner Ehe mit Jeanne de France. Die bedauernswerte Frau mußte während des Prozesses nicht wenige öffentliche Beleidigungen erdulden. Die Ungültigkeit der Ehe wurde in der Kirche von Saint-Denis d'Amboise am 17. Dezember ausgesprochen. Schon am 7. Januar darauf heiratete Ludwig XII. wieder. Diese schändliche Handlungsweise befriedigte eine Liebesleidenschaft des Königs und kam zugleich der Politik Frankreichs zugute.

Da er Blois besonders zugetan war, begnügte er sich damit, in Amboise die großen Pläne seiner Vorgänger weiterzuführen, ohne irgendwelche Änderungen vorzunehmen. Das Schloß

wurde damals von François und Marguerite d'Angoulême be-
wohnt, der »Marguerite des Marguerites«, und von Louise von
Savoyen, der Mutter von Franz I., der dort einen Teil seiner
Jugend verbrachte.

Die Prestigepolitik Franz' I. war noch ausgeprägter als die
seiner Vorgänger. Die Gebäude wurden fertiggestellt und
durch Inneneinrichtungen, die eines königlichen Palastes würdig waren, ergänzt. Der Marschall de Florange, genannt ›der
junge Aventureux‹, beschreibt 1518 in seinen Memoiren Fest-
lichkeiten, die damals in Amboise stattfanden:

In der Zeit, als der König mit der Königin und Madame, seiner Mut-
ter, in Amboise war, genas besagte Königin eines schönen Knaben,
worüber der König äußerst erfreut war, denn er hatte noch keine Kin-
der; umgehend entsandte er Herrn de Sainte Mesme, seinen Kammer-
herrn, zum Papst, um ihn zu bitten, die Patenstelle anzunehmen und
um ihm gleichzeitig die Liebe und Freundschaft kundzutun und zu
bestätigen, die sie verband.

Herr de Sainte Mesme kam in Rom an, wo man ihn sehr gut empfing,
und der Papst war über die Mitteilung des Königs sehr erfreut und
über die Ehre, die dieser ihm erwies, indem er ihn gebeten hatte, die
Patenstelle zu übernehmen. Er ließ sich durch seinen Neffen, den Her-
zog von Urbino, Lorenzo Medici, vertreten, der von den Gesandten
von Florenz begleitet wurde. Besagter Herzog von Urbino litt aber
sehr an einer kurz vorher ausgebrochenen Lustseuche, so daß er im
Wagen kommen mußte, was sehr schwer zu bewerkstelligen war. Als
er in Amboise ankam, gingen ihm alle Fürsten entgegen und der König
bereitete ihm eine sehr freudige Aufnahme. Auch hatte er ihm mit-
geteilt, daß der Herzog von Lothringen sein anderer Pate und Madame
de Bourbon seine Mitpatin sein würden.

Die Taufe war von größtmöglichem Prunk – wie es schicklich ist bei
solch einem Anlaß –, denn außer den Fürsten von Frankreich waren
noch viele auswärtige Fürsten und Gesandte anwesend. Der Hof von
Amboise war oben, unten und an den Seiten völlig verhängt,
damit es nicht hereinregnen könne. Dort wurden die Bankette, die
außerordentlich prächtig waren, abgehalten und so viel an Balletten
und Tänzen wie nur möglich. Unter den Damen befanden sich zwei-

undsiebzig, die, um besser zu tanzen, verkleidet und maskiert waren und Tambourine trugen.

Drei Tage nach besagter Taufe wurde die Hochzeit des genannten Herzogs von Urbino und der jüngsten Tochter von Boulogne gefeiert, die eine sehr schöne junge Dame war – der Herzog von Albanien hatte die ältere geheiratet. Als sie nun den Herzog von Urbino ehelichte, heiratete sie nicht nur den Herzog, sondern mit ihm die Lustseuche.

Am gleichen Tag machte der König ihn zum Ritter seines Ordens. Die Neuvermählten und alle Fürsten saßen am Tisch des Königs von Frankreich und die Fremden und alle Gesandten ihrem Range entsprechend. Die Königin mit der jungen Frau und Madame, die Mutter des Königs, saßen am anderen Ende, was wunderschön anzusehen war, denn alle Speisen wurden mit einem Tusch hereingetragen. Danach gab es Tänze und Ballette bis ein Uhr nach Mitternacht, und es war hell wie am lichten Tag durch die vielen Fackeln und Kerzen. Das Fest dauerte bis zwei Uhr nachts, als man die Jungvermählte, die für den Mann viel zu schön war, ins Schlafgemach führte.

Am nächsten Morgen fanden die schönsten Turniere statt, die es jemals in Frankreich gab, und es gab acht Tage lang Kämpfe innerhalb und außerhalb der Bahn und Fußkämpfe an der Barriere. An allen diesen Kämpfen nahm der Herzog von Urbino teil, der als Neuvermählter sein Bestes vor seiner lieben Frau zeigen wollte. Es gab viele, die durch die Lanzenstöße ohnmächtig wurden und auch viele Verletzte, denn das Turnier dauerte lange. Unter anderem wurde eine Abwandlung eines Turniers gegeben, wie ich sie nur an dieser Stelle gesehen habe, denn der König hatte auf offenem Felde eine ziemlich große künstliche Stadt aus Holz mit Gräben errichten lassen. Er ließ dort dreißig Stück schwere Artillerie auffahren, die wie eine Batterie über die erwähnte Stadt hinwegschossen, in der sich Herr d'Alençon mit hundert Reitern mit angelegter Lanze befanden und Aventureux mit hundert Rittern zu Fuß und dreihundert Mann gut bewaffnetem Fußvolk, darunter die Schweizer seiner Garde. Der König kam zu Hilfe, indem er vortäuschte, der Stadt helfen zu wollen, in welcher Herr d'Alençon sich befand, der von Herrn de Bourbon mit hundert Rittern zu Pferd und Herrn Vendôme mit hundert Rittern zu Fuß und dreihundert Mann Fußvolk belagert wurde. Und als dies geschah, kam der König zu Fuß, schwer bewaffnet, und warf sich mit Aventureux an der Spitze in die Stadt.

Die Artillerie in der Stadt bestand aus großen, mit Eisenbändern versehenen hölzernen Mörsern, die mit Pulver geladen wurden. Die darin enthaltenen Geschosse waren mit Luft gefüllte Bälle, so groß wie der Boden eines Fasses, die die vorne Angreifenden seitwärts trafen und zu Boden warfen, ohne ihnen weh zu tun, ganz gleich ob sie zu Pferde oder zu Fuß waren. Es war sehr lustig, dies anzusehen und die Sprünge, die sie machten. Nach dieser Kurzweil stießen Herr d'Alençon mit allen Reitern aus der Stadt heraus, der König und Aventureux mit dem ganzen Fußvolk und drei Geschützen begannen zu feuern, wie bei einer Schlacht. Von der andern Seite zogen gegen Herrn d'Alençon Herr de Bourbon mit hundert sehr gut bewaffneten und disziplinierten Rittern zu Fuß und Herr de Vendôme mit dem Fußvolk gegen den König und Aventureux und warfen sowohl die berittene Truppe wie das Fußvolk auf einmal in den Kampf, dies kam dem wirklichen Krieg sehr nahe. Der Zeitvertreib gefiel aber nicht allen, denn es gab viele Tote und Verwundete.

Amboise sollte im Jahre 1560 zum Schauplatz einer der dramatischsten Begebenheiten der Religionskriege werden. Lucien Romier schildert ›die Verschwörung von Amboise‹ wie folgt:

Das Schloß schlief noch im Morgengrauen des 17. März, als auf der durch das Winterwasser geschwollenen Loire die Schiffer, die ihr Tagewerk begannen, Schreie ausstießen, um die Wachen zu warnen. Im grauen Märzlicht sah man auf der anderen Seite des Flusses, an einem abfallenden Hang des Weges von Blois, an die zweihundert mit weißen Schärpen geschmückte Reiter, die sich in scharfem Trabe näherten. Es war die zwischen Orléans und Blois durch den Hauptmann Bertrand de Chandieu zusammengezogene Kompanie, die ohne Zweifel Condé erwartete.

Sie kam mit einer Verspätung von einer oder zwei Stunden. In den vorangegangenen Tagen, während man in Noizay die Leutnants von La Renaudie verhaftete und die königlichen Truppen damit beschäftigt waren, die in den Wäldern verborgenen Banden armen Fußvolks zu zerschlagen, hatte eine Gruppe von Hauptleuten, die, wie es den Anschein hat, nicht mehr La Renaudie, sondern Condé direkt unterstanden, einen anderen Plan ausgeheckt. Von de Maligny, dem Fähnrich des Prinzen, vielleicht gedeckt, hatte ein Hauptmann La Mothe einige fremde Söldner in die Stadt geschmuggelt, um mit den Protestan-

ten des Ortes eine Bande von hundert bis hundertzwanzig Männern
zu bilden, die bereit waren, das Schloß im geeigneten Augenblick zu
überfallen, während Chandieu es von der Brückenseite angreifen
würde. Zwei weitere Hauptleute, Cocqueville und Des Champs, die
sich in der Vorstadt verborgen hielten, sollten sich der Brücke bemäch-
tigen und die Stadt in der Nacht vom 16. zum 17. Chandieu öffnen.

Chandieu konnte ohne Aufenthalt in die Vorstadt bis zum ›Gutleuttor‹ zu Füßen des Schlosses vordringen, es angreifen und sich über
zwei Stunden dort halten. Seine Hitzigkeit hinderte ihn aber daran,
die Hinweise seiner Komplicen zu beachten. Mehr kaltes Blut hätte ihm
die ganze Stadt in die Hand gegeben. Das Geheimnis wurde diesmal
so gut gehütet, daß die in Amboise versteckten drei Hauptleute und
Maligny selbst sich in voller Ruhe in Sicherheit bringen konnten.

Als die Rufe der Schiffer die Wachen endlich geweckt hatten und
man vom Schloß die gut bewaffnete und berittene Truppe des Chandieu sah, die unten das ›Gutleuttor‹ berannten, erhoben sich unter
den Höflingen Rufe des Erstaunens, der Empörung und des Schrek-
kens. Die Hofleute hatten nur ihre Schwerter und Dolche zur Hand.
Nur mit großer Mühe fand man Pistolen und einzelne Büchsen. Nach
ein bis zwei Stunden des Durcheinanders, während die Schützen, vom
Schloß aus feuernd, sich bemühten, den Angriff zum Stehen zu bringen, ließ der Herzog von Guise alle, mit Ausnahme des Königs, der
Königinnen und der Geistlichen, aufsitzen. Er teilte diesen Haufen
von Fürsten, Ordensrittern, Edelleuten und Lakaien in zwei Kompa-
nien, warf die erste den Leuten des Chandieu durch das ›Gutleuttor‹
entgegen, während er selbst, durch ein Nebentor ausfallend, die Angrei-
fer von der Flanke her bedrängte. Als sie dies sahen, flohen die ›weißen
Schärpen‹. Dank der Schnelligkeit ihrer Pferde konnte die ganze Truppe
des Chandieu fliehen unter Zurücklassung von einigen Toten und zwei
oder drei Verwundeten. Man hat nie mit Genauigkeit erfahren, wo
sich diese Truppe formiert hatte und aus welchen Elementen sie sich
zusammensetzte. Bei der Verfolgung griffen die Reiter des Königs eine
Anzahl von Fußsoldaten auf, von denen mehrere bereits am Vorabend
festgenommen und wieder in Freiheit gesetzt worden waren. Unter
diesen befand sich Herr de Villemongis aus dem Hause de Bricque-
mault in Angoumois.

... Die Gefangenen gaben über die Stärke der Verschwörer erschrek-
kende Zahlen an. Nach ihren Angaben war ein Heer von zweitausend

Pferden und viertausend Mann Fußvolk in Berry versammelt und ein weiteres Heer von acht- bis zehntausend Mann wurde aus der Gascogne erwartet. Kuriere waren abgesandt worden, um die Bewegung dieser Truppen zu beschleunigen, die den Streitkräften des Königs zuvorkommen sollten. Gleichzeitig erfuhr man, daß die Rebellen über alles, was im Schlosse geschah, unterrichtet waren, daß die Bogenschützen der Wache, der Kompanie des Marquis d'Elbeuf und Ritter der Kompanie des Guise zum Verrat angestiftet worden seien, nicht zu reden von den Fürsten und Ordensrittern, die verdächtigt wurden. Um einer so großen Gefahr zu begegnen, forderte der König Verstärkungen aus den benachbarten Provinzen und aus Paris an. Da man aber daran zweifelte, daß sie rechtzeitig eintreffen würden, bereitete sich der Herzog von Guise vor, eine Belagerung durchzuhalten. Er ließ alles, was an Waffen und Munition aufzutreiben war, nach dem Schlosse schaffen und zeichnete Pläne zur Befestigung jenes Teils, in dem die königliche Familie Schutz suchen sollte. Dessen ungeachtet war der Schrecken der Hofleute so groß, daß einige vorschlugen, den Rebellen Bevollmächtigte entgegenzuschicken, um mit ihnen zu verhandeln. Der Herzog ritt durch die Stadt und bemühte sich, jedem Mut zuzusprechen, besichtigte die Tore, ermahnte die Wachen, befragte die Loireschiffer.

Am gleichen Tag begannen auch die Hinrichtungen. Zuerst wurden die drei Führer gehängt, die man am Vorabend aus der Truppe armer Handwerker, denen der König einen Taler hatte austeilen lassen, zurückgehalten hatte, dann sechs Edelleute, ferner ein verdienter Soldat, genannt La Force, der sich in den Kriegen Heinrichs II. ausgezeichnet hatte, und ein Laienbruder der Abtei von Marmoutier, Diener des Kardinals von Lothringen. Man hing sie an den Zinnen der Terrasse über dem Gäßchen, das zum Schlosse führte, auf, so daß ihre Leichen als Aushängeschild dienten. Bevor sie starben, hatten sie ein Glaubensbekenntnis abgelegt und Psalmen angestimmt. Die Wachen dagegen nahmen Massenertränkungen etwas weiter am Ufer und von der Brücke aus vor. Einige zwanzig bürgerliche Gefangene wurden auf diese Weise, sagt man, ins Wasser geworfen. Der englische Gesandte mußte zugeben, ohne sein Mitleid für diese armen Opfer zu verbergen, daß der Angriff des Chandieu – bewaffnete Rebellion und flagrantes Majestätsverbrechen – »das Eingreifen der Justiz« rechtfertigte. In der Nacht wurden Castelnau, Raunay und Mazères einer neuen Vernehmung unterworfen. Der Fürst Louis d'Este, der Herzog Nemours und der Fürst Gonzaga schliefen im Wachlokal und schützten dadurch den Zugang zum Schloß.

Franz II. zeigte sich von einer kaum beherrschten Wut erfüllt. Am Schluß des Essens blickte er seine Tischgenossen scharf an, wurde »rot wie Feuer« und schrie, indem er mit der Faust auf den Tisch schlug: »Es gibt welche, die mir schmeicheln und mich verraten ... Aber so Gott will, werden sie es eines Tages bereuen!« Dann stand er auf und verließ den Raum. Die Königinmutter war ebenso zornig. Unbekannte Hände hatten in ihre Gemächer Schmähschriften geschmuggelt, in denen sie als ›Hure‹ bezeichnet wurde.

Von da ab wurden die Hinrichtungen vervielfacht. Niemand verteidigte die Verurteilten. Die Königinmutter ermutigte ihren Sohn, sie ohne Gnade zu bestrafen. Diese den vor dem 16. März veröffentlichten Gnadenakten so entgegengesetzte Haltung erklärt sich durch den neuen Charakter, den das Unternehmen durch den von Kapitän Chandieu am 17. geführten Angriff erhielt. Das Verbrechen der Meuterei mit bewaffneter Hand war offenkundig und um so schwerwiegender, als man zwischen den Gefangenen Söldner entdeckt hatte, von denen man annahm, daß sie mit fremden Mitteln, besonders mit englischen, bezahlt wurden.

Am 22. enthauptete man drei Edelleute und hing einen kleinen Bürger: alle starben mutig. Die Todesstrafen folgten aufeinander während des ganzen Monats, jedoch viel weniger zahlreich als es einzelne, gegen Guise eingestellte Chronisten wahrhaben wollen.

Man muß aber zugeben, daß, obwohl die eigentliche Unterdrückung der Meuterei nicht mehr als ungefähr hundert Opfer erforderte, viele Unglückliche in den Wäldern oder auf offenem Feld durch die Soldaten, die Plünderer und selbst durch die Bauern umkamen, die nicht zögerten, sich den königlichen Truppen anzuschließen, um Beute einzusammeln.

Katharina von Medici hat dann im Jahre 1563 das Edikt von Amboise unterzeichnet, einen Vertrag der Befriedung, der die freie Ausübung des reformierten Glaubens gestattete.

Es war die letzte Manifestation des Königtums in Amboise. Die Fürsten verließen nunmehr die sanfte Loire, die sie während eines Jahrhunderts bezaubert hatte und der sie für die kommenden Jahrhunderte den Stempel ihrer Gegenwart aufgeprägt hatten.

Das weiterhin befestigte und bewachte Schloß diente später gelegentlich als Kerker. Zuerst sah man die Führer der Liga dort eintreffen, die nach der Ermordung ihres Hauptes, des Herzogs von Guise, der Verhaftung in Blois nicht entgingen. Später waren es César de Vendôme, dann Fouquet und Lauzin, die dort gelegentlich Quartier nehmen mußten – letzten Endes also ein Zwangsaufenthalt von Verschwörern. La Fontaine, der diese Zeit des Schlosses erlebt hat, schreibt darüber in einem Brief vom 5. September 1663:

Wir langten sehr früh in Amboise an, jedoch bei sehr schlechtem Wetter. Ich versäumte nicht, den Rest des Tages zur Besichtigung des Schlosses zu verwenden. Ihnen einen Plan zu zeichnen, würde mir keinen Spaß machen, und zwar aus gutem Grund, denn Sie würden nur erfahren, daß es nach der Stadt zu auf einem Felsen gelagert ist und außerordentlich hochgelegen erscheint. Nach dem Lande zu ist das umliegende Gelände höher. Innerhalb der Mauer gibt es drei oder vier Dinge, die bemerkenswert sind. Das erste ist dieses Hirschgeweih, von dem man so viel erzählt und über das man meiner Ansicht nach nicht genug erzählen kann. Möge man es als natürlich oder als künstlich ansehen, ich finde es ist ein gleichermaßen erstaunlicher Gegenstand. Diejenigen, die es als künstlich ansehen, sind sich darüber einig, daß es ein Hirschgeweih ist, jedoch aus verschiedenen Teilen. Wie wurde es aber zusammengesetzt, ohne daß man eine Naht sieht? Zu behaupten aber, es sei natürlich, und zugleich zu sagen, daß die Schöpfung niemals ein so großes Tier hervorgebracht habe, um es tragen zu können – das ist überhaupt nicht glaubhaft.

Was mir noch besonders auffiel, waren zwei wie Ziehbrunnen in die Erde hineingebaute Türme. Man hat darin Treppen in Form von Rampen angebracht, über die man bis zum untersten Teil des Schlosses hinabsteigt, so daß sie wie die Eichen, von denen Virgil erzählt, »an einem Ende den Himmel, am anderen die Hölle« berühren.

Ich finde sie gut gebaut, und ihre Bauart gefiel mir um so mehr als das übrige Schloß mir eines Aufenthaltes unwürdig erschien. Es hat trotzdem eine Zeit gegeben, in der es als Wiege unserer jungen Könige diente, und tatsächlich war es eine Wiege aus sehr solidem Material, die nicht so leicht umkippen konnte. Schön dagegen ist die Aussicht: sie ist groß, majestätisch und von einer unglaublichen Weite. Der Blick wird durch nichts aufgehalten, vielmehr von jedem Gegenstand auf angenehmste Art angeregt. Man glaubt Tours zu entdecken, obgleich es fünfzehn oder zwanzig Meilen entfernt ist. Im übrigen liegen vor uns die lachendsten und abwechslungsreichsten Hügel, die ich jemals gesehen habe, und zu Füßen ein ausgedehntes Wiesengelände, das die Loire benetzt, denn dieser Fluß fließt an Amboise vorbei.

All diese Dinge konnte der arme Herr Fouquet während seines Aufenthaltes auch nicht einen Augenblick genießen. Man hatte alle Fenster seines Zimmers zugestopft und nur ein Loch oben offengelassen. Ich wollte es sehen – ein trauriges Vergnügen, ich gestehe es –, aber ich fragte doch danach. Der Soldat, der uns führte, hatte keinen Schlüssel; so habe ich in Ermangelung eines Besseren lange Zeit die Türe betrachtet und ließ mir schildern, wie der Gefangene bewacht wurde. Ich würde Ihnen gerne eine Beschreibung geben, aber diese Erinnerung stimmt mich zu traurig.

Wäre die Nacht nicht gekommen, hätte man mich niemals von diesem Orte wegreißen können. Wir mußten schließlich ins Hotel zurück, und am Morgen entfernten wir uns von der Loire und ließen sie rechts liegen. Das tut mir sehr leid, obwohl es uns auf unserer Reise an Flüssen nicht gefehlt hat.

Zu Anfang des 18. Jahrhunderts begann der Verfall der Gebäude. Die Stiche von Rigaud zeigen uns, daß der Flügel, der den Hof des ›Donjon‹ abschloß, bereits verschwunden und der Boden umgewühlt war.

Als Choiseul in der Nähe das prunkvolle Chanteloup errichten ließ, erhielt er vom König im Austausch mit anderen Gütern die ›Baronie Amboise‹, die zu einem mit einer Pairschaft verbundenen Herzogtum erhoben worden war. Er scheint sich aber mehr für den Adelstitel als für die Gebäude interessiert zu haben. Chanteloup wurde ein großartiger und prächtiger, den Künsten gewidmeter Wohnsitz. Vom Herzog von Penthièvre erworben, fiel Chanteloup nach der Revolution leider der ›Bande noire‹ zum Opfer, einer Gesellschaft von Spekulanten, die nach der großen Revolution Schlösser und Baudenkmäler aufkauften, um sie abzureißen und das Material zu verwerten. So ist uns nichts geblieben als die merkwürdige, in den Gärten errichtete Pagode, eine modische Chinoiserie, die nichts Chinesisches hat außer ihrer Leichtigkeit und ihrem Aufriß.

Amboise dagegen erlitt ein weniger grausames Schicksal. Es wurde zwar nicht hingemordet, doch verstümmelt. Die Art und Weise, wie diese Verstümmelungen vorgenommen wurden, sind Zeugnis vom Geist einer Epoche, in der man sehr wenig auf die Denkmäler der Vergangenheit gab. Napoleon schenkte Amboise dem Senator Roger-Ducos als Dank für geleistete Dienste. Wir hätten nichts dagegen gehabt, wenn der Kaiser sich um die Instandhaltung gekümmert hätte. Aber Napoleon hatte ja halbe Ruinen geschenkt, und da der Senator finanziell nicht in der Lage war, sie zu restaurieren, fand er keine bessere Lösung, als sie niederreißen zu lassen. Es verschwanden damals alle Wohngebäude im Süden, die Gebäude Heinrichs II., die Stiftskirche Saint-Florentin und alle damit im Zusammenhang stehenden Bauten.

In diesem Zustand wurde das Schloß 1814 der Tochter des Herzogs von Penthièvre, der Herzogin von Orléans, übergeben. Ihr Sohn, Louis-Philippe, ließ Stützungsarbeiten, aber auch Verschönerungen im Zeitgeschmack ausführen. So wurde die große Arkadenloggia in der Stützmauer rechts von der Kapelle geöffnet und ein Speisesaal in ›Louis-Philippe-Gotik‹ im oberen Teil des Minimenturms eingerichtet. Flaubert besuchte Amboise nach diesen Umgestaltungen und schrieb darüber in ›Par les champs et par les grèves‹:

Das Schloß von Amboise, das die ganze Stadt beherrscht, die ihm wie ein Haufen Kiesel an einer Klippe zu Füßen geworfen scheint, zeigt eine schöne und imposante Burgenphysiognomie mit seinen großen und dicken Türmen, die von langen, schmalen Rundbogenfenstern durchbrochen sind, mit seiner Arkadengalerie, die von einem zum anderen führt, der falben Farbe seiner Mauern, die durch die Blumen, die von oben herabhängen – gleich einem buschigen Federbusch auf der bronzenen Stirn eines alten Haudegens –, noch düsterer wird. Wir haben

24 *Ansicht der Stadt Amboise und des Schlosses Chanteloup, von Lenfant*

25 *Fürstlicher Einzug über die Brücke von Amboise, Aquarell*

29 Amboise, Leonardo da Vinci zugeschriebene Zeichnung

*30 Franz I. in jüngeren Jahren,
    unbekannter Meister des 16. Jahrhunderts*

27 Karl VIII., zeitgenössisches Gemälde

28 Amboise, von J. A. Ducerceau

26 Höfische Kampfspiele, Bildteppich aus ›Les Fêtes de Henri III‹

31 Amboise vor der Restaurierung

32 Amboise während der Restaurierung

*eine gute Viertelstunde lang den prächtigen linken Turm bewundert,
der gebräunt ist, stellenweise gelb, stellenweise von Ruß geschwärzt,
und aus dessen Zinnen köstlicher Hederich niederhängt, und der
überhaupt eines jener sprechenden Baudenkmäler ist, die zu leben
scheinen und die einen wie jene Bildnisse, deren Originale man nie gekannt hat und die man zu lieben beginnt – man weiß nicht warum –
regungslos und verträumt festhalten. Lacht darüber, ihr Leute, dieser
Satz war nicht für euch gedacht.*

*Man steigt einen sanften Abhang zum Schloß hinauf, der in einen
zur Terrasse aufgehöhten Garten führt, von dem aus der Blick weit
über das umgebende Land schweift. Dies Land war von zartem Grün;
auf den Ufern des Flusses standen Pappelreihen; bis zum Rande
reichten die Wiesen, deren graue Grenzen in der Ferne in den bläulichen und dunstigen Horizont übergingen, den der Umriß der Hügel
verschwommen abschloß. Mitten hindurch floß die Loire und badete
ihre Inseln, befeuchtete die Wiesenraine, trieb Mühlen und ließ auf
ihren versilberten Windungen die großen aneinandergebundenen
Boote hingleiten, die friedlich, Seite an Seite, zum langsamen Knarren
des großen Steuerruders halb schlafend dahinzogen. Weit hinten sah
man zwei große Segel, die in der Sonne weiß strahlten.*

*Vögel flogen von der Zinne der Türme und vom Rande der Pech-
nasen auf, ließen sich anderswo nieder, flogen, stießen im Flug ihre
kleinen Schreie aus und verschwanden. Hundert Fuß unter uns sah
man die spitzen Dächer der Stadt, die verlassenen Höfe der alten
Gasthäuser und das schwarze Loch ihrer rauchigen Schornsteine. In
die Vertiefung einer Zinne hineingelehnt, betrachteten, hörten, atme-
ten wir das alles und genossen die Sonne, die schön war, und die Luft,
die lind war und ganz vollgesogen vom guten Geruch der Pflanzen auf
den Ruinen. Und dort träumte ich, ohne über irgend etwas nachzu-
denken, versunken und wortlos, von den Panzerhemden, geschmeidig
wie Handschuhe, von den schweißfeuchten Wehrgehängen aus Büffel-
leder, von den geschlossenen Visieren, unter denen gerötete Augen
brannten; von nächtlichen Sturmangriffen – den heulenden, verzwei-
felten – mit Fackeln, die die Gemäuer in Brand setzten, Kampfbeilen,
die die Leiber zerfetzten; und von Ludwig XI., vom Liebeskrieg, von
d'Aubigné, und vom Lack, von den Vögeln, dem schönen glänzenden
Efeu, den ganz kahlen Brombeersträuchern; und so erlebte ich in meinem träumerischen Genießen das, was den Menschen groß macht,*

nämlich die Erinnerung; und was die Natur angeht und ihr Schönstes ist: ihre ironischen Einfälle und ihre ewigen Erinnerungen.

Im Garten, inmitten von Flieder und Gebüsch, erhebt sich die Kapelle, ein Werk des 16.Jahrhunderts, ein echtes Kleinod steingewordener Goldschmiedekunst, drinnen noch ausgearbeiteter als draußen, ausgeschnitten wie das Papier in einer Bonbonniere, durchbrochen gearbeitet wie der Griff eines chinesischen Sonnenschirms. Über der Tür sieht man ein Flachrelief; es stellt die ›Begegnung des heiligen Hubert mit dem mystischen Hirsch‹ dar, der das Kreuz zwischen den Sprossen trägt. Der Heilige kniet, über ihm schwebt ein Engel, der ihm eine Krone auf seine Mütze legen will; zur Seite sieht man sein Pferd, das mit dem guten Gesicht eines erstaunten Tieres zuschaut; seine Hunde bellen, und auf dem Gebirge, dessen Grate und Kantenflächen Kristalle darstellen, kriecht die Schlange. Man sieht ihren flachen Kopf am Fuß von blätterlosen Bäumen, die wie Blumenkohl wirken, herannahen. Bäume, wie man ihnen in alten Bibeln begegnet, ohne Laubwerk, mit dicken Ästen und einem Stamm, der Holz und Früchte trägt, aber kein Grün, sozusagen der symbolische Baum, der theologische und fromme Baum, der in seiner unmöglichen Häßlichkeit fast phantastisch ist. Ganz nah dabei trägt der heilige Christophorus Jesus auf den Schultern, der heilige Antonius sitzt in seiner auf einem Felsen erbauten Zelle; das Schwein kehrt in sein Loch zurück, und man sieht nur noch seinen Hintern und den Schwanz, der in eine Trompete ausläuft, während neben ihm ein Kaninchen die Ohren zu seinem Bau heraussteckt.

All das ist ohne Frage ein wenig schwerfällig und nicht gerade großartig. Aber in diesem Biedermann und seinen Tieren steckt so viel Leben und Bewegung, in den Details so viel Witz, daß man viel dafür geben würde, es mitnehmen und bei sich haben zu können. Das würde wohl die Statuetten in mittelalterlicher Manier aufwiegen – man begegnet ihrem Genre beim Friseur –, die Reitermotive von Alfred de Dreux, die man bei den ausgehaltenen Mädchen findet und die Potiphar von Herrn Stenbern, die man – Gott sei's gedankt – nirgends findet.

Im Innern des Schlosses wiederholt sich in jedem Zimmer die fade Möblierung des Empire mit seinen mythologischen oder historischen Pendulen und seinen Veloursesseln mit vergoldeten Nägeln. Fast alle sind mit Büsten von Louis-Philippe und der Madame Adelaide ge-

schmückt. Die gegenwärtig herrschende Familie hat eine wahre Wut, sich in Bildnissen zu verewigen. Es ist der schlechte Geschmack eines Parvenu, die Manie des im Geschäft reich gewordenen Krämers, der sich selbst mit Rot und Weiß und Gold, mit seinen Berloques auf dem Bauch, dem Bart am Kinn und seinen Kindern zur Seite zu betrachten liebt.

Auf einem der Türme hat man dem natürlichen Menschenverstand zum Trotz eine gläserne Rotunde erbaut, die als Speisesaal dient. Freilich ist der Blick, den man von dort hat, prachtvoll. Aber das Gebäude wirkt, von außen gesehen, so beleidigend, daß man, glaube ich, sein Lebtag lieber nichts sehen oder in der Küche essen möchte.

Um wieder zur Stadt zu kommen, sind wir in einem Turm hinuntergestiegen, der dazu diente, Wagen fast bis oben hinauffahren zu lassen. Die leichte und mit Sand bestreute Neigung dreht sich wie die Stufen einer Treppe um eine steinerne Achse. Das Gewölbe ist finster, kaum vom kargen Licht der seltenen Schießscharten erhellt. Die Konsolen, die die inneren Gewölbebogen tragen, stellen groteske und obszöne Gegenstände dar. Bei ihrer Erfindung scheint eine lehrhafte Absicht Pate gestanden zu haben. Man müßte das Werk von unten her beginnen, wo es mit einem ›Aristoteles equitatus‹ anfängt, ein Sujet, das schon in einer der Statuen des Chors der Kathedrale in Rouen behandelt ist, und man kommt den Abstufungen folgend bis zu einem Herrn, der sich mit einer Dame in jener perfiden Positur belustigt, die Lukrez schon empfiehlt. Die meisten Darstellungen sind übrigens zur Verzweiflung der Liebhaber solcher trollatischen Phantasien aus Gründen des Anstands kalten Bluts beseitigt worden und, wie uns der Bediente Seiner Majestät in überzeugtem Tone sagte, »weil allzuviel darunter war, was sich für die Damen nicht schickte«.

Die erhalten gebliebenen heiklen Szenen, die Flaubert so interessierten, sind etwas später gleichfalls entfernt worden, sie wurden Opfer der gleichen moralischen Aufwallungen wie ›Madame Bovary‹.

Im Jahre 1848 übernahm das Schloß, das wieder einmal beschlagnahmt war, erneut seine Rolle als Gefängnis für Gäste von Rang. Abd-el-Kader wurde dort für vier Jahre mit seinem Gefolge interniert. 1873 gab es die Dritte Republik der Familie

Orléans zurück. Damals wurden nach einem systematischen Programm Restaurationen durchgeführt, die wichtigsten von ihnen wurden vom Herzog d'Aumale selbst geleitet. Er bewies dabei nicht immer eine glückliche Hand.

1939 zog sich die Intendantur der Luftwaffe nach Amboise zurück. Während der deutschen Invasion und den darauffolgenden Unruhen war man auf die unglückliche Idee gekommen, sich des Schlosses als Stützpunkt der Résistance zu bedienen. Einige bei der Kapelle Saint-Hubert aufgestellte Geschütze wurden zur Ursache eines feindlichen Bombenangriffs, der dem Schloß schwere Wunden schlug, die um so schwerer waren, als die von der Denkmalpflege seit Beginn des Krieges zum Schutz der Bauten im Schlosse gelagerten Sandsäcke vom Militär für andere Zwecke benutzt worden waren. Glücklicherweise haben nur die restaurierten Teile der Kapelle gelitten. Viel hätte aber nicht gefehlt, und die letzten Zeugen des riesigen Schlosses, an dem vier Regierungen gebaut haben, wären verschwunden.

Wenn wir die recht bewegte Geschichte dieser Gebäude und des ihnen angetanen Schadens vorwegnahmen, so geschah es, um bei einem Besuch das Ganze besser verständlich zu machen. Der Lauf der Zeiten genügt allein schon, um die von Menschen errichteten Denkmäler verschwinden zu lassen, wenn diese nicht für deren Erhaltung kämpfen. In Amboise haben die Menschen sowohl um zu erhalten als auch um zu zerstören eingegriffen. Daher dieser Eindruck verstreuter, unordentlicher und unvollständiger Schönheit. Wir stehen nicht einem lebenden Organismus gegenüber, sondern Fragmenten, die sich nicht zusammenfügen lassen und die deshalb einzeln betrachtet werden müssen. Wir füllen die Lücken mit Erinnerungen.

Es ist die Fassade des Baues von Karl VIII., die das Tal der Loire beherrscht, hoch emporragend auf ihrem Sockel aus Felsen und Stützmauern, der hinter den Häusern der Stadt senkrecht abfällt. Besonders eindrucksvoll ist diese helle und glänzende Fassade, wenn wir sie von der Brücke oder vom anderen Ufer betrachten.

Sie fügt sich ein zwischen dem riesenhaften Minimenturm auf ihrer linken Seite und einem viereckigen etwas tiefer liegenden Wohngebäude, das ein noch vorhandener Teil des alten ›Donjon‹ ist. In dem zurückspringenden Winkel des Turmes erhebt sich das achteckige Treppentürmchen.

Ein gedeckter Wehrgang wurde im vorigen Jahrhundert zu ihren Füßen rekonstruiert. Darüber erhebt sich ein Geschoß von Rundbogenarkaden, deren edle Einfachheit leider durch eine durchbrochene schwerfällige Balustrade beeinträchtigt wird. Es folgt ein weiteres Stockwerk mit sehr hohen Fenstern, die den Ständesaal erhellen, vor dem eine – diesmal authentische – sehr schlicht gemusterte schmiedeeiserne Balustrade verläuft, ferner das Dach, das zwischen dem Schmuckwerk der Lukarnen hervorlugt, deren spitze, üppig verzierte Giebel das ganze Gebäude mit einem Geflimmer von reich behauenem Stein krönen.

Die innere Fassade spiegelt, obwohl sie weniger reich ist, den gleichen Geist wider. Das Erdgeschoß besteht aus zwei mit Rippengewölben versehenen Galerien: eine ist geschlossen, die bezaubernde zweite öffnet sich zum Tal der Loire. Im Ständesaal, der im ersten Stock liegt, war vor der Restaurierung nur noch die nackte Backsteinwand vorhanden. Das doppelte Rippengewölbe wird von fünf leichten Mittelsäulen getragen. Die Kamine an den Enden sind modern, in einem allerdings wurden alte Teile wiederverwendet.

Der Flügel Ludwigs XII., der zu diesem Gebäude, das durch späteren Anbau verlängert wurde, rechtwinkelig verläuft, erhebt sich mit drei Geschossen nach Westen und – infolge des Höhenunterschiedes des Bodens – mit zweien nach der anderen Seite. Zwei runde, asymmetrische Türme flankieren den Wohnbau. Das obere Geschoß und seine Kandelaber-Lukarnen zeigen einwandfrei den Geist des Stiles ›Loireschloß aus der Regierungszeit Franz' I.‹. Wir sind unmerklich vom Zeitalter der Gotik zu den Anfängen der Renaissance übergewechselt. Eine Galerie mit drei Dreistichgewölben öffnet sich nach dem Hof und lehnt sich an den Minimenturm.

Man wundere sich nicht über den Widerspruch zwischen dem Namen dieses Baues und seiner Riesengröße. Ein Kloster der ›Minimen‹, der Mindestenbrüder, das sich einst am Fuße des Schlosses befand, hat ihm seinen Namen gegeben.

Wir haben bereits erwähnt, daß dieser Turm immer schon der große Anziehungspunkt von Amboise war. Die zwanzig Meter seines Durchmessers bestehen aus zwei konzentrischen Mänteln, zwischen denen sich eine breite, leicht geneigte Rampe spiralförmig hochwindet. Sie gestattet es, zu Pferde auf die Schloßterrasse zu gelangen. Dieser Überraschungseffekt ist für unsere an Hoch- und Tiefgaragen gewöhnten Augen vielleicht nicht mehr so groß. Das besagt aber nicht, daß die Vorstellung von diesen Reitern und diesen königlichen Karossen, die die Zugbrücke überschreiten und sich mit Gefolge langsam spiralenförmig emporschrauben, um vor den Wohnbau des Königs zu gelangen, ihren magischen Reiz verloren habe. Auch sind die Eingänge zu unseren Garagen nicht mit Rippengewölben versehen, sie öffnen sich auch nicht mit großen Rippenfenstern zum Licht oder Schatten, sie sind nicht mit Schlußsteinen geschmückt, in denen Laubrosetten, heraldische und religiöse Motive, Menschen und Fabeltiere aufeinander folgen, und man blickt nicht schon beim Eingang auf die sechzehn Diagonalrippen einer Rippendecke, die in einem in dreißig Meter Höhe angebrachten Schlußstein zusammenlaufen.

Nach dieser Darstellung müssen wir nur noch die Restaurateure tadeln, die – in der Meinung, für den Minimenturm nicht genug tun zu können – sich durch das Fehlen einwandfreier Dokumente veranlaßt sahen, ein zurückspringendes mit breiten Zinnen bekränztes Geschoß aufzusetzen, das von außen her fehlerhaft und unsinnig wirkt.

Obwohl der Hurtaultturm bedeutender als der Minimenturm ist, da sein Durchmesser achtzig Meter beträgt und seine

Mauern beinahe vier Meter dick sind, hat der Hurtaultturm nicht die gleiche ›einmalige‹ Anziehungskraft. Seine Laterne ist durch Unterzüge zerschnitten, seine Bekrönung ist ohne Prunk. Er ist für den Kunstliebhaber insofern von Interesse, weil er ohne Restaurierungen erhalten ist, und zwar ungefähr in dem Zustand, in dem ihn Karl VIII. und Ludwig XII. errichten ließen.

Die Bauprinzipien sind die gleichen: konzentrische Mäntel und Reiterrampen. Das Tor, einst mit einer Zugbrücke versehen, wird von einer vorspringenden, mit zweigeschossigen Dreipaßbögen geschmückten Loggia bekrönt. An dem Rippengewölbe erscheinen die Wappen des Königs und der Anne de Bretagne, ein teppichartiges Muster von flammenden Schwertern: ein heraldisches Motiv Karls VIII. Im Innern unterscheidet er sich von seinem Bruder, denn er ist nicht rund, sondern polygonal. Auch ist er von viel trutzigerem Aussehen und erhält sein Licht nur durch einzelne schmale Fenster. Der Innenraum ist in übereinanderliegende Säle aufgeteilt, die als Futterspeicher dienten.

Das obere Tor, das auf den Hof geht, zeigt einen ganz anderen Stil, obwohl es kaum älter als das untere ist. Trotz der unbeholfenen Behandlung offenbart es die ersten italienischen Einflüsse. Der flache Rundbogen wird von Pilastern flankiert, die mit Arabesken gewissermaßen bestickt sind. Ein Gesimsfragment mit Vasen und Laubwerk, das die Steinmetze bestimmt nicht unterzubringen wußten, ruht nicht, wie es sein müßte, auf Pilastern, sondern ist zwischen ihnen, in einem Drittel ihrer Höhe, angebracht. Das sind erste, unsichere Versuche...

Auf einem stark vorspringenden Außenwerk der Befestigungsanlage erhebt sich die ›Hubertus-Kapelle‹, die durch ihre Lage den Blick unbedingt auf sich lenkt. Ihre schlanke Feinheit beeindruckt besonders durch den ausgewogenen Gegensatz zu der Mächtigkeit der Mauern und Türme. Sie ist ein ganz kleines Bauwerk: ein Joch und ein dreiwandiger Chor. Ihre Anziehung verdankt sie aber der hohen Qualität ihres bildhauerischen Schmuckes, dessen beste Teile trotz aller Verheerungen erhalten sind. Das Portal ist zauberhaft, wenn man von einem modernen, zu schweren Tympanon absieht. Zwei Türen mit gedrückten Korbbögen und sehr feinen durchbrochenen Beschlägen, von einem Pflanzen- und Tierschmuck im Flamboyantstil begleitet, werden von einem mit Recht berühmten Türsturz bekrönt, der die Legenden der Heiligen Hubert und Christophorus erzählt. Die minuziöse Darstellung der Einzelheiten, die Tiefe und Beseelung des Ganzen, geben dieser Bildhauerarbeit eine merkwürdige Ähnlichkeit mit den geschnitzten Holzaltären in den Kirchen Flanderns. Die schmückenden Motive des Innern, Rippengewölbe, Friese, Baldachine der Heiligennischen (die Statuen sind verschwunden) zeugen von einer Virtuosität der Formenbehandlung, die mehr an Brou oder an gewisse normannische Kirchen als an die Loire erinnert.

In dieser Kirche wurden 1874 jene Gebeine beigesetzt, die man auf Grund äußerst fraglicher Schlußfolgerungen als diejenigen Leonardo da Vincis ansah. Sie wurden bei Grabungen an der Stelle des Kreuzganges der Kirche Saint-Florentin gefunden, in dem der Künstler beerdigt sein wollte.

Ich glaube, daß der berühmte Zug nach Neapel und die kleine Gruppe Italiener, die Karl VIII. voller Enthusiasmus nach Amboise mitgeführt hat, für die Geschichte des Schlosses nur eine symbolische Bedeutung haben. Sie haben keinen Anteil an seiner Architektur gehabt, die in ihrer Gliederung bereits festlag, und die Neuheiten im Ornament – Neuheiten in Frankreich – wurden von den bodenständigen Handwerkern, die zu lange anderen Lehren unterworfen waren, nur sehr unbeholfen interpretiert. Sie waren Vorläufer einer Idee, aber niemals deren Verwirklicher. Die Gärten des Pacello waren vielleicht der einzige wirklich schöpferische Beitrag, doch besitzen wir davon eigentlich kaum noch Spuren.

Franz I. verdeckt das Bild seiner Vorgänger durch sein Streben nach Ruhm, eine für ihn charakteristische Freude am Prunk, durch seine Freigebigkeit, seinen Großmut und seine Tapferkeit, durch die Sinnlichkeit, die sein Faunsgesicht widerspiegelt, und durch eine strahlende Prachtentfaltung. In seinem Schatten erscheinen diese Vorgänger als vorsichtige und weise, etwas armselige Persönlichkeiten, die noch mit tausend Fäden an dem mittelalterlichen Geist hängen. Er dagegen sollte wie ein Lorenzo Medici oder Julius II. alle Künste vereinen, um ihr Feuer zu verschmelzen und diese Renaissance zu verkörpern, die die Blicke von ganz Europa auf Frankreich lenkt. Er wird den Willen und die Bestrebungen der ersten Valois glänzend erfüllen.

Es war kein oberflächlicher Glanz. Das heiße Innere dieses mit dem Heldentum Vertrauten schäumte über.

> *Je mehr ich Gutes hab, je größer wird mein Schmerz,*
> *je mehr an Ehren, um so unbefriedigter mein Herz.*
> *Eine empfangene läßt mich Hunderte verlangen,*
> *doch wenn ich gar nichts hab, kann ich auch nichts beklagen,*
> *und wenn ich alles hab, kommt Furcht, um mich zu plagen,*
> *es zu verlieren oder Schlechteres zu empfangen.*
> *Mein Unglück zu verlieren: darum muß ich bangen,*
> *weil ich vor Lust vergeh, ein Gut mir zu erwerben,*
> *das mir als Leben gilt und ist doch Sterben.*
>
> Franz I. – in der Gefangenschaft geschrieben.

Der Aufenthalt Leonardo da Vincis in Amboise ist ein Ereignis, das allein schon ein Beweis für die geistige Bedeutung einer Regierung ist.

Schon Ludwig XII. hatte versucht, ihm die Reise nach Frankreich schmackhaft zu machen, aber es ist Franz I., dem der Ruhm gebührt, ihn durch Vermittlung seines Freundes, des französischen Malers Jean Perréal, über die Alpen geholt zu haben, damit er sich für immer bei ihm niederließe.

Dieser Grandseigneur des Geistes erhält kein Hofamt, sondern wird als Grandseigneur behandelt und genießt vollste Unabhängigkeit. Der König hat ihm die Herrschaft Clos-Lucé übergeben, die er nach seinem Gutdünken verwaltet. Dieses Anwesen, das wir als eine Dependance des Schlosses von Amboise betrachten können – es lag davon einige hundert Schritte

entfernt –, war durch eine Holzrampe und einen unterirdischen
Gang mit dem Schloß verbunden. Von Étienne Le Loup, Haus-
hofmeister von Ludwig XI., gebaut, war es von Karl VIII. gekauft
worden und bestand aus zwei Flügeln in Ziegel und Haustein
mit einem sechseckigen Treppenturm am Schnittpunkt und
einem skulptierten Tor. Sehr mitgenommen und mühsam
wiederhergestellt, ist von dem ursprünglichen Rahmen seines
berühmten Bewohners überhaupt nichts mehr vorhanden.
Diesem werden manchmal irrtümlicherweise die Malereien
der Kapelle zugeschrieben, die in der Revolution in eine Küche
umgewandelt wurde. Es ist möglich, daß sie von einem Schüler
aus der Toskana sind, durch Restaurierungen ist jedoch ihre Ursprünglichkeit völlig zerstört.

Leonardo hatte ohne Bedauern die Halbinsel Italien und die
Höfe undankbarer Fürsten verlassen und seinen treuen Schüler
Francesco Melzi nebst einigen vertrauten Dienern mitgenommen. Dies geschah im Jahre 1516, als er fünfundsechzig Jahre alt
war. Franz I. zählte damals zweiundzwanzig und regierte seit
einem Jahr als Triumphator. Ohne Zweifel war es seine strahlende Jugend, die den ehrwürdigen Künstler anzog, den der
König »mein Vater« nannte. Sein gelähmter rechter Arm gestattete ihm nicht mehr, den Pinsel zu halten, sondern nur
einen Bleistift oder die Feder. Aber die Klarheit seines vielseiti-
gen Genies sollte bis zum Erlöschen seines Lebens währen. Es
ließ ihn stets über die anderen Menschen hinausragen und verlieh ihm, besonders in seinen letzten Jahren, eine Art von aus-
geglichener und ernster Majestät, ein Gegengewicht zu der ungestümen königlichen Majestät.

Wenn er auch damals schon aufgehört hatte zu malen, so besaß er doch noch einige göttliche Bilder, von denen er sich nicht
trennen wollte – die ›Heilige Anna‹, den ›Heiligen Johannes‹
und die ›Mona Lisa‹. Noch aber war sein forschender Geist und
sein Scharfsinn ungebrochen. Er interessierte sich für die Was-
serverteilung in den Gärten von Blois, für das Schloß in Chambord und für Amboise, dessen vollständigen Ausbau er plante.

Er befaßte sich mit Problemen der Trockenlegung der Sümpfe von Sologne und des Baues von Kanälen und beteiligte sich an der Ausstattung der königlichen Feste, die man damals ›trionfi‹ nannte.

Als er im April 1519 den Tod herannahen fühlte, diktierte er sein Testament einem Notar in Amboise und vermachte den Großteil seiner Bücher seinem geliebten Francesco Melzi, dem er seine letzten Gedanken anvertraute. Einige Tage später starb er.

An Herrn Julius und die anderen ehrenwerten Brüder des Leonardo!

Ihr habt ohne Zweifel vom Tode von Meister Leonardo, Eurem Bruder, der für mich der beste Vater war, Kenntnis erhalten. Es ist mir unmöglich, dem Schmerz Ausdruck zu geben, den ich empfinde. Solange ich lebe, werde ich die bittere Erinnerung daran haben. Er hegte für mich die zärtlichste Freundschaft und gab mir täglich dafür Beweise. Alle hier betrauern den Tod eines solch außergewöhnlichen Menschen, wie die Natur ihn ähnlich nicht mehr hervorbringen wird... Er ging aus diesem Leben den 2. Mai, nachdem er die Sakramente der Kirche wohlvorbereitet empfangen hatte... Meister Leonardo hat vierhundert Taler zu fünf Prozent angelegt. Er besitzt auch ein Bauernhaus in Fiesole... Diese Sachen müssen zwischen Euch aufgeteilt werden...

Gegeben zu Amboise, den 1. Juni 1519

Francesco Melzi

Andere italienische Künstler nahmen nach dem Tode des Meisters ihren Wohnsitz in Clos-Lucé, darunter Andrea Solario und Andrea del Sarto. Man weiß auch, daß das gesamte Mobiliar fünfzehn Jahre später »auf dem Altmarkt von Amboise« verkauft wurde. In Fontainebleau arbeitete nunmehr eine andere Künstlergruppe, jene Meister nämlich, die weit mehr noch die Künste in Frankreich beeinflussen sollten.

Chenonceaux

Dieses Bauwerk im Fluß, diese leichten Türme, die großen regelmäßigen Parterres, die den Lauf des Wassers in einer freundlichen bewaldeten Gegend beherrschen, und die Erinnerung an so viele berühmte Schloßherren, dies alles trägt zur festlichen Stimmung bei, die uns beim Besuch gleich von Anfang an erfaßt.

Wenn wir die Gewölbe der langen Platanenallee durchschreiten, die, wenn sie nachts angestrahlt werden, noch wirkungsvoller sind, entdecken wir im Hintergrund den kleinen hellen Fleck des Schlosses, dessen Formen um so deutlicher hervortreten, je mehr wir uns ihm nähern.

Ein erlesenes Juwel! Eigentlich ein kleines Schloß, und wenn es größer erscheint, so ist dies nur dem Genie der Erbauer zu verdanken.

Vom Flugzeug aus fallen die Parterres besonders auf und nehmen einen Ehrenplatz ein; das Schloß erscheint dann als Zutat.

Es ist ein fast viereckiges Gebäude, das sich durch einen merkwürdigen Höcker weit über den Cher hinausgeschoben hat. Die zweistöckige Galerie, die den Fluß auf schönen Rundbögen überdeckt, ist nichts weiter als eine nicht fertiggewordene gedeckte Brücke. Sie führt nirgends hin – ist für das Hauptgebäude eigentlich zu hoch und zu schwer und wird doch niemals aufhören, das Erstaunen der Besucher zu erregen.

Die beiden in italienischem Stil angelegten terrassenförmigen Gärten der Diane de Poitiers und der Katharina von Medici sind gleichfalls viereckig, doch unregelmäßig am Rande des

Bauwerks gelegen. Sie sind ein schöner Schmuck, der uns vor Augen führt, wie die Schlösser der Renaissance prunkvoll und kalt bleiben würden, wenn sie nicht durch ihre Umgebung verschönt und belebt werden. Erst die Wahl des Standortes und die Gestaltung der Umgebung sind es, die sie mit solchem Glanz beleben. Wie kostbare, in ebenso edle Fassungen gesetzte Juwelen verbinden sie sich mit der natürlichen Landschaft durch den schmückenden Rahmen der Kultur-Landschaft, die der Mensch mit Terrassenanlagen, Pflanzen und Wasserkünsten versah.

Hat man die ersten Schloßgräben überschritten, so erhebt sich rechts am Eingang ein dicker mittelalterlicher Turm: es ist der Bergfried des früheren Schlosses. Obgleich verändert, erinnert er an seinen Ursprung, an die Familie der Marques, die das Gut Chenonceaux seit Beginn des 13. Jahrhunderts besaß und die dort einen Gutshof und eine Mühle errichten ließ, deren Rad sich zwischen den massiven Gewölben drehte, die heute das Schloß tragen.

Die Buchstaben TBK, die wir an diesem Turm lesen, stammen aus dem 16. Jahrhundert. Es sind die Anfangsbuchstaben von Thomas Bohier und seiner Frau Katherine Briçonnet, die auf dem einzigen vom Schlosse der Marques übriggebliebenen Teil angebracht wurden, um den Erwerb durch den neuen Besitzer unauslöschlich festzuhalten.

Der Übergang erfolgte aber nicht ohne Schwierigkeiten. Die Geschichte von Chenonceaux ist eine Geschichte voll Begierden, voll harter Leidenschaften, voller Ränke, Schikanen und Haß. Dieses entzückende Lusthaus, dieses für Feste und nicht für den Krieg bestimmte Schloß wurde zum Einsatz in endlosen Interessenkämpfen. Und das ist vielleicht nicht ohne Beziehung zu seiner merkwürdigen Anziehungskraft.

Thomas Bohier also, aus Issoire stammend, war Obersteuereinnehmer unter Karl VIII. geworden. Er heiratete Katherine Briçonnet aus dem Patriziat von Tours, wurde Besitzer ausgedehnter Ländereien in dieser Gegend, unter anderem auch des Schlosses von Houdes in der Nähe von Chenonceaux, das zu be-

sitzen ihn außerordentlich reizte. Zwanzig Jahre lang belauerte
er sein Opfer: Pierre Marques, der sein Vermögen mit Gleich-
mut vergeudete und deshalb gezwungen war, seine Ländereien
Stück für Stück zu veräußern, um seine Schulden zu bezahlen.
Jedesmal war Bohier deren Käufer. Als die Familie Marques im
Jahre 1512 sich völlig ruiniert sah, wurde die Herrschaft Chenonceaux gepfändet, und es gelang dem Finanzmann, sein Ziel zu
erreichen, indem er sie für 12 540 Taler kaufte. Da er schon Besitzer der umliegenden Lehensgüter war, erhielt er auch alle
Rechte und Privilegien eines großen Grundherrn, also alles,
was er sich gewünscht hatte.

Das alte Schloß ließ er mit Ausnahme des Turmes abtragen,
um dann auf den Grundmauern der Mühle, das heißt im Flußbett selbst, das Wohngebäude, das wir noch heute sehen, zu errichten. Die durch einen abgeleiteten Arm des Flusses reichlich
mit fließendem Wasser gespeisten Schloßgräben waren bereits
vorhanden.

Dieses Gebäude ist nicht nur deshalb merkwürdig, weil es im
Wasser steht, sondern auch wegen der Neuheit seiner Architektur und der Aufteilung seiner Innenräume. Es ist das ›Avant-
garde-Schloß‹ der französischen Renaissance.

Ein ungenannter Autor der Zeit läßt uns an seinem Staunen
teilnehmen:

Als eine mit Kreuzblumen und Wappenschmuck bedeckte Anlage,
von hübschen Türmchen flankiert, mit Arabesken geziert, mit Karya-
tiden geschmückt und rund herum bis in die Höhe des Firstes von Bal-
konen mit vergoldeten Verzierungen umgeben, hat besagtes Schloß,
mit gutem Recht, ein königliches Aussehen bekommen.

Die Arbeiten begannen 1515. Im Jahre 1522 war alles fertig.
Das bedeutet, daß das Schloß fast gleichzeitig mit dem Flügel
von Franz I. in Blois entstand. Man begegnet hier ohne Zweifel
dem gleichen Geist, aber nichts deutet auf eine Beeinflussung
hin; die Daten genügen übrigens schon, um eine solche Annahme auszuschalten. Dazu kommt ein gewisser Lokalge-
schmack, durch den es sich von einem königlichen Schloß unter-

scheidet. Die Bildhauerarbeiten sind von französischer Hand, vielleicht unter Einfluß von Meistern italienischer Werkstätten.

Thomas Bohier begann damit, Öffnungen in den Turm der Marques brechen zu lassen, die mit Zierat von einwandfreiem Renaissancecharakter eingefaßt wurden. Dieser ›General der Finanzen‹ war ein Hofmann, Kämmerer von Ludwig XII. und Franz I., die er auf allen ihren Reisen, besonders während des Krieges in Italien, begleitete. Er sollte übrigens bei der Eroberung des Mailänder Gebietes den Tod finden und war einer derjenigen, für die die Kunst von jenseits der Berge nicht nur eine Mode, sondern eine Entdeckung war. Wenn auch in Gaillon und in einzelnen Palästen der Normandie bereits Schmuckelemente nach italienischer Art auftauchten, so hatten diese nur als sozusagen verschönernde Elemente Verwendung gefunden. In Chenonceaux ist die Struktur des Baus eine andere, eine von neuem Geiste erfüllte. Stille Wasserflächen treten auf, in denen sich die Fassaden spiegeln. Es gibt keine ›Viehhöfe‹ mehr. Die Wendeltreppe wird durch eine breite, gerade geführte Treppe mit Geländer und Absätzen ersetzt. Und schließlich noch eine große Neuheit: die Zimmer gehen nicht mehr ineinander über, sondern münden auf einen gemeinsamen Vorraum. Diese letzte Errungenschaft, die die Bedienung und die Empfänge erleichterte, war so bequem, daß sie nun überall, wenn auch zugegebenermaßen mit großer Verspätung, Eingang findet.

Man kann wohl annehmen, daß die Herrin des Hauses, Katherine Briçonnet, bei dieser Einrichtung eine Rolle gespielt hat. Da ihr Gatte durch seine Tätigkeit oft außerhalb zu tun hatte, war sie es, die sich vor allem in Chenonceaux aufhielt und die Arbeiten überwachte.

Wie wir noch sehen werden, wurde die Fassade später abgeändert und im 19. Jahrhundert in ihrer ursprünglichen Gestalt wiederhergestellt. Von ihr ist heute also nicht viel mehr als eine Wiederholung vorhanden.

Die Aufteilung des Schloßinneren ist von größter Einfachheit. In jedem Stockwerk liegen vier große Zimmer zu beiden Seiten des Vorraumes. Im Erdgeschoß ist eine Halle mit merkwürdigen Rippengewölben. Die Bögen und die Rippen sind verschoben und bilden dreieckige Felder, deren Schlußsteine auf einer verschobenen Achse liegen. Der Fußboden ist mit Platten belegt, die geometrische Figuren zeigen. In den Kartuschen befindet sich die Devise der Bohier, die wiederholt im Gebäude erscheint.

Wenn wir die Räume in der gewöhnlichen Besuchsordnung betreten, gelangen wir zuerst durch eine mit sehr feinem bildhauerischen Schmuck verzierte Flügeltür in den ›Saal der Wachen‹. Der geschmackvolle italienische Plattenbelag ist original, ebenso ein Teil des Kamins, dessen wuchtiger und schwerer Mantel auf zarten schlanken Pilastern ruht. Die auf einem vorspringenden Grundpfeiler erbaute Kapelle endet in eine kleine dreiwandige Apsis, die die Bewegung des Sockels aufnimmt. Schreiende moderne Glasfenster stören jetzt leider die intime Grazie dieses kostbaren mit Rippen- und Bildhauerarbeiten verzierten Gebäudes. Auf dem anderen Grundpfeiler wurden das grüne Kabinett – so genannt wegen seiner Einrichtung – und die mit einer schönen geschnitzten Eichendecke ausgestattete Bibliothek der Katharina von Medici errichtet. Die nach Franz I. und Ludwig XIII. genannten beiden Zimmer – Ludwig XIII. war der letzte König, der Chenonceaux besuchte – sind heute mit bemerkenswerten Kunstwerken geschmückt.

Die geradläufig eingebaute Treppe zum ersten Geschoß ist ein erstrangiges Kunstwerk, dessen Anlage in der Architekturgeschichte Epoche gemacht hat: zwei Läufe mit einem Absatz, der eine Loggia bildet, von der der Blick über das Tal schweift. Die Aufteilung der Zimmer des ersten Stocks ist die gleiche wie im Erdgeschoß. Im zweiten Geschoß, das zunächst der Dienerschaft vorbehalten war, wurde nach dem Tode von Louise de Lorraine eine kleine Gemeinschaft von Kapuzinern untergebracht, deren Chorgestühl die Zeiten überdauert hat. Bleibt noch die merkwürdige Lage der Küchen zu erwähnen, deren Grundpfeiler im Flußbett stehen.

Zur Zeit der Bohier lag bereits das Projekt vor, eine Brücke über den Cher zu legen, um das Schloß mit dem rechten Ufer zu verbinden. Es konnte aber nicht durchgeführt werden. Thomas Bohier, der seine Devise »S'il vient à point, me souviendra – Wenn es fertiggestellt ist, wird es an mich erinnern« auf dem Plan hatte anbringen lassen, starb kurz nach Vollendung des Schlosses. Seine Frau folgte ihm drei Jahre später nach.

Das älteste ihrer neun Kinder beerbte sie. Die Bücher des General-Finanzpächters wurden aber der Gegenstand genauer Prüfungen, aus denen hervorging, daß der Verstorbene 190000 Taler dem Schatzamt schuldete. Antoine schlug einen Vergleich vor und bot dem König den größten Teil seiner Güter an, darunter Chenonceaux. 1535 wurde Franz I. auf Grund eines ordnungsmäßigen Vertrages Besitzer, was aber Streit und das Eingreifen von Rechtsanwälten nicht verhindert hat. »Unser guter König Franz« war jedoch von ganz anderen Dingen in Anspruch genommen und hatte viele andere schöne Wohnsitze, so daß er am Cher nur ganz kurzen Aufenthalt nahm.

1547 bestieg Heinrich II. den Thron. Für Chenonceaux begann jetzt eine Epoche des Wohlstandes. Zwei intelligente, gewandte, ehrgeizige und zähe Frauen waren beide dem König zugetan, wenn auch aus verschiedenen Gründen. Trotz ihrer Rivalität waren sie sich darüber im klaren, daß es besser sei, sich zu einigen, um besser herrschen zu können. Diane de Poitiers und Katharina von Medici versuchten also, sich einer unklaren Situation anzupassen. Aber schon der Anfang war ungünstig: da beide von Chenonceaux besessen waren, wollten es beide besitzen. Es war Diane, die den Besitz an sich brachte.

Mit einunddreißig Jahren Witwe von Louis de Brézé, dem Groß-Seneschall der Normandie, hatte sie solch heftigen Schmerz gezeigt, daß sie sogar gelobt hatte, zeitlebens nur in Schwarz und Weiß zu gehen, Farben, die ihrem Teint allerdings sehr gut standen.

Diese stolze Dame war von einer außergewöhnlichen Habsucht und verstand es, sich die tatsächlichen Rechte auf die

Schloßherrschaft zu sichern. Sie liebte Luxus, aber nicht die Ausgaben, und es gelang ihr immer, das was sie sich wünschte, als Geschenk zu erhalten. Eine königliche Zuwendung, 1552 datiert, wird wie folgt begründet: »Für die guten, angenehmen und empfehlenswerten Dienste, die besagte Dame vorher unserer lieben und sehr geliebten Gattin, der Königin, geleistet hat.«

Alles, was sie für Schloß Chenonceaux unternahm, gereicht ihr zur Ehre. Das große Gartenparterre nach italienischer Art, das sich nach rechts ausdehnt und von breiten Gräben umgeben ist, hat ihren Namen bewahrt. Sie ließ Alleen, Lauben, Labyrinthe im Stile der Zeit anlegen. Auch für das andere Ufer des Cher wurden Gärten entworfen und die berühmte ›Passage‹, von der die Bohiers geträumt hatten, wurde unter der Leitung von Philibert Delorme begonnen. Der Bau dieser Brücke mit fünf Bögen, die leicht von der Achse des Schlosses abweicht, wurde durch die felsige Struktur des Flußgrundes erleichtert. Der Architekt hatte gerade für Diane das prächtige Schloß von Anet fertiggestellt, von dem leider nur ein Teil der Torheit der Menschen widerstanden hat. Er prüfte die Bodenverhältnisse und schlug eine Brücke vor, die auf dem anderen Ufer in einem Pavillon enden und eine eingeschossige Galerie tragen sollte. Dieser äußerst glückliche Entwurf harmonierte mit dem Schloß, ohne es zu erdrücken.

Am gleichen Tag, an dem Heinrich II., vom tödlichen Lanzenstoß Montgomerys getroffen, leblos in seine Residenz gebracht wurde, erhielt Diane den Befehl, den Louvre zu verlassen und den Schmuck zurückzugeben, den sie von ihrem königlichen Freund erhalten hatte. Elf Tage nach dem Tod des Königs wurde Katharina Regentin und konnte sich nun an ihrer intriganten Rivalin wegen des zehnjährigen Grolles rächen. Sie verlangte Chenonceaux. Dafür mußten Juristen herangezogen werden, denn Diane gab nichts für nichts, und erst als ihr das Schloß Chaumont im Austausch angeboten wurde, kapitulierte sie. Um zu betonen, daß sie zu diesem Schritt gezwungen worden war, nahm sie dort fast niemals Aufenthalt.

Die von Katharina von Medici vorgenommenen Änderungen waren nicht sonderlich glücklich. Einen großartigen Entwurf, dessen Urheber unbekannt ist, finden wir als Stich im Werk von Du Cerceau. Das Schloß der Bohier hätte dann allerdings nur als Kern einer ausgedehnten Gebäudeanlage weiterbestanden. Dieser Entwurf wurde nicht verwirklicht, und man begnügte sich damit, einen kleinen Trakt zwischen der Kapelle und der Bibliothek zu errichten, was die östliche Fassade entstellte und aus Gründen der Symmetrie eine Überarbeitung der Eingangsfassade verlangte, in die gedoppelte Fenster gebrochen wurden. Alte Abbildungen zeigen, daß diese Front mit zwei dicken Karyatiden von überüppigen Formen und wunderlichen Mißverhältnissen geschmückt war. Diese ›Verschönerungen‹ sind bei der Restauration des Schlosses im Jahre 1865 verschwunden. Die Karyatiden wurden abgenommen und in den Garten gebracht, wo wir sie noch heute auf der linken Seite der Zugangsallee stehen sehen.

Die Geschichte der berühmten Galerie über den Cher ist verwickelter. Wir wissen, daß Philibert Delorme eine Brücke vorgesehen hatte und darüber eine Galerie, die durch vorspringende Lukarnen Licht erhalten sollte. Wer änderte diesen Plan? Wir können nur Mutmaßungen äußern. Nur ein einziger Name ist uns überkommen: jener des Baumeisters Denis Courtin, von dem kaum anzunehmen ist, daß er für die Änderungen des Entwurfs des berühmten Architekten verantwortlich gemacht werden kann. Das ändert nichts an der Tatsache, daß nicht eine, sondern drei übereinander gelagerte Galerien erbaut wurden – diejenige der Dächer einbegriffen – und daß dabei der Fehler gemacht wurde, ihnen die Höhe des schon vorhandenen Schlosses zu geben. Die rückwärtige Schloßfassade verschwand. An Stelle einer gedeckten Brücke, deren Verhältnisse den Stützbogen entspricht, haben wir nun eine massive Anlage vor uns, die das alte Gebäude erdrückt. Sie ist unvollendet geblieben, die vorgesehenen Endpavillons auf dem linken Ufer wurden nie gebaut.

Aber die Wunder der Natur und der Kunst sind so geartet, daß dieser ›monumentale‹ Fehler uns nicht stört. Was anderswo unerträglich erscheinen würde, präsentiert sich hier auf dem Wasser mit solcher Anmut, daß dieser Flußtrakt für die Touristen, Maler und Photographen die Verkörperung von Chenonceaux ist.

Die Galerien sind sehr nüchtern, ohne Schmuck. Die des ersten Geschosses wird ausschließlich durch jene abgerundeten Vorbauten belebt, die kleine Geheimkabinette bilden. Die Nischen zwischen den Fenstern sind ihrer Bildwerke – von denen wir nichts wissen – beraubt. Alles läßt darauf schließen, daß diese langen Galerien, die durch zwei große Kamine geheizt wurden, für Feste bestimmt waren.

Chenonceaux war nämlich – wir haben es schon erwähnt – ein Schloß der Feste. Bevor die Galerien da waren, spielten sich diese Feste zum großen Teil in den Gärten ab. Der Einzug von Karl IX. im Jahre 1563 entbehrt nicht einer pikanten Note, wenn wir der Chronik Glauben schenken wollen. Die ›Lange Allee‹, in der die erste Episode spielt, ist jene, die wir bereits kennen, mit den beiden sie säumenden Kanälen, »denen die Sirenen entstiegen«, welche die Satyre rauben wollten:

Der Einzug in Chenonceaux erfolgte über eine lange Allee, die auf den Seiten von Kanälen begrenzt war, denen singende Sirenen entstiegen; ihnen antworteten die aus dem Walde heraustretenden Nymphen. Bei diesen Klängen kamen die Satyre, die sie nach Anhören des Gesanges rauben wollten. Fahrende Ritter sprangen herbei, um sie zu verteidigen, und alle zusammen kamen, nachdem sie unzählige Schwertschläge ausgetauscht hatten, um dem König zu huldigen. Jetzt ertönten von den Galerien und vom Schloß zahllose Kanonenschüsse, ein Feuerwerk wurde abgebrannt.

Rouet, Lymeuil, Guionnière, Montal, Teigny und La Roche-Pouzay waren die Nymphen, mit Silberstoff, rosenrotem und blauem Schleier bekleidet, mit vielen Edelsteinen an Hals und Gürtel und die Arme mit kostbaren Armreifen bedeckt. Die Ritter waren ganz mit Silber- und hellrotem Stoff und blauem Velours ausstaffiert. Die Satyre waren mit Haaren aus Gold und Seide bekleidet.

Am Abend wurde ein Fest für den König, alle Fürsten und Herren und für den Hof gegeben. Nach dem Essen eröffnete der König den Tanz mit Madame, seiner Schwester, und tanzte auch mit den Masken, die vorher die Nymphen und Ritter waren und jetzt, als Bewohner des Poitou verkleidet, mit einem Dudelsack erschienen, um den Reigen aus dem Poitou zu tanzen. Die Bekleidung der Damen war aus Silberstoff, Blau und Inkarnat, das Haupt ganz mit Edelsteinen bedeckt und die Männer in Samt und Seide in Blau, Weiß und in Inkarnat mit silbernen Tressen.

Am nächsten Morgen ging der König gleich nach dem Aufstehen in den Gärten spazieren, wo er seine Edelknaben bei einem Angriff auf einen Eber fand. Nachdem das Tier getroffen war, ging der König speisen, um nach dem Essen eine Wasserfahrt mit den Damen und vielen Masken zu machen.

Nach dem Abendessen erschienen zum Konzert der König, Monsieur und Madame, seine Schwester, der Prinz von Navarra, der Marquis Conty, Herr von Guyse, die kleine Ozances, Bordeille, Curtin und Luze, alle als Schäfer in edelsteinbesetztem Goldstoff und weißem Satin.

Den anderen Tag begab sich der König zur Treibjagd. Ein großer Keiler wurde vom Prinzen und den Herren, die dort waren, alle zu Pferd und maskiert, mit langen Spießen zur Strecke gebracht. Das war eine schöne Hatz, bei der viel Schwarzwild erlegt wurde, während der König sich auf der Tribüne mit der Königinmutter, Monsieur und Madame, der Prinzessin Condé, Herrn le Grand, den Herren Bourbon, von Guyse, Prinz von la Roche-sur-Yon, Herrn d'Éstampes und unzähligen anderen befand.

Am Abend nach dem Souper wurde auf dem Flusse ein großes Feuerwerk durch Herrn Cornelio de Fiesco abgebrannt.

Am nächsten Morgen geleitete die Königinmutter den König zum Frühstück in den Park und in das Haus, in dem sich viele Vögel aus fremden Ländern befinden. Sie wurden von allen Töchtern der Königin und von Madame bedient, die in Trachten der Picardie mit dunkelroten Röcken aus Samt und Satin und Hauben aus gewebtem Leinen gekleidet waren, das Haupt voller Edelsteine, die Schürzen und Ärmel aus Silberstoff, die Mäntel aus Purpur. Dort wurde ein schönes Frühstück aus Süßigkeiten und allen möglichen Früchten gereicht.

Beim Nachtisch lieferten vierundfünfzig mit Girlanden geschmückte Barken eine Seeschlacht.

Die Feste setzten sich unter der Regierung Heinrichs III. fort, und
es kam vor, daß sie in prunkvollen Orgien endeten.

Der König gab ein Fest für den Herzog, seinen Bruder, für die Herren
und Heerführer, die ihn bei der Belagerung und der Einnahme von La
Charité begleitet hatten, bei dem die Damen in grüner Männerkleidung
bedienten und alle Anwesenden in Grün erschienen waren. Zu diesem
Zwecke wurde aus Paris und anderswoher für sechzigtausend Fran-
ken grüner Seidenstoff bezogen. Die Königinmutter gab dann ihr Ban-
kett in Chenonceaux, das sie, wie man sagt, mehr als hunderttausend
Francs zu stehen kam, eine Ausgabe, die man durch eine Art Anleihe
den reichsten Dienern des Königs aufbürdete, außerdem noch einzel-
nen Italienern, die es aber verstanden, sich den doppelten Betrag wie-
dererstatten zu lassen. Bei diesem schönen Essen wurden die schönsten
und anständigsten Damen halbnackt und mit aufgelöstem Haar, wie
es die verheirateten Frauen tragen, zur Bedienung ausersehen, zusam-
men mit den Töchtern der Königinnen, die in zweifarbigen Damast
gekleidet waren.

Madame la Marquise de Guercheville war eine davon und nannte
sich ›Die Junge‹. Dieses Fest fand am Eingangstor des Gartens am Be-
ginn der großen Allee statt, dicht bei einer Quelle, die aus verschiedenen
Rohren aus dem Felsen emporstieg.

Madame la Marechale de Rets war die ›grande maîtresse‹, Ma-
dame de Sauve, die spätere Marquise de Sauve Narmontiers, war eine
der ›Maîtresses d'hôtel – Haushofmeisterinnen‹ und so war alles in
bester Ordnung.   Journal du règne de Henri III., 15 mai 1577

Katharina von Medici war es auch, die den Flügel für die Dienerschaft, ›Bâtiment des Dômes‹ genannt, ein stattliches Gebäude,
errichten ließ, das sich rechts vor dem Eingang befindet. Es war
den Edelleuten und verschiedenen Offizieren der Königinmutter vorbehalten.

Sie baute ferner links neben dem Parterre der Diane einen
Pavillon – sein graues Gestein muß man zur Zeit der Glyzinien-
blüte sehen –, der den anspruchsvollen Namen ›Kanzlei der
Königin‹ erhielt, weil er den Kabinettsekretär beherbergte.

Die Gärten wurden mit viel Sorgfalt angelegt. Breite Wege,
Rondelle und Labyrinthe, geschickt entworfen, so daß der

Blick auf das Schloß frei lag, wurden zu Stätten der Lust. Der Fluß speiste die neu angelegten Kanäle.

Katharina liebte Chenonceaux. Sie war oft dort und nicht nur zu ihrem Vergnügen, sondern um inmitten eines glänzenden Hofes zu herrschen. Sie schmückte ihre Wohnsitze mit Bildteppichen und üppigen Möbeln, so auch Bloïs. Dort starb sie am 5. Januar 1589, dreizehn Tage nach der Ermordung des Herzogs von Guise. Die Herrschaft Chenonceaux, das Schloß und seine Einrichtung hatte sie Louise de Vaudémont, Herzogin von Lothringen und Gemahlin Heinrichs III., vermacht.

Im schmucklosen herzoglichen Palais von Nancy begegnete Heinrich diesem zwanzigjährigen Mädchen, das durch ihre Zurückhaltung, Sanftheit und Frömmigkeit auffiel. Zweifellos durch den Gegensatz angezogen, verliebte er sich in sie. In der Umgebung voller Intrigen und Perversitäten, in der sie gezwungen war zu leben, gab die junge Königin niemals ihre resignierte Zurückhaltung auf. Ihr Gatte hatte sie schnell zugunsten anderer Vergnügungen vernachlässigt. Als er aber unter dem Messer des Mönches Jacques Clément fiel, kannte die Verzweiflung seiner Frau keine Grenzen. Sicherlich war es damals Sitte, daß Witwen, wie auch ihre Lebensführung war, lebenslängliche Trauer ostentativ zur Schau trugen. Königin Louise sollte sie jedoch übertreffen – und gewiß vollkommen aufrichtig –, indem sie sich endgültig in ihre Gemächer nach Chenonceaux zurückzog, die sie in wahre Trauerkapellen verwandelte. Ihr Zimmer wurde schwarz gestrichen und mit weißen Tränen, Dornenkronen, Totenköpfen und Knochen verziert, die Möbel mit schwarzem Velours und weißen Fransen bespannt.

Als Louise im Sterben lag, mußte sie, da die gerichtliche Beschlagnahme angedroht wurde, das Schloß ihrer Nichte Françoise überlassen, die eigens zu diesem Zweck mit dem damals vierjährigen César de Vendôme, einem Bastard Heinrichs IV., verlobt wurde. Sie sollten das Schloß nur sehr selten besuchen. Während des ganzen 17. Jahrhunderts war der Besitz der Vendôme verwaist. Ein großer Teil der schönen Bildwerke, mit denen Katharina von Medici die Gärten geschmückt hatte, wurde nach Anet gebracht.

1733 wachte das Schloß aus seinem Dornröschenschlaf wieder auf, als es der Generalpächter Claude Dupin kaufte, der durch seine Ehe mit einer der Töchter von Samuel Bernard ein sehr reicher Mann geworden war. Die wiederhergestellten Gebäude wurden neu eingerichtet, die verwahrlosten Gärten wieder bepflanzt und der Besitz erheblich abgerundet.

Herr und Frau Dupin waren Angehörige der vermögenden Großbourgeoisie, die damals oft die Aristokratie auf ihrem ureigenen Gebiet übertraf: Sie lebten mit vollendetem Anstand auf sehr großem Fuße und zeigten nicht die geringste Spur vom Wesen neureicher Emporkömmlinge. In Paris bewohnten sie eines der edelsten und angenehmsten Hôtels und zwar dasjenige, welches Le Vau für den Präsidenten Lambert de Thorigny auf der Spitze der Ile Saint-Louis errichtet hatte. Chenonceaux war eines ihrer Landhäuser. Ihr Sohn ließ sich ›Dupin de Chenonceaux‹ nennen.

Madame Dupin schien alle Gaben des Verstandes und des Herzens zu besitzen. Sie verfügte über Feinheit, Glanz und Schönheit und sogar über Ehrlichkeit – wenn man nach dem Porträt von Nattier urteilen darf. Ihr Salon war einer der angesehensten. Philosophen drängten sich dort mit Pairs von Frankreich, Gesandte trafen dort Voltaire, Grimm oder Marivaux. Sie musizierte selbst, empfing alle Komponisten von Ruf und verpflichtete Jean-Jacques Rousseau als ›Notenschreiber‹ und als eine Art subalternen Sekretär. Etwas später wurde der zukünftige Verfasser des ›Emile‹ Hauslehrer ihrer Kinder und begab sich nach Chenonceaux, wo die Dupins, um der Mode des Tages zu entsprechen, in Gesellschaft philosophierten, Theater spielten, in den Gärten komische Opern aufführten und natürlich über eine im ›Bâtiment des Dômes‹ untergebrachte naturkundliche Sammlung verfügten. Jean-Jacques Rousseau schreibt über seinen Aufenthalt in Chenonceaux in seinen ›Confessions‹:

DIANA VON POITIERS
Bildnis als Göttin der Jagd.
Gemälde der Schule von Fontainebleau.
Paris, Musée du Louvre.
Farbaufnahme Giraudon, Paris.

Im Jahre 1747 machten wir uns auf, den Herbst in der Touraine zu-
zubringen, auf dem Schloß Chenonceaux, einem königlichen Palast
am Cher, von Heinrich II. für Diana von Poitiers erbaut, deren Na-
menszug man noch jetzt daran sieht. Das Schloß ist gegenwärtig im
Besitz des Generalpächters, Herrn Dupin. An diesem schönen Orte
wurde auf das angenehmste gelebt, man aß recht gut und ich wurde
fett wie ein Mönch. Wir machten viel Musik, und ich komponierte
Trios für Gesang, die ziemlich reich an Melodien waren, über die ich
vielleicht in meinem Nachtragsband, wenn ich einen solchen noch zu-
stande bringen sollte, einiges sagen werde. Es wurde dort auch Ko-
mödie gespielt. Ich schrieb eine solche in vierzehn Tagen, ein Stück in
drei Akten, mit dem Titel ›L'Engagement téméraire‹, das man unter
meinen Papieren finden wird, und das kein anderes Verdienst hat, als
sehr lustig zu sein. Ich schrieb noch andere kleine Sachen, unter anderen
ein Gedicht, ›L'Allée de Sylvie‹, so hieß nämlich eine Parkallee, die am
Cher entlangführt. Und das alles, ohne daß ich meine chemischen
Studien und die Tätigkeit für Madame Dupin vernachlässigt hätte.

Während ich in Chenonceaux dick wurde, erging es meiner armen
Thérèse in Paris ebenso, jedoch auf andere Weise, und als ich zurück-
kam, fand ich das, was ich geschaffen hatte, weiter gediehen als ich ge-
dacht hätte.

Jean-Jacques, der es sehr liebte, sich rüpelig zu benehmen und
der »was er geschaffen hatte« den Findelhäusern überließ, wußte
damals seinen Gastgebern zu gefallen und ihnen den Hof zu
machen. Es war in Chenonceaux, wo er ›Le Devin du village‹
schrieb. Er feierte die Natur in den Salons und reimte – sehr ro-
mantisch – im Schatten der Alleen.

> *Eine verzaubernde Wehmut*
> *verfolgt mich bis an diesen Ort.*
> *Ständig bedenke ich Böse und Gut*
> *und träume doch von Liebe fort.*
> *Könnte Stille meine Seele regieren,*
> *wär sie freier von zärtlichem Gefühl,*
> *würd ich in diesem holden Asyl*
> *sehr viel weniger philosophieren.*
> *Doch so dient alles, die Glut zu nähren,*
> *die mich verzehrt. O arger Schmerz!*

Wann kommt endlich die Zeit, mir zu gewähren
den Frieden für mein armes Herz?
Schon meines siebenten Jahrfünftes Grenzen
bin ich nun nah, überschreite sie bald.
Schon seh ich die Jugend, schon seh ich ihr Glänzen
in mir erlöschen – bald bin ich alt.
Die traurige Weisheit, die allzu gestrenge
– das lastende Alter kommt mit ihr –
wie bald verscheucht sie die Liebesgesänge
und raubt die schönen Tage mir!
Dann verjagt auch des Alltags Monotonie
die liebenswürdige Sinnlichkeit
und man wird sehn, wie die Philosophie
geboren wird aus Notwendigkeit.
Dann fang ich bestimmt aus reinem Beneiden
die vergängliche Tugend zu predigen an
und verdamme aus Eifersucht die Freuden,
die ich nicht mehr genießen kann.

Nach dem Tode ihres Gatten schränkte Madame Dupin den
glänzenden Kreis ein. Sie zog sich endgültig nach Chenonceaux
zurück, das so seiner alten Tradition als Witwensitz wieder
nachkam. Der Revolutionssturm ging vorüber, ohne sie zu
berühren. Diese Frau, die den Geist der Gesellschaft des 18. Jahrhunderts in seinen besten Eigenschaften verkörperte, ent-
schwand dreiundneunzigjährig mit dem Jahrhundert, das sie
voll und ganz ausgefüllt hatte. Sie starb gegen Ende des Jahres
1779 und ruht angesichts des Schlosses auf dem anderen Ufer des
Cher, abseits der Menge und im Schatten jenes Parkes, den sie
so wunderbar zur Entfaltung gebracht hatte.

Für Chenonceaux wurde später die Anwesenheit einer anderen Frau wesentlich: Madame Pelouze, diesmal keine Witwe,
die jedoch von ihrem Gatten, dem Direktor der Gasgesellschaft
in Paris, der niemals dorthin kam, getrennt lebte. Sie hatte das
Schloß 1864 gekauft und betraute sofort den Architekten Roguet
mit der Instandsetzung der Gebäude, die es wirklich bitter nötig
hatten. Roguet wandte die damals übliche Methode an, das

heißt die seines Lehrers Viollet-le-Duc. Trotz der Restaurierungen an den Fassaden, die in Wirklichkeit Rekonstruktionen waren, hat das Äußere der Gebäude – selbst wenn man die ›Falschmünzerei‹ merkt – vielleicht doch gewonnen, indem sie ihr ursprüngliches Aussehen wiederbekommen haben. Das Innere erlitt aber das Schicksal so vieler anderer Wohnstätten: eine überladene Pseudo-Renaissance macht sich mit ihrem falschen Glanz überall breit.

Madame Pelouze gab dafür ein Vermögen aus. Ihr Bruder war kein anderer als der berüchtigte Daniel Wilson, Schwager des Präsidenten Grévy, ein freigebiger Faulenzer, dessen Vertrauensbrüche, Erpressungen und Gaunereien damals berühmt waren. Er befaßte sich viel mit Chenonceaux, das ihm als Hintergrund diente, um seine gesellschaftlichen und politischen Verbindungen aufrechtzuerhalten, und das ihm gewissermaßen ein Sprungbrett für die Wahlen war. Volksverbundene Kirchweihen, auf welchen alles in Hülle und Fülle verteilt wurde, wechselten mit Festen von protzigem Luxus.

Doch dies alles nahm ein schlechtes Ende. Madame Pelouze hörte nicht auf, sich in Schulden zu stürzen, ohne ihre Ausgaben einzuschränken. Das Schloß wurde 1898 auf Grund einer Klage der Bodenkreditbank, eines Unternehmens, das mit seinen Schuldnern nicht spaßte, gepfändet und dann für ein Butterbrot in dessen Besitz übernommen.

Flaubert hat verschiedentlich in Chenonceaux geweilt, zum ersten Male im Jahre 1847, als das Schloß Besitz von Herrn und Frau de Villeneuve war, dann von 1876 bis 1878 bei Madame Pelouze, die er wegen der ständigen Feste verließ, besonders aufgebracht durch die Anwesenheit eines schwarzen Cellisten. Er sah dort überhaupt viel außergewöhnliche Dinge, und wir wollen ihm zugute halten, daß er falsche Angaben, die ihm gemacht wurden, für historische Wahrheit hielt. In ›Par les champs et par les grêves‹ gibt er seine Eindrücke wieder:

Ich vermag schwer die einzigartige Sanftheit und aristokratische Heiterkeit, die das Schloß von Chenonceaux atmet, zu schildern. Am

Ende einer großen Allee gelegen, vom Dorf etwas entfernt, das sich respektvoll abseits zu halten scheint, von Wald umgeben, inmitten eines weiten Parkes mit schönen Rasenflächen, auf Wasser gebaut, streckt es seine Türmchen und seine viereckigen Schornsteine in die Luft. Der Cher fließt murmelnd unter den hohen Bogen dahin, deren scharfe Kanten seine Wasser durchschneiden. Seine Geschmeidigkeit ist robust und sanft zugleich, und seine stille Melancholie ohne Langeweile oder Bitterkeit. Man betritt es durch einen langen Saal mit Spitzbogengewölben, der ehemals als Waffensaal diente und wo trotz der Schwierigkeit einer solchen Aufstellung einige dort gezeigte Rüstungen keineswegs stören und jede an ihrem richtigen Platz zu stehen scheint. Im übrigen sind die Stilmöbel und die Gobelins sorgfältig gepflegt. Die ehrwürdigen Kamine des sechzehnten Jahrhunderts verbergen unter ihrem Mantel keine unvornehmen und sparsamen Öfen, die sich sonst in weniger große Kamine einzunisten wissen. In den Küchen, in einem Brückenbogen des Schlosses untergebracht, las gerade eine Magd Gemüse aus, ein Küchenjunge wusch Teller und auf den Herden ließ der Koch für das Mittagessen eine erkleckliche Menge glänzender Kasserollen kochen. All das ist hübsch, erweckt Vertrauen, riecht nach dem ehrlichen Schloßleben, der trägen und intelligenten Existenz des Wohlgeborenen. Ich liebe die Besitzer von Chenonceaux.

Gibt es eigentlich nicht überall gute alte Porträts, die zu einem langen Verweilen einladen, wobei man sich die Zeit vergegenwärtigt, in der ihre Modelle lebten und die Ballette getanzt wurden, in denen sich die Hüften all dieser schönen rosigen Damen drehten, und die guten Schwerthiebe vorstellt, die sich diese Edelmänner mit ihren Rapieren versetzten. Solche Gedankengänge sind Versuchungen der Geschichte. Man möchte wissen, ob diese Leute wie wir geliebt haben und welches die Unterschiede zwischen ihren Leidenschaften und den unsern waren. Man wünscht, daß ihre Lippen sich öffnen, um uns die Geschichte ihrer Herzen zu erzählen – alles was sie einst, selbst an Nichtigem, getan haben, und welches ihre Ängste und Sehnsüchte waren. Dies zu erfahren ist ein verführerisches und träumerisches Verlangen, wie man es etwa angesichts der unbekannten Vergangenheit einer Geliebten empfindet, über deren Stunden und Tage, die sie ohne uns verbracht hat, wir unterrichtet sein möchten, um daran teilzuhaben. Aber die Bilder bleiben abweisend gegenüber den Fragen unserer Augen. Sie sind da, stumm und unbewegt in ihren hölzernen Rahmen; wir aber

vergehen. Die Motten durchbohren ihre Leinwand, man firnißt sie neu,
sie lächeln noch, wenn wir längst verwest und vergessen sind. Und
dann kommen andere und betrachten sie ebenfalls bis zu dem Tage, da
sie in Staub zerfallen und man ebenso vor unseren eigenen Bildern
träumen wird.

Eine Supraporte zeigt ein Bildnis der schönen Gabrielle d'Estrées
von vorn, nackt bis zum Gürtel, ein großes Perlencollier von der glei-
chen blonden Tönung wie ihre Haut hängt über ihre Brust, ihre blonde,
hochgezogene und gekrauste Frisur gibt ihrem Gesicht einen erstaun-
ten Ausdruck voll koketter Naivität. Neben ihr ihre Schwester, von
rückwärts gesehen, ebenfalls nackt, und zwar bis zu den Schenkeln;
sie dreht ihr dunkles Gesicht neugierig dem Beschauer zu, während im
Hintergrund eine Bäuerin in rotem Kopfputz mit weißem Umhang
dem Herzog von Vendôme die Brust reicht, einem reizenden Wickel-
kind, das, in seinen Windeln steif verschnürt, seine Augen aufreißt,
die Arme ausstreckt und mit seinem kleinen rosaroten Mund den
Neckereien seiner guten Amme entgegenlacht.

In dem Raum, der als Salon dient und in dem sich auf einem Tisch
der Streitkolben von Franz I. befindet, fällt noch ein schönes Porträt
von Rabelais auf, ein Gesicht von dunkler Hautfarbe, fröhlich, sangui-
nisch, kräftig, kleine lebhafte Augen, wenig Haare, Bart und Kinn
eines Satyrs; ohne Zweifel der Typus, nach dem man die Porträts eines
großen Mannes gestaltet. Das etwas links darunterhängende Bild der
Isabeau von Bayern ist auffallend lebendig. Sie trägt nicht ihren spitzi-
gen Hut, mit dem ich sie sonst gesehen habe, und es ist auch nicht mehr
das blasse und leidende Gesicht des Bildes im Museum von Versailles.
Eine Art flacher Kopfbedeckung nach italienischer Mode bedeckt die
lang herabfallenden und halb aufgelösten blonden Haarsträhnen, die
ihr weißes, gleichermaßen sympathisches und leidenschaftliches Ge-
sicht voller Unentschlossenheit und Widersprüche rahmen. Die Lip-
pen sind vorgewölbt, das Kinn ist kurz und die großen grünen Augen
haben einen weinerlichen Ausdruck, was durch die roten Ränder der
unteren Augenlider unterstrichen wird.

... Wir konnten den Salon, in dem der ›Le Devin du village‹ auf-
geführt worden war, nicht besichtigen, er wurde restauriert, wir
haben aber ein gutes Bild von Madame Dupin von Nattier gesehen.
Das Gesicht ist braun, aufgeweckt, kokett, die Nase aufgestülpt, der
Blick schwarz und frei, der Ausdruck ehrlich, freundlich, spitzbü-

bisch, der eines wohlerzogenen Kindes, viel vergeistigter als zum Bei-
spiel das von Madame d'Humières, mit ihrem herzförmigen, so sinn-
lichen und ganz feuchten rosaroten Mund. Ich würde von all diesen
schönen Damen nicht weiter reden, wenn mich nicht das lebensgroße
Porträt der Madame Deshoulières in weißem Negligé durch den un-
trüglichen Charakter des dicken, vorgeschobenen, fleischigen und sinn-
lichen Mundes an den kraftvollen Ausdruck des Porträts der Madame
de Staël von Gérard erinnert hätte. Der Gesichtsausdruck der Ma-
dame Deshoulières ist übrigens edel und er gewinnt wie das so viel ge-
schmähte und so wenig bekannte Talent dieser Dichterin beim zweiten
Hinsehen. Als ich das Bild der Madame de Staël vor zwei Jahren in
Coppet sah – das Fenster war offen, die Sonne beschien sie voll –,
konnte ich nicht anders als erstaunt sein über diese roten Weinlippen,
diese weiten, witternden, atmenden Nasenflügel. Der Kopf von George
Sand zeigt etwas Analoges. Bei all diesen Frauen, die halbe Männer
sind, beginnt die Geistigkeit erst in der Höhe der Augen. Alles andere
ist im Materiellen steckengeblieben. Fast alle sind dick und haben
männliche Züge: Madame Deshoulières, Madame de Sévigné, Madame
de Staël, George Sand und Madame Colet. Ich kannte vom mageren
männlichen Typus nur Madame Anaïs Ségalas.

Im Zimmer der Diana von Poitiers haben wir das große Baldachin-
bett der königlichen Konkubine – ganz aus weißem und kirschrotem
Damast – gesehen. Wenn es mir gehörte, würde es Mühe kosten, mich
davon zurückzuhalten, mich bisweilen hineinzulegen. Im Bett der
Diana von Poitiers zu liegen, selbst wenn es leer ist, hat wohl ebenso-
viel Wert wie manch andere greifbare Realität. Hat man nicht gesagt,
daß in diesen Dingen das ganze Vergnügen nur Einbildung sei? Kön-
nen sich diejenigen, die davon etwas haben, die sonderbare Wollust –
die sozusagen historische des 16. Jahrhunderts – vorstellen, die darin
liegt, den Kopf auf das Kopfkissen der Maitresse Franz' I. zu legen
und sich auf ihrem Lager umzudrehen? (O wie gern gäbe ich alle
Frauen der Erde dafür hin, könnte ich Kleopatras Mumie haben!)
Aber ich würde nicht einmal wagen, das Porzellan der Katharina von
Medici anzurühren, das im Speisesaal steht, aus Furcht es zu zer-
brechen, noch den Fuß in den Steigbügel Franz' I. zu setzen, aus
Furcht, er könne darin bleiben, oder die Lippen an das Mundstück
der ungeheuren Trompete zu legen, die im Waffensaal hängt, aus
Furcht, es könne mir die Lunge platzen.

*Wir haben uns statt dessen von diesem armen Chenonceaux, das
beim Murmeln des Flusses, im Schatten seiner großen Bäume und auf
seinen grünen Wiesen eingeschlafen ist, verabschiedet und es allein-
gelassen mit seinen schönen Erinnerungen, seinen schönen Bildern,
seinen schönen Waffen und seinen alten Möbeln. Voll guter Laune und
mit gefüllten Kürbisflaschen haben wir unsere Ranzen eingeweiht, indem wir nach Bléré wanderten, um von dort aus auf einem zweiräd-
rigen Wagen nach Tours zu fahren.*

Ein Gegenstück zu Flauberts witziger Schilderung bildet die
Beschreibung, die Fürst Hermann Pückler-Muskau 1835 in seinem Buch ›Semilassos vorletzter Weltgang‹ von Chenonceaux
gegeben hat:

»Wollen Sie nicht Chenonceaux sehen?« fragte mich der Wirt.
»Was ist das?«

*»Mein Gott, eine der interessantesten Sachen in Frankreich, das
Schloß, welches Franz I. für Diane von Poitiers erbauen ließ, und das
noch größtenteils so erhalten worden ist, wie sie es verlassen hat.«*

*Dies war eine erfreuliche Nachricht. Ich bestellte sogleich Postpferde,
und ungeachtet es heftig regnete und der Weg sehr schlecht war, er-
reichten wir in zwei Stunden das Parktor von Chenonceaux, nach dem
eine Avenue alter Rüstern führte. Ich werde mich dem ehrlichen Wirt
immer verpflichtet fühlen, mich auf diese Perle am Wege aufmerksam
gemacht zu haben, von der mein stupides ›Itinéraire de France‹ nicht
ein Wort sagt. Und besonders heute genoß ich die ›bonne fortune‹ doppelt, weil es mir gewissermaßen Chambord komplettierte, indem ich
hier noch, wenn auch in kleineren Maßstabe, erhalten sah, was dort
im größten längst zerstört wurde.*

*Das Schloß, in reizender Unregelmäßigkeit, höchst malerisch auf-
geführt, besteht aus zwei durch eine Mauer und Brücke verbundenen
Gebäuden. Das erste, dessen Hauptteil durch einen viereckigen weiten
Turm gebildet wird, der mit einem schönen gotischen Portal und der
Devise Dianens von Poitiers geziert ist, dient als Torhaus und Wohnung des Concierge mit seiner Familie. Über die erwähnte Zugbrücke
gelangt man nun von hier in das Hauptgebäude, welches im Geschmack
jener Zeit mit vielen Vorsprüngen und Türmen versehen, und auf
höchst seltsame Weise auf einer breiten Steinbrücke von sechs Bogen
quer über den Fluß Cher erbaut ist.*

*33 Heinrich IV. (im Profil) und Margarethe von Valois
bei höfischen Wasserspielen,
Bildteppich aus ›Les Fêtes de Henri III‹*

34 Diane de Poitiers, Gemälde der Schule von Fontainebleau

35 Chenonceaux vor dem Ausbau durch Philibert Delorme

36 Chenonceaux, Schloßfassade, von Félibien

37 Chenonceaux, Schloß und Gartenterrasse

38 Katharina Medici, Zeichnung von François Clouet

39 Chenonceaux, Erweiterungsplan von Katharina Medici

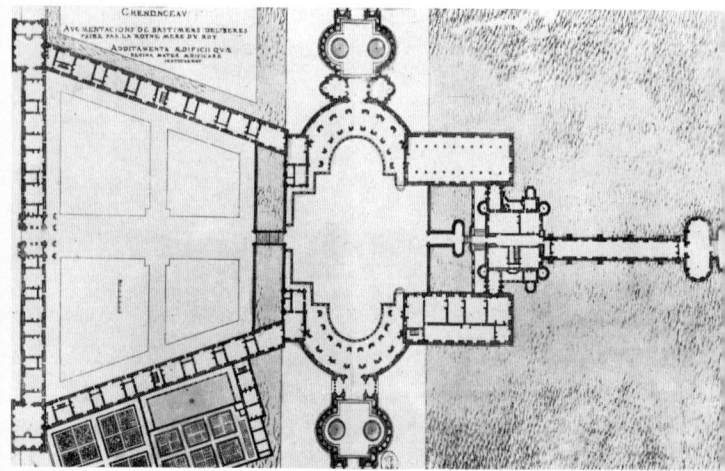

40 Der Donjon von Loches
Loches, Zeichnung von Gaignières

41 *Agnes Sorel, Gemälde der Schule von Fontainebleau*

Man sieht zuerst, in das Innere tretend, eine schmale, mit alten Waffen behangene Halle. Aus dieser führte man uns in den Salon der jetzigen Besitzer, des Grafen Villeneuve und seiner Gemahlin, die mit größter Artigkeit den fremden Besuchern alles der Aufmerksamkeit Werte im Schlosse zu besichtigen erlauben...

... Dem eben erwähnten Salon gegenüber gelangt man nun in den ganz historischen Teil des Schlosses. Die erste ›pièce‹ ist die ›Salle des gardes‹ Franz' I., gleich der folgenden sorgsam erhalten, wie sie zu seiner Zeit war. Man glaubt, in ein altes Bild hineinzusehen. Vor den Türen hängen verschossene, gewirkte Teppiche. Eine reich vergoldete Ledertapete deckt die Wände, an denen vier Gemälde in mittelalterlichem Stil hängen, welche kriegerische Szenen darstellen. Der Holzplafond ist in Himmelblau und Gold gemalt, auf dem Kamin, der fast bis an die Decke reicht, steht eine vergoldete Büste Franz' I., und an mehreren Orten entdecken wir wieder den Salamander und das gotische F mit der Königskrone und dem Strick des heiligen Franziskus; und da, wo sich die beiden Enden des Strickes in einer Schleife vereinigen, sitzt hier ein niedlicher Liebesgott darauf. Bänke und einige wurmstichige Tische sind die einzigen Möbel.

Das zweite Zimmer ist der Audienzsaal. Hier ist der Plafond ungleich reicher und kunstvoll geschnitzt, der Boden Parkett, die Tapete von einem leinenen Stoff mit großen, rot veloutierten Blumen und die Zwischenräume vergoldet, die Möbel gleichfalls aus vergoldetem Holz, teils mit Karmesin-Seide, teils mit gleichfarbigem Samt oder Tuch beschlagen, die Lehnen der Fauteuils abermals mit dem gestickten F geziert, und in der Mitte des Zimmers steht ein hoher Baldachin. Neben diesem Saal ist eine Art Boudoir mit Boiserie bekleidet, hellblauer Grund und gelbes Gatterwerk darüber, die Möbel aus Ebenholz mit schwarzem Samt und verschossenen goldenen Tressen. Hier steht ein Trinkglas Franz' I. aus venezianischem buntem Sternglase von großer Schönheit. Man hat auch einen Stuhl und Toilettenspiegel im kostbarem Rahmen aus Schildkröte und getriebener Arbeit in Metall hier aufgestellt, die beide der unglücklichen Maria Stuart gehörten.

Durch eine kleine Bibliothek, in der nur der äußerst kunstreiche Plafond alt ist, tritt man in Diane von Poitiers Zimmer. Ihr ausgezeichnet schönes Bild in voller Figur hängt über dem Kamin; ein reizendes Geschöpf, die Taille einer Ninfe, freudig in kräftiger Fülle, wie die Göttin der Jugend um sich blickend. Ihr graziöses Jagdkostüm ist heute *fast wieder modern geworden. Höchst geschmackvoll sind besonders die Haare in Locken gescheitelt und aufgebunden, Busen und Schultern fast bloß, der Gürtel wie man ihn jetzt trägt, und die lieblichen Füß-chen in so nette Schuhe gehüllt, als sie der beste Pariser Schuhmacher von 1834 nur liefern könnte ...*

Die Möbel in diesem Zimmer sind von Nußbaumholz mit einzelner Vergoldung, Wände und Stühle mit blauem Tuch beschlagen, und Salamander und F, die der König ungemein geliebt haben muß, fehlen auch hier nicht. In einem kleinen ›oratoire‹ daneben, dessen sich Heinrich IV. mit Gabrielle d'Estrées oft bedient haben soll (denn das Schloß scheint von einer Maitresse auf die andere übergegangen zu sein), befindet sich der letzteren Bild ...

Gabrielle d'Estrées sieht wie eine ›franche coquine‹ aus, wie sie Tallemant des Réaux auch schildert, der behauptet, sie habe dem Kö-nig so viel Hörner aufgesetzt, als es Tage im Jahr gebe. Der gute König wußte es, schloß aber die Augen. Einmal erbot sich, ich erinnere mich nicht mehr, welcher seiner Hofleute, ihn in der Nacht an ihr Bett zu führen, wenn Bellegarde mit ihr schlafen würde. Der gute König nimmt es an, wie sie aber an der Tür der Schlafstube angekommen sind, dreht er um und sagt: »Non, je ne veux pas entrer, cela la fâche-rait trop.«

Herr Gaston Menier kaufte im Jahre 1913 das Schloß, das er im nächsten Jahre in ein behelfsmäßiges Lazarett umwandelte. In den Galerien reihte sich Bett an Bett, in denen mehr als zwei-tausend Verwundete gepflegt wurden.

Gegenwärtig ist Herr Antoine Menier der Eigentümer. Die Schloßherrschaft ist sorgfältig instand gehalten, und es genügt, alte Photos zu betrachten, auf denen verfallene Mauern, ein mit Efeu bedeckter Bergfried, schlammige von Gras und Gestrüpp überwucherte Kanäle zu sehen sind, um von der heute überall herrschenden Ordnung beeindruckt zu werden. Die Besitzer haben den vernünftigen Schritt getan, sich dem Zustrom der Touristen zu entziehen und aus ihrem Besitz ein Museum zu machen. Auf solche Weise wußten sie dieser außergewöhn-lichen Landschaft den noblen Charakter zu erhalten, in dem sich Patriarchalisches mit Repräsentation vereint.

Chenonceaux ist der Ort, wo sich das klassische Bild des ›Garten Frankreichs‹ unserer Vorstellung ganz unmittelbar aufdrängt.

Ein Wohnsitz wie Chenonceaux ist nur unter dem Himmel, der den ›Garten Frankreichs‹ krönt, denkbar. Diese zum Schloß und königlichen Wohnsitz gewordene Mühle, wo die Spiele von Stein und Wasser sich auf solch glückliche Weise mischen, dieses Ganze aus Anmut und Festigkeit, aus Phantasie und Gleichgewicht, ist ein Abbild des eigentümlichen Charakters des französischen Volkes, der für jene, die in seine Wesenheit einzudringen versuchen, oft so verwirrend ist. Dieses Schloß bietet sich gleichermaßen als Brücke wie als befestigte Insel dar, von weitem ein kostbares Schmuckstück und in der Nähe von der soliden Haltung einer Bauschöpfung, die den Witterungseinflüssen zu trotzen vermag. So erscheint auch der Franzose dem Blick des Betrachters: von weitem gesehen ist er ganz Leichtigkeit, ganz Zwanglosigkeit, während er von der Nähe das Benehmen eines auf beiden Beinen stehenden menschlichen Wesens zeigt, das durch seine Urteilskraft in sich ruht und alles in allem so wohlgeschaffen ist, um den Angriffen von Jahrhunderten standzuhalten. Maurice Bedel

Loches

Gibt es noch eine zweite Stadt in Frankreich, die ihren Charakter so gut erhalten hat? Ob wir sie von den Ufern des Indre erblicken oder ob wir von ihrer Zitadelle auf sie hinabsehen, immer gewahren wir diese wunderbare Ansammlung von Gebäuden und alten Dächern, die von keinem modernen Eingriff gestört ist. Dies ist ein so seltener und so erstaunlicher Umstand, daß man schwerlich von diesem ersten Eindruck unberührt bleiben kann.

Das Schloß ist auf den ersten Blick nicht zu erfassen. Denn es ist eine Stadt über der Stadt, oder besser gesagt ein riesiges verschanztes Lager, ein befestigtes Plateau, dessen Wälle mit der Stadt verfließen, die ebenfalls von Wällen, deren Tore wir noch sehen können, eingeschlossen war. Es besteht aus einzelnen auseinanderliegenden Gebäuden, die, nach Alter, Stil und Umfang verschieden, letzten Endes nur ihre Mächtigkeit und Schönheit gemeinsam haben. Das Ganze verteilt sich auf zwei Kilometer Länge.

Um die Lage dieses ausgedehnten und unübersichtlichen Komplexes, in dem sich die Wohnhäuser stark vermehrt haben, überschauen zu können, empfehle ich vor allen Dingen einen Rundgang um den befestigten Platz und zwar längs der Ringmauer. Es ist ein langer Spaziergang, der aber höchst vergnüglich und interessant ist. Wir befinden uns einer mächtigen Verteidigungsanlage gegenüber, die nahezu ein Musterbeispiel mittelalterlicher Festungsarchitektur darstellt. Es sind nicht die morschen Ruinen der Hugo'schen Landschaften, auch nicht die wissenschaftlichen und kalten Rekonstruktionen einer Hochkönigsburg oder eines Schlosses Pierrefonds: Der Anblick hier ist echt, er begeistert!

Seit etwa vierzig Jahren hat die Denkmalpflege sich bemüht, die Festungsgräben wiederherzustellen, die Zugänge freizumachen und sie von einer sie überwuchernden Vegetation zu befreien. Die Terrassengärten, die hier und dort die Wälle krönen, verniedlichen sie nicht, sie mildern nur ihre Strenge.

Diese Wälle, die auf das 12. Jahrhundert zurückgehen, wirken durch ihre Höhe, ihren Umfang und ihre Monumentalität. Kämpfe, Revolutionen und der natürliche Verfall durch die Zeit haben sich an diesen schweren Steinmassen versucht, ohne eine Spur zu hinterlassen.

Beginnen wir an der ›Porte Royale‹, gehen dann über den ›Töpferei-Platz‹ bis zum Fuß des umfangreichen ›Runden Turm‹ und wir stehen vor den breiten in den Felsen gehauenen Festungsgräben, die den Wehrturm schützten. Die auf felsiges Massiv errichteten groben Mauern des ›Martelet‹, einer vorspringenden Anlage des Schlosses, werden durch ein erstaunlich langes Tor mit vollem Rundbogen durchbrochen. Wenn wir nun den Mittelwall entlang weitergehen, gelangen wir zu einer weniger wichtigen, von Türmen flankierten Ringmauer, die unter der Kirche und dem Logis des Königs das ›Fort Saint-Ours‹ einschließt. Wir nehmen den Weg unter der Terrasse des Königlichen Logis herum und erreichen durch die aufsteigende ›Rue des Fossés-Saint-Ours‹ – in der wir uns in eine seit Jahrhunderten unveränderte Stadt versetzt fühlen – wieder unseren Ausgangspunkt, die ›Porte Royale‹.

Wir können nun dieses Tor durchschreiten, um in diese merkwürdige obere Stadt zu gelangen, die man das Schloß von Loches nennt.

Seine ›Porte Royale‹ war sicher noch mächtiger, als eine Zugbrücke sich auf die gegenüberliegende Erhöhung senkte, deren Spuren wir noch sehen. Die beiden dicken Rundtürme des 13. Jahrhunderts lassen nur einen Teil ihrer Umwallung hervortreten, da die Anlage im Laufe des 15. Jahrhunderts in die noch dickeren, mit vorgekragten, gedeckten Wehrgängen gekrönten Mauern einbezogen wurde.

Begeben wir uns zuerst zu dem ›Donjon‹, der am Ende einer Promenade erscheint. Herr Jean Vallery-Radot schreibt:

Dieser Riese unter unseren französischen Donjons der romanischen Epoche präsentiert sich in Form einer riesenhaften rechteckigen Masse mit sparsamen Öffnungen in seiner ganzen Höhe. Mit Ausnahme auf der westlichen Seite ist er durch halbzylindrische Strebepfeiler an Diensten gestützt. Er ist gegen Norden von einem ebenfalls rechteckigen Mauerwerk flankiert, das sich ungerechtfertigterweise ›der kleine Donjon‹ nennt, dessen Oberfläche ungefähr ein Viertel der eigenen ausmacht. Die zwei Meter achtzig dicken Mauern bestehen aus Füllsteinen, die in sehr harten und groben Mörtel eingelegt und mit Blendsteinen von zwanzig cm Höhe auf dreißig bis fünfundvierzig cm Breite verkleidet sind. Diese riesenhaften Mauern steigen ohne Unterbrechung senkrecht in eine Höhe von siebenunddreißig Metern empor, sind erstaunlich lotrecht und in Zwischenräumen durch starke aber nicht schwere Strebepfeiler gestützt.

Der Bau geht wahrscheinlich auf das Ende des 11. Jahrhunderts zurück, hat aber nicht aufgehört, sich im Zuge der Entwicklung der Angriffs- und Verteidigungsmittel zu verändern und höher zu werden.

Es gibt keine uneinnehmbaren Festungen. Diese ist aber doch so gelegen, daß ihre Insassen sich in der Frühe jenes Tages des Jahres 1195, als Richard Löwenherz durch Überrumpelung sich ihrer bemächtigte, geborgen wähnen konnten. Philipp August konnte solche Anmaßung nicht dulden. Zehn Jahre später lagen seine Truppen vor Loches, sie benötigten aber über ein Jahr, um das Schloß zu erobern. Die hitzigen Gegner standen sich genauso gegenüber, wie es im vorhergehenden Jahr bei Château Gaillard der Fall war, jener anderen riesigen Befestigung, die sie am Übergang zur Normandie gehalten hatten, die für uneinnehmbar galt, bevor sie durch den Zugriff des Königs von Frankreich fiel.

Der Bergfried wurde durch vorspringende Türme und mächtige Zwischenwälle sowie durch den Bau einer freistehenden Ringmauer an der gefährdeten Seite verstärkt. Im 15. Jahrhundert wurden der ›Martelet‹ und der ›Runde Turm‹ errichtet. Letzterer war ein neuer Bergfried am Schnittpunkt der Ringmauer des Schlosses und der Stadtmauer. Dieser Turm von kräftigem Aussehen enthält vier mit Rippengewölben und bedeutenden Kaminen versehene Säle.

Der ›Martelet‹ ist ein teilweise in Felsen und alte Steinbrüche gehauenes unübersichtliches Gewirr von unterirdischen Gängen, die als Gefängnis dienten. Am bekanntesten ist das Verlies des Lodovico il Moro, Herzogs von Mailand, den Ludwig XI. dort wegen seiner Untreue für die Dauer von acht Jahren büßen ließ. War er es, der diesen mit einem Tonnengewölbe ausgestatteten und durch schmale Fenster erhellten Raum mit Darstellungen und Reliefs geschmückt hat? Ist er es gewesen, der sein Werk mit diesen durchaus verständlichen Worten »Celui qui n'est pas contan – Jener, der nicht zufrieden ist« signiert hat?

Wenn das Publikum befestigte Schlösser besucht, will es auch seine Portion handfester Sensationen haben. Wie viele der für Bewaffnete bestimmten, abgelegenen Räume sind nicht auf Grund der durch die Führer sorgfältig erhaltenen und weiterentwickelten Legenden in fürchterliche Verliese verwandelt worden, wieviel Brunnenschächte oder Abtritte wurden nicht zu Fallgruben gestempelt, wieviel Hufschmieden zu Folterkammern ... Dennoch ist der Ruf von Loches berechtigt, und sein furchterregender Anblick hat nicht wenig dazu beigetragen, die Gemüter tief zu beeindrucken. Tatsächlich gab es dort Gefängnisse seit Beginn, und es bestanden noch welche zu Anfang dieses Jahrhunderts.

Loches hat im ›Martelet‹ und im ›Runden Turm‹ wichtige politische Gefangene beherbergt. Das war übrigens auch bei zahlreichen berühmteren Festungstürmen der Fall, sei es in Vincennes oder im Tower in London.

Es ist merkwürdig, festzustellen, wie zäh sich falsche Geschichten halten. Auf Grund seiner Gefängnisse in Loches gilt

Ludwig XI. für ein Monstrum an Grausamkeit, dessen Mitleid nur widerliche Scheinheiligkeit war. Als ich die neunte Klasse besuchte, hatten wir in unserem Geschichtsbuch eine Seite, die mich immer wieder beschäftigte: der König war darauf dargestellt, wie er mit einem sardonischen Lächeln die Käfige besichtigte, in denen lebenslänglich Gefangene »weder stehen noch sitzen, noch liegen konnten«. Mir schauderte davor. Der große Historiker von Ludwig XI., Pierre Champion, der sein Leben damit zugebracht hat, die Archive zu durchstöbern, hat nicht wenig Mühe gehabt, uns von diesem Fürsten ein ganz anderes Bild zu entwerfen. Trotzdem gab er sich keinen Illusionen hin: die glänzenden romantischen Ausschmückungen eines Walter Scott oder Victor Hugo haben der Einbildungskraft und den Leidenschaften zu sehr geschmeichelt, als daß der von ihnen geschaffene Ludwig XI. nicht auch jener der Nachwelt wäre.

Überdies entspricht es ebensowenig der Wahrheit, daß Ludwig XI. diese Eisenkäfige erfunden hat, die bereits in und außerhalb Frankreichs in den gewöhnlich offenen Sälen der Schlösser dazu dienten, die Gefangenen an der Flucht zu hindern. Im übrigen waren die ›fillettes‹ nicht Käfige, sondern Ketten mit Kugeln, und der Kardinal Balue – der den König, dem er alles verdankte, verriet – wurde niemals in einen Käfig gesperrt, vielmehr verbrachte er die Tage seiner Gefangenschaft mit Rechts- und Theologiestudien und genoß die Pfründen seines Bistums, in das er nach seiner Befreiung zurückkehrte.

Die Verliese behalten trotzdem ihre Anziehungskraft. Ihre Einritzungen, Malereien und unbeholfenen Reliefs erinnern an die langen Stunden tatenloser Einsamkeit der unglücklichen Gefangenen. Das Gebet, die Künste und die Literatur waren ihre moralischen Hilfsquellen. Wir besitzen eine Folge von Gedichten, insgesamt 2366 Verse, die im 15. Jahrhundert von einem Unbekannten verfaßt wurden: ›Le Prisonnier desconforté – Der verzweifelte Gefangene‹, die im Ton, wenn auch nicht im Gehalt, an die Balladen eines François Villon erinnern, die zur gleichen Zeit und unter ähnlichen Umständen entstanden sind.

Der verzweifelte Gefangene

Die Zeit vergeht wie Schatten,
meine Tage verfliegen wie Rauch,
das Alter bringt großes Ermatten
und die Welt vergißt mich auch.
Schmerz durchwühlt mich mit Flammen
und wie Heu verdorr ich gemach,
meinen Leib halten Ketten zusammen.
Bestimmt stellt der Tod mir nach.

Ich sehe mein Haar sich entfärben.
Liebe Jugend, fahre dahin!
Mein Herz ist müd bis zum Sterben
und Hoffnung in mir ohne Sinn.
Finstrer Kerker, von allen verachtet,
statt Weltlust nur Ungemach:
mein Leben ist ausgeschmachtet.
Bestimmt stellt der Tod mir nach.

Verzweiflung mich schattend umschwebt,
denn die Launen sind täglich schlimmer
des Fürsten, der ständig vor Zorn bebt.
Er läßt mich im Kerker für immer!
Auch Krankheit hält mich gebunden.
Mein Fleisch verfällt und wird schwach.
Der Schmerz hat mich völlig zerschunden.
Bestimmt stellt der Tod mir nach.

Du Fürst gewaltiger Heere, o Schmerz,
kämpfst gegen ein armes Menschenherz.
Meine Strafe hat er bestätigt. Ach!
Ganz bestimmt stellt der Tod mir nach.

Verlassen wir diesen düsteren Ort, um uns angenehmeren Bildern am anderen Ende des Schlosses zuzuwenden. Die in die Außenwerke einbezogene Stiftskirche ›Saint-Ours‹ ist seit der Revolution Pfarrkirche. Nichts ähnelt dieser Folge von vier auf eine Linie zusammengedrängten Kirchtürmen, von denen zwei große an den Enden, zwei kleine in der Mitte stehen. In Wirk-

lichkeit haben die kleinen nur das Aussehen von Kirchtürmen,
denn sie sind das Gewölbe des Schiffes in Form von hohlen acht-
eckigen Pyramiden. Dies ist eine außergewöhnliche Ausdrucks-
form der romanischen Architektur, zu der wir auch die berühmten Küchen der Abtei Fontevrault rechnen können. Der
Eindruck im Innern ist noch erstaunlicher. Es war der Prior
Thomas Pactius, der sich am Ende des 12. Jahrhunderts entschloß, das vom Einsturz bedrohte Gebälk des Schiffes durch
diese Art Decke zu ersetzen, die offensichtlich von den Kuppeln
über Kirchenschiffen im Südwesten des Landes beeinflußt ist.
Das Eigentümliche entsteht durch die Pyramidenform des Gewölbes, die zusammen mit den steinernen Bögen und den Pfeilern eine sehr merkwürdige aufstrebende Wirkung hervor-
ruft.

Der Narthex, offensichtlich ein Teil der Instandsetzungsarbei-
ten des Priors Thomas, ist von den Kirchen des Anjou beeinflußt. Die Bogenkehlen des romanischen Portals sind mit stark
verwitterten, aber sehr geschmackvollen Skulpturen verziert,
aus ihren menschlichen Figuren und tierischen Ungeheuern
spricht die Lust an Einfällen und am Spott der Bildner der Zeit.
In der Mitte reckt sich der Kopf eines Bären empor; darunter
ist, wie als Kontrast, eine sehr feine kleine römische Arbeit angebracht, die als Weihwasserkessel dient. Auf den Konsolen der
romanischen Pfeiler des Innern finden wir figürlichen Schmuck
von derselben phantasievollen Gestaltungslust.

Begeben wir uns etwas weiter, um die königlichen Gemächer
zu besichtigen. Wenn uns der Führer etwas warten läßt, um so
besser, denn das Gebäude erhebt sich auf einer der schönsten
Terrassen der Touraine. Der Blick verliert sich in der Ferne,
über den Indre hinweg, der sich durch die Wiesen windet, wir
sehen den stolzen Kirchturm der Abtei Beaulieu-lez-Loches
auftauchen. Unter uns breitet sich im Vordergrund die alte
Stadt Loches aus, weise geschont und mit ihren Schieferdächern
und hübschen, völlig gleichen Schornsteinen vollkommen erhalten.

Wir befinden uns jetzt vor dem Schloß, das ungefähr 1350 königlicher Wohnsitz wurde, als die strenge Festung, die wir soeben sahen, zu unbequem und zu unfreundlich für die neuen Sitten geworden war. Der Gegensatz könnte in der Tat nicht größer sein, denn dieses Schloß hat fast nichts Kriegerisches mehr. Es besteht aus zwei aneinandergefügten, aber völlig verschiedenen Gebäuden.

Das linke, das ›Alte Logis‹, datiert aus dem 14. Jahrhundert, das andere, in seiner Verlängerung gelegene Gebäude wurde zwei Jahrhunderte später angefügt. Das erste wird von einem offenen, mit Zinnen bewehrten Wehrgang, aus dem vier Türmchen emporsteigen, bekrönt, zwischen denen sich zu zweien übereinander angebrachte große Fenster mit Kreuzbalken öffnen. Dieser Gebäudekomplex ist durch eine Mauer mit dem sogenannten ›Turm der schönen Agnes‹ verbunden. Es handelt sich, wohlbemerkt, um die schöne Freundin Karls VII. Dieser Turm wird von einem Treppenturm flankiert, der auf einer reich gestalteten Konsole ruht, einem wahren Relief-Gemälde, das ein Liebespaar darstellt. Dort befindet sich auch das Grabmal der Agnes Sorel, eine entzückende Liegende, die wir dem Meißel des Jacques Morel verdanken. In der Revolution verstümmelt – sie befand sich damals in der Stiftskirche –, wurde sie später mit wenig Sachkenntnis restauriert, was ihren Charakter recht verändert hat. Der Bildhauer von 1808 hat die Hände des ›edlen Fräuleins‹ gefaltet, die sie vorher offen auf einem Buche liegen hatte, er hat die abgehauenen Köpfe der lieblichen Lämmer zu ihren Füßen erneuert, den Engeln Flügel aufgepfropft und anderes mehr.

Im ›Neuen Logis‹ fällt besonders die Grazie der mit Giebeln und Fialen versehenen Lukarnen auf, die in dem für die Loire um diese Zeit charakteristischen Stil ausgeführt sind.

Aber wie viel Restaurierungen in diesem Schlosse! Im Kaiserreich wurde das Gebäude in eine Unterpräfektur verwandelt. Vielleicht hat dieser Umstand dem Bauwerk das Leben gerettet, aber er führte auch zum Verlust seiner Seele. Die Säle sind erhalten geblieben, eiskalt wie Verwaltungsräume. Nur die zwerghaft kleine Betstube der Anne de Bretagne, mit kunstvollen Kreuzrippengewölben gedeckt, lohnt einen Aufenthalt. Ein kleiner Altar auf gewundenen Säulen ist in ein stark verziertes Grabgewölbe gestellt. Die Wände sind mit einem erstaunlichen Netzwerk von Arabesken aus Knotenschnüren und Hermelinen übersponnen.

Villandry

Der Name Villandry ist so eng mit der Vorstellung von seinen Gärten verbunden, daß das Gebäude selbst unter dieser wunderbaren Nachbarschaft leidet.

Die Herren von Villandry unterstanden den Lehnsherren von Tours. Das heutige Schloß wurde teilweise auf dem Unterbau ihrer Festung errichtet, von der noch der viereckige Wehrturm steht, er ist heute von Renaissancebauten umschlossen.

Die Herrschaft Colombiers – es ist die alte Bezeichnung für Villandry – und Savonnières, die Jean des Aubus gehörte, wurde 1532 von Jean Le Breton, einem der Räte Franz' I., erworben.

Wir stoßen hier wieder auf diesen Le Breton, der das Amt eines Bauleiters und Ober-Bauaufsehers in Blois und Chambord bekleidete. Man übertreibt nicht, wenn man sagt, daß er, der ehemalige Gesandte in Italien, Erfahrung im Bauen hatte und vom Geist der Renaissance erfüllt war. Schloß Villandry – ebenso wie Villesavin, das er sich einige Jahre später bauen läßt – zeigt die letzte Entwicklungsstufe jenes Stiles, der seine berühmte Blütezeit an den Ufern der Loire erlebt hatte.

Das Schloß, das sich nach den Tälern der Loire und des Cher öffnet, entfaltet seine drei Hauptgebäude um einen weiten und erhöhten Ehrenhof, der auf den Mauerschichten der mittelalterlichen Burg liegt, von der noch die Gräben vorhanden sind. Die mittlere Fassade besteht aus zwei Reihen von Kreuzfenstern, die von Pilastern eingerahmt und von Lukarnen der gleichen Größe überlagert sind. Die Seitenflügel ruhen auf offenen Arka-

dengalerien mit schönen Verzierungen an den Bögen und Pfeilern. Stark betonte Doppelsimse laufen zwischen den Stockwerken am Gebäude entlang. Diese etwas kalte Regelmäßig-
keit und Symmetrie des Ganzen ist voller Würde.

Die äußere Fassade des westlichen Flügels, die als genaue
Wiederholung behandelt ist, endet im Turm der alten Burg des
14. Jahrhunderts. Man wird feststellen, daß diesmal, entgegen
der Gepflogenheit, der Renaissanceteil keinen Turm aufweist.
Dafür befand sich an der rechten Ecke des Ehrenhofes eine – wie
in Blois – achteckige Außentreppe. Sie wurde im 18. Jahrhundert
durch den Marquis de Castellane zerstört und durch eine Steintreppe im Innern ersetzt, die mit einem schmiedeeisernen Geländer geschmückt ist und übrigens recht großzügig wirkt.

Villandry verblieb bis 1754 im Besitz der Familie Breton, um
dann in die Hände der Familie de Castellane überzugehen. Damals wurden Veränderungen vorgenommen, deren Bedeutung wir später sehen werden, und die das Baudenkmal völlig
entstellen sollten. Revolution und Kaiserzeit stellten das Schicksal des Schlosses in Frage. Es fiel, vor allem durch einen Ver-
trauensbruch, an einen gewissen Ouvrard, einen ehemaligen
Kolonialwarengehilfen, der als Armeelieferant sein Glück gemacht hatte und für den es weiter nichts als eine Geldanlage
neben vielen anderen bedeutete. Ouvrard geriet aber schnell in
Schulden, und Napoleon ließ Villandry pfänden, um es seinem
Bruder Joseph zu schenken. Als dieser König von Spanien
wurde, gab es bei den Bonapartes eine Aufteilung des Familien-
besitzes, wodurch Villandry durch Tausch an die Familie Hainguerlot kam, die es bis 1897 besaß.

Die ohne Sinn für die Vergangenheit vorgenommenen Veränderungen von Villandry im 18. Jahrhundert hatten das Schloß
und seine Gärten unkenntlich gemacht.

Einer Persönlichkeit, die völlig unerwartet auftrat, sollte die
mühselige Aufgabe zufallen, es wieder in Ordnung zu bringen.
Doktor Carvallo war das, was man eine Persönlichkeit nennt.

Dieser spanische Arzt hatte Spanien verlassen und praktizierte nicht mehr. Er arbeitete in Lyon in einem Biologielaboratorium und nahm jede Gelegenheit wahr, um Frankreich nach Spuren seiner Vergangenheit zu durchforschen.

Mit großem Eifer eröffnete er einen Feldzug gegen die romantische Empfindsamkeit, ihre Verkennung der klassischen Kunst und ihre Liebe für Ruinen. ›Schwarze Schafe‹ waren nach ihm die wilde Vegetation, der Efeu auf den Mauern und die exotischen Bäume.

Er selbst hat uns geschildert, wie es zum Kaufe von Villandry kam und warum er die Besitzung umgestaltete, um ihren verlorenen Geist wiederzufinden:

Ich habe Villandry gegen Ende des Jahres 1906 einem Apotheker, Monsieur Le Roux, abgekauft, der es seinerseits von Maklern erstanden hatte, die den gesamten ehemaligen Besitz der Familie Hainguerlot erworben und aufgeteilt hatten, um dadurch einen größeren Gewinn zu erzielen. Da sie für das Schloß keinen Käufer fanden, wollten sie es abreißen, um das Material zu veräußern.

Der siebzigjährige Apotheker hatte daran gedacht, im Schloß unter Ausnutzung der dortigen Wasserfälle eine Anlage für die Herstellung von pharmazeutischen Produkten einzurichten. Da er sich aber bald darüber klar war, daß sein Projekt nicht genügende Mittel abwerfen würde, um Villandry zu unterhalten, stellte er das Schloß dreimal zum Verkauf: zuerst für 160 000 frs, dann für 140 000 frs und zuletzt für 120 000 frs, ohne einen Käufer zu finden. Ich befand mich im Süden, in der Nähe von Lyon, als ich von dieser zum Verkauf stehenden Besitzung erfuhr. Ich eilte, sie zu besichtigen.

Das Schloß schien ganz aus Fenstern, Balkonen und Scheinöffnungen zu bestehen. Der Park war nach englischer Art mit den üblichen Bodensenkungen und Erhebungen angelegt, mit Bäumen und Sträuchern bepflanzt, von denen man zahlreiche exotische Arten kürzlich erst eingeführt hatte, wie zum Beispiel Zedern, Tannen, Thujen und Magnolien, die auf der Rückseite künstlicher Hügel gruppiert waren. Das Schloß selbst verschwand unter einem Wald von Bäumen und Blättern.

Trotzdem gefiel mir das Ganze. Der Preis erschien mir für einen solchen Besitz nicht übertrieben. Nachdem ich mich mit dem Eigen-

tümer in Verbindung gesetzt hatte, ließ ich mich zum Kauf des Be-
sitzes für 120000 frs verführen. Der Vertrag wurde auf der Stelle
unterzeichnet. Zwei Tage später starb der arme Mann an der Gicht.

Als ich mich Anfang 1907 in Villandry einzurichten begann, er-
schrak ich nach näherer Untersuchung des Schlosses und des Gutes
über die erdrückende Bürde, die ich übernommen hatte. Die ersten
Monate war ich fast vollständig mit Arbeiten zur Instandsetzung des
Schlosses beschäftigt. Ich muß jedoch sagen, daß ich damals nicht ein
einziges Mal nach Villandry gekommen bin, ohne daß ich den Ver-
such gemacht hätte, mir seinen architektonischen Charakter unabhän-
gig von den unglücklichen Veränderungen des 18. und 19. Jahrhun-
derts vorzustellen. Da mir die Tätigkeit des Forschens und Folgerns
nicht fremd war, erwartete ich mit Ungeduld den Augenblick, mich
vertieften Studien hingeben zu können. Ungefähr erst im September
1907 konnte ich mich an die Arbeit machen.

In Unkenntnis des Grundrisses von Villandry, der im Laufe der
Jahrhunderte und besonders im 19. Jahrhundert durch die Romantik
entstellt worden war, betrachtete ich dieses große aufgedonnerte, von
einem exotischen Park umgebene Haus wie ein unentwirrbares, un-
lösliches Problem. Meine Aufmerksamkeit wurde zuerst auf die An-
ordnung der von unzähligen Fenstern bedeckten Fassaden gelenkt,
und ich sagte mir: »Wenn diese Fenster immer vorhanden waren,
müssen sie geöffnet werden, und wenn sie nicht vorhanden waren, so
müssen sie verschwinden.« Nach Abschlagen der zwischen den wirk-
lichen Fenstern befindlichen Putzfüllungen, auf die die falschen Fen-
ster gemalt waren, fand ich die für die Anbringung des Putzes auf-
gerauhten Mauern. Damit entdeckte ich die ursprüngliche architek-
tonische Ordnung des Renaissanceschlosses, vor allem an den auf
Franz I. zurückgehenden Teilen, in denen die Fenster immer auf die
Achsen der Lukarnen gesetzt und durch Füllungen, den sogenannten
›Fensterpfeilern‹, voneinander getrennt waren. Alle Blendfenster be-
fanden sich an der Stelle der Füllungen, sie waren nicht so tief, aber
höher und breiter als die echten Fenster. Die sie einrahmenden Simse
hatten nicht im entferntesten die gleichen Profile. Die Schlußsteine die-
ser Blendfenster zeigten ein Akanthusblatt aus der Zeit Ludwigs XV.
In den ursprünglichen Fenstern dagegen fand ich überall die Ansätze
der zerstörten Sprossen. Durch einen glücklichen Zufall fand sich eine
in drei Teile zerbrochene Sprosse in den vermauerten Arkaden der

42 Villandry, Schloß

43 Villandry, Gartenparterre ▶

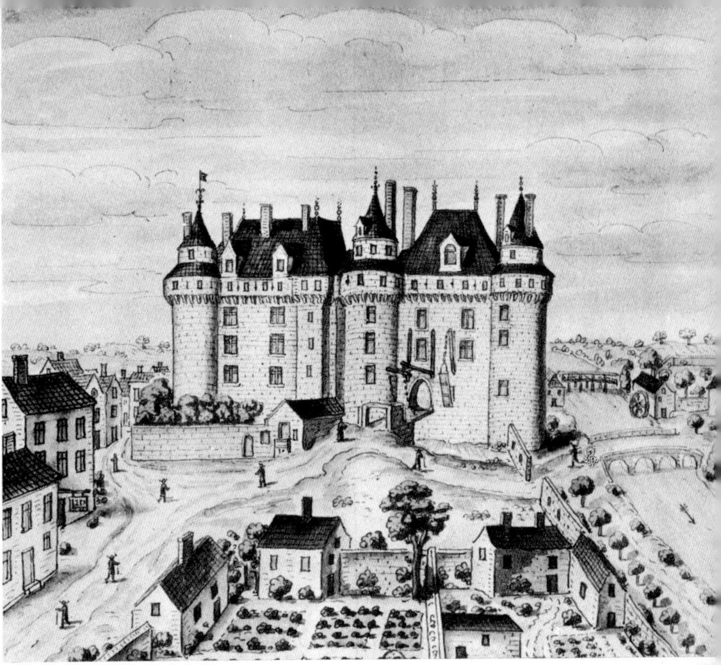

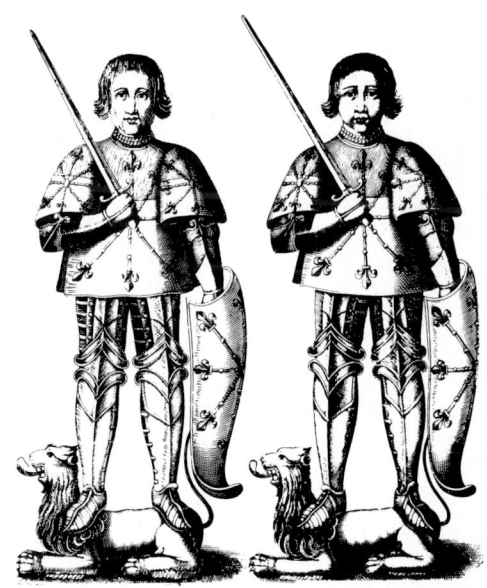

44 Langeais, Aquarell von Gaignières

45 Foulques Nerra,
Graf von Anjou,
und Geoffroy von Anjou

46 Langeais, Fassade

Galerien des Ehrenhofes. Diese Galerien waren zugemauert worden, um auf einer Seite Küchen und auf der anderen Korridore anzubringen, die nach den Salons führten. Zwischen den die Tore rahmenden Pfeilern waren Blendfenster angebracht. Nach Entfernung der Vermauerung zeigte sich die Arkadengalerie in ihrer ganzen ursprünglichen Schönheit.

Von diesen unglücklichen Veränderungen war auch der mittelalterliche Turm nicht verschont geblieben, den eine klassische Balustrade des 18.Jahrhunderts krönte und auf deren Terrasse ein achteckiger, als ›Belvedere‹ dienender Pavillon errichtet worden war. Außerdem hatte man in den Turm Fenster gebrochen und Blendfenster und Blendlukarnen angebracht. Auf dem Dach des linken Flügels des Schlosses erhob sich ein Pavillon für Lufthungrige und endlich hatte man zur Verschönerung, und um das Schloß nach allen Seiten verlassen zu können, den ersten Stock mit Balusterbalkons und das Erdgeschoß mit einer Balusterterrasse umgeben. Aus dem gleichen Grunde wurden die Fenster nach Entfernung der Brüstungen in Türen verwandelt und eine ebenfalls mit Balustern geschmückte Brücke nach den Gärten über den vorher zugeschütteten Schloßgraben gebaut.

Der von der Straße durch geschmiedete Eisengitter getrennte und von Pförtnerpavillons umgebene Vorhof war mit Bäumen und Büschen bepflanzt, die die Fassade des Schlosses verdeckten. Eine sanft geneigte Auffahrt gestattete den Karossen bis zum Eingangstor und bis zu den Salons zu gelangen.

All diese Umbildungen hatten die ursprüngliche architektonische Anlage des Schlosses entstellt.

Die Wirkung der ersten Umgestaltungen, die ich vornahm, war erstaunlich. In nahezu einer Woche hatte Villandry den Charakter, den es in der Renaissance besessen hatte, wiedergewonnen. Ich lud die Mitglieder der ›Société d'Archéologie de Touraine‹ ein, um ihnen von der von mir geleisteten Arbeit Rechenschaft abzulegen. Diese Herren, die gewohnt waren, Villandry von Blendfenstern bedeckt zu sehen, wodurch es den monotonen und traurigen Eindruck einer Kaserne machte, waren erstaunt. Sie wollten ihren Augen nicht trauen und glaubten, daß ich durch einen Zauberstab ein neues Schloß wiederaufgebaut hätte.

Dank solch zielstrebiger Energie erstand das alte Schloß der Le Breton wieder in ganz neuem Glanz. Die Restauratoren zu

Beginn des Jahrhunderts glaubten, daß gewissenhafte Arbeit
genügen würde, um ihr Gewissen zu beruhigen.

Ein nach Osten gelegener Flügel verwandelte sich in eine Galerie für spanische Kunst.

Gleichzeitig wurden die schönen hundertjährigen Bäume des
englischen Gartens erbarmungslos gefällt und der Boden ein-
geebnet. Die Terrassen wurden wiederhergestellt und dort,
wo die Alleen sich zwischen Rasenflächen und Baumgruppen
hindurchwanden, wurden Renaissancegärten in rein linearer
Geometrie mit größter Exaktheit angelegt – es sind heute
wohl die bedeutendsten der Welt.

Ihnen galt die prunkliebende Leidenschaft des Doktors Carvallo. Mit Begeisterung ließ er die drei übereinander gelagerten
Gärten wiedererstehen. Der größte, am Fuße des Schlosses gelegene, ist der Gemüsegarten. Ein Gemüsegarten, wie es keinen
anderen gibt. Vier große gerade Alleen kreuzen sich, und an
jeder Kreuzung fällt ein kleiner Wasserstrahl in ein vierpassiges
Becken zurück. An den Ecken stehen vier rund geschnittene
Lauben aus Rosensträuchern sich gegenüber. Das Ganze ist also
in neun große Vierecke aufgeteilt, deren Mitte durch ein viereckiges Bassin gekennzeichnet ist und die wie ein mehrfarbiges
Mosaik verschiedene geometrische Muster zeigen. Die mit Blumen eingefaßten Gemüsebeete zeigen, daß hier die Tradition
der mittelalterlichen Gärten von der Renaissance übernommen
wurde. Wir finden dafür viele Beispiele in den Zeichnungen von
Du Cerceau und Beschreibungen im ›Presidium Rusticum‹ von
Charles Estienne oder im ›Théâtre d'Agriculture‹ von Olivier
de Serres. Die Gärten der alten Festungen sollten sowohl eine
nützliche Rolle spielen – besonders bei Belagerungen – als auch
gleichzeitig eine Freude für das Auge sein. Mochte der Schloßherr auch Humanist sein und sich für seine Bibliothek interessieren, vor allen Dingen war er doch ein Mann, der die Natur
liebte und den Jagd und Krieg ins Freie zogen. Er lebte von seinen
Ländereien, von den Erträgen seiner Gärten und Obstgärten.

Und hier der Ziergarten, der tatsächlich nur ein wunderschönes überwältigendes Ornament aus geschnittenem Buchsbaum und Eiben ist. Wir werden zur Terrasse, die ihn beherrscht, hinaufgehen – von ihr aus bietet sich die schönste Aussicht auf die Gärten –, und dort werden wir die geometrisch geschnittenen Pflanzen-Figuren wiederfinden, die die flüchtige Liebe, die tragische Liebe oder die tolle Liebe symbolisieren. Ganz oben endlich triumphiert in königlicher Ruhe der Wassergarten mit seiner großen, von Linden umgebenen Wasserfläche.

Im Hintergrund breitet sich das Dorf aus, das mit seiner einfachen romanischen Kirche das Bild harmonisch abschließt.

Aber nicht alle sind mit der Umwandlung von Villandry einverstanden. Hören wir Maurice Bedel in ›La Touraine‹:

Inmitten dieser architektonischen Gärten voller Biederkeit wirken gewisse Dekorationen von Schlössern, und besonders die großen Dekors der Kanäle, der Blumenbeete und ihrer Buchsbaumeinfassungen eines Wohnsitzes wie Villandry, wie ein Hahn inmitten einer Versammlung von Nachtigallen. Wir sind vollständig der Etikette unterworfen, und der Obergärtner ist der Chef des Protokolls für Bäume und Blumen. Keine Weinrebe, die nicht der Dekoration untertan ist, kein Salatkopf im Gemüsegarten, der sich nicht allein durch den Wuchs seiner Blätter Geltung verschaffen könnte, kein Apfel, der zwischen den Spalieren sich nicht den Blicken wie eine bei einem Wettbewerb ausgezeichnete Frucht darbietet. Allerorts herrscht Pomp. In solche Prahlerei mit Pflanzen und mit Gemüsen mischt sich ein kunstvoller Ton, es wirkt wie ein Zeremoniell. Hier werden wir gewiß nicht den wirklichen Zauber der Touraine entdecken können.

… Ein großes Schloß, Villandry genannt, stolz, langweilig, wie geleckt, gewaschen und gut gekämmt, von dem man sagen könnte, daß ein geduldiger Liebhaber die Löcher und Risse der Jahrhunderte gestopft oder, anders gesagt, ›gestoppt‹ hat. Seine Gärten sind eine Stickerei aus Buchs und Lavendel, ganz Steifheit und Konvention; keine etwas verrückte Petunie, keine Verbene, die aus der Reihe tanzt. Die Alleen sind für geflügelte Sphinxe, Greife und Phönixe bestimmt und nicht für Spatzen. Das Pompöse und Prunkvolle ist hier eingezogen und hat die Vergangenheit auf Gegenwart frisiert. Da aber die Vergangenheit notgedrungen tot ist, ist die Gegenwart ohne jegliches Leben. Dieser Wohnsitz müßte die lebendige Touraine töten, wenn To-

deskälte ansteckend wäre. Gott sei's gedankt, damit ist es nichts, und das Tal des Cher wird wieder lebendig, sobald man diese kalten Steine und dieses träge Laub hinter sich gelassen und das Dorf Villandry erreicht hat, wo freundliche alte Häuser einem zuzwinkern und entgegenlächeln, die uns mit japanischen Anemonen, Astern und einem Schmuck bewillkommnen, der nicht in Rabatten oder Körben, sondern wild durcheinander am Rand von Pflasterwegen oder aus irgendwelchen Ritzen hervorsprießt, während an den Fenstern Fuchsien in Töpfen stehen, die gut mit Pferdemist gedüngt sind.

Villandry paßte nicht in das Bild, das Bedel sich von einer unbebauten, von natürlicher Üppigkeit überwucherten Touraine gemacht hatte, in der man sich mit einer Blume im Mund ergeht.

René Benjamin dagegen, der ebenfalls aus der Touraine stammte und in Saché, dem Wohnsitz von Balzac, hauste, ärgerte alles, was einer romantischen Unordnung oder einer demokratischen Anarchie ähnelte. Er feiert daher in einer Art Trunkenheit die Wiederkunft der klassischen Ordnung:

Ich hatte Doktor Carvallo, ohne ihn zu kennen, meinen Wunsch, Villandry besichtigen zu können, geschrieben und ihn gebeten, seiner Portiersfrau Anweisung zu geben, mich freundlich zu empfangen. Dieser Satz schien ihm von Autorität zu zeugen, und da er solche liebt, entschloß er sich, mich zu empfangen. Ich werde diesen Empfang nicht vergessen. Er erschien wie der gute Geist des Schlosses und empfing mich im Vorhof, der von einer köstlichen Harmonie ist. Man fühlt sich dort sofort wohl, ähnlich wie beim Lächeln einer schönen jungen Frau. Diese Renaissance umfängt einen mit ihrer Grazie, sie ist wirklich eine große Dame von eindringlicher Eleganz.

»Und«, sagte der Doktor, »ist das Ganze nicht vollendet wie ein Sonett von Ronsard?«

Welche Stimme und welche Wärme des Tonfalls!

»Bevor Sie eintreten, drehen Sie sich um!«

Er bezeichnet mir den besten Platz für die Ansicht und lacht: »Man soll nichts versäumen: alles zählt. Betrachten Sie die Anlage mit den Augen des Geistes. Alles ist geordnet. Sie verlassen das Schloß durch die Mitte, zwischen den Flügeln liegt der Hof, klein. Dann eine Freitreppe von einigen Stufen und Sie sind im Vorhof und endlich der

Wirtschaftshof, der sich nach rechts und nach links bis zu den Diener-
wohnungen erstreckt und geradeaus bis zur Straße. Jedes Ding an seinem Platz! Sie sehen die Kühe weiter unten auf der Wiese, jenseits über
der Straße.«

Mit schnellen Schritten war er in den Wirtschaftshof getreten und
erklärte mir mit seinen raschen Bewegungen: »Das Schloß. Die Gärten.
Das Dorf. Die Kirche. Das Dorf begrenzt die dufterfüllten Gärten.
Die Kirche schützt ihr Dorf. Das Schloß beherrscht seine Gärten. Und
sie blicken sich gegenseitig an: die mildtätige Kirche, das starke Schloß.

Darauf faßt er mich an der Hand: »Man hat das Schloß im 12. Jahrhundert zur gleichen Zeit wie die Kirche begonnen. Haben Sie den
Turm beachtet? Wunderbar? Gut! Das war der Auftakt! Der Rest:
Renaissance. Warten Sie! Sie werden im Innern eine Treppe im Stil
Louis-quinze hinaufsteigen. Inzwischen hat man die Fenster im Louis-
treize-Stil restauriert. Und all dies so Unterschiedliche ergibt doch ein
harmonisches Ganzes, das ist ein Beweis des französischen Geistes!
Nun ja! ... Es kommen dann die verdammten Enzyklopädisten mit
ihrer Sucht nach Freiheit, das heißt Sucht nach Ungebundenheit! Sie
sind Philosophen, die immer am Fenster stehen, die nur nach draußen
blicken!«

Ich sehe in seinen Augen ein ironisches Aufblitzen.

»Und doch trinkt man ihre Worte und man verschlingt ihre Bücher!
Was ist das Resultat: Man bricht in dieses wunderschöne und unglückliche Schloß vierzig Türen. Ich sage: Vierzig! – um hinauszu-
gehen – anstatt nur daran zu denken, wie man hineinkommt, um zu
arbeiten, zu meditieren ... die großen Kunstwerke zu betrachten ...

Gehen wir, um uns die Gärten anzusehen!«

Ich schreibe heute diesen Satz nicht ohne Rührung nieder. Der Gang
durch die Gärten von Villandry war ein glanzvoller Augenblick meines Lebens, der allzu schnell vorüberging, aber in meiner Erinnerung
eine leuchtende Spur hinterließ.

Wir verließen das Schloß durch eine kleine Tür auf der Rückseite.
Der Doktor vergnügt, indessen ich wie angewurzelt stand, ganz erfüllt von diesem plötzlichen Anblick voller Licht und glücklicher Harmonie. Wir hatten eine Terrasse betreten, auf der durch das Schloß
geschützte Orangenbäume in Kübeln in der milden Luft ihre grünen
oder vergoldeten Früchte anboten. Zur Linken öffnete eine durchsonnte
Orangerie mit einer stattlichen Terrasse als Bedachung ihre Tore ganz

weit einem glücklichen Wohlbehagen. Vor uns lag das Zauberreich der Natur in tausend göttlichen Farben. Die Gärtner hatten gerade gegossen: ein starker Duft entstieg der warmen Erde. Ich fühlte mich bewegt, wie es der Fall ist, wenn plötzlich ein Traum Wirklichkeit wird.

Der Doktor beobachtete mich höchst eindringlich:

»Ihr Gesicht spiegelt die Empfindungen eines Franzosen...! Es genügt, Sie anzuschauen, um Ihr Vaterland zu erraten... Gehen wir weiter... Ich bin zufrieden... Lieben Sie diesen Gemüsegarten?«

Meine trunkenen Augen begannen zu flimmern. Ich stammelte: »Wo denn?« Lachend antwortete er: »Er liegt ja vor Ihnen!«

Dieses Wunder ein Gemüsegarten? Ich sah nur Blumenbeete.

»Das kommt daher«, sagte der Doktor, »weil die Gemüse sich zwischen den Blumen und den Früchten gut ausnehmen, wie auf dem Tisch eines Franzosen von Geschmack. Die Vierecke bestehen aus Gemüse, die Blumen als Rahmen aber bringen sie zu eigener Wirkung, dazu wachsen Obstbäume in den Ecken eines jeden Vierecks. Alles ist streng geometrisch angeordnet, Ausdruck reiner Intelligenz. Jedes Ding hat seinen Platz, und das Ganze wird durch eine entsprechende leichte und anmutige Hecke abgeschlossen.«

Ich bemerkte dazu: »Das sind wahrhaft himmlische Gärten!«

Er antwortete, ernst geworden:

»Ich glaube nicht, daß sie das sind. Die ehrwürdigsten Theologen behaupten, daß der Himmel ganz aus Kreisen besteht. Ich habe nur festumrissene Vierecke. Der Kreis ist phantastischer, unendlicher.«

Wir näherten uns dem zauberischen Gemüsegarten, überschritten eine Brücke, die Wasser-Allee. Das Gewässer floß durchsichtig und leicht vor uns her und führte den Blick hin zum Fuß des Schlosses, wo es den Turm des 12. Jahrhunderts und die breite Renaissancefassade umspülte; zwei Schwanenfedern schwammen darauf.

»Gehen wir unter dem Rebenkreuzgang entlang«, sagte der Doktor. Ein hübsches Wort, um einen hübschen Weg zu bezeichnen, der sich unter kleinen Rebenbögen längs einer Terrasse über dem Gemüsegarten hinzieht; während dieser sich in der strahlenden Sonne ausbreitet, befinden wir uns im schützenden Schatten.

Doktor Carvallo, ich grüße die Imagination, die Ihnen Spanien gegeben hat! Flammender Himmel, ausgedörrte Erde, wo auch das Herz der Menschen brennen muß, denn man fühlt in diesem Garten, den Sie für Frankreich angelegt haben, eine Liebe, deren flammende Inbrunst

nur aus Ihrer Rasse entstammen kann. Ich höre noch Ihre metallische
Stimme, die selbst eine Banalität zu akzentuieren versteht:

»He! ... Wie sogar diese Kohlköpfe sich in diesem Rahmen zu be-
haupten wissen!«

Diese Äußerungen stammen aus dem Jahre 1921. Nach dem
Befremden der ersten Jahre gibt es jetzt wohl kaum noch
Besucher, die sich nicht von diesem streng durchdachten
Zauber von Villandry gefangennehmen lassen.

Langeais

Es ist durchaus üblich, in seinem Garten einen Pavillon, einen Kiosk oder eine Laube zu haben, weniger alltäglich ist es dagegen, einen riesigen Wehrturm – und noch dazu den ältesten von Frankreich – zu besitzen, wie es in Langeais der Fall ist.

Er ist das einzige, was noch von der alten, um 994 von Foulques Nerra, Foulques-le-Terrible, dem Grafen von Anjou erbauten Zitadelle übriggeblieben ist. Foulques Nerra war ein großer Streiter und ein bedeutender Erbauer von Militäranlagen.

Dieser geköpfte Wehrturm war das Hauptstück einer Festung, die geschleift wurde, um dem Schloß Ludwigs XI. Platz zu machen. Er ist eine originelle Erfindung, der Urtyp der steinernen Wehrtürme. Die Festungsarchitektur kannte vorher nur den Holzbau, und der Wehrturm von Langeais hat dessen Baugrundsätze wieder aufgenommen. Er erhebt sich auf felsigem Gestein – die hölzernen Wehrtürme wurden im allgemeinen auf einem Erdwall errichtet –, sein Grundriß ist rechteckig und seine Höhe genügt, um den oberen, nur durch einzelne schmale Öffnungen erhellten Teil außer Reichweite von Wurfgeschossen zu halten. Das Eingangstor befand sich vier Meter über dem Boden und war mit der Umwelt mittels eines beweglichen Steges verbunden. Durch flache Strebepfeiler verstärkt, war er von elementarer Bauart, seine Verteidigungsstärke ergab sich lediglich aus der Dicke der Mauern.

Eine verfeinerte Bauweise und entwickeltere Verteidigungsanlagen wird man erst im 12. Jahrhundert finden. Die romani-

schen Wehrtürme waren innen durch Gewölbe gestützt und auf ihre Festigkeit wurde beim Bau so sorgfältig geachtet, daß sie meistens Krieg und Schleifungen überlebten, ja selbst das Pulver wurde mit ihnen nicht fertig. Sie recken noch heute ihre schwere und einsame Silhouette aus einer Landschaft von verfallenem oder wiederhergestelltem Gemäuer empor. Um bei dem Tal der Loire zu bleiben, nennen wir die Wehrtürme von Loches, Montrichard, Beaugency, Montrésor, Montbazon und den von Grand-Pressigny, der eine Höhe von fünfunddreißig Metern erreicht.

Ihr Ahne von Langeais, der einzige, der vor dem Jahre Tausend datiert, beansprucht schon aus diesem Grunde ein unbestreitbares Interesse, obgleich nur mehr zwei Seiten vorhanden sind, da die anderen ohne Notwendigkeit im 19. Jahrhundert abgerissen wurden. Es ist ihm offensichtlich ein drittes Stockwerk amputiert worden, wodurch die gedrungene Gestalt entstand, die er ursprünglich nicht hatte. Der Turm besteht aus mit kleinen Steinschichten verblendetem Gußmauerwerk. Die Rundbögen der Öffnungen zeigen Steine und Backsteine, wie dies bei den gallo-romanischen Bauten der Fall ist. Sein abweisendes Aussehen ist zum großen Teil darauf zurückzuführen, daß aus Sicherheitsgründen keinerlei Öffnungen im Erdgeschoß geduldet wurden, denn das Tor an der Nordseite wurde erst im 13. Jahrhundert gebrochen.

Grabungen innerhalb der Umfassungsmauer des befestigten Schlosses haben Reste einer Kapelle zutage gefördert, die hundert Jahre später von Foulques le Jeune, einem Nachkommen des Foulques Nerra, erbaut worden war.

Die Geschichte des alten Langeais ist sehr bewegt. Richard Löwenherz bemächtigte sich der Burg und bis zum Ende des Hundertjährigen Krieges wechselte sie ständig ihre Besitzer.

Es ist wohl nicht zu leugnen, daß dieser verstümmelte, alte und dicke Turm nur noch den Historiker und Archäologen interessieren kann. Es ist eine leere, halb zerstörte Hülle. Wegen seines erstaunlichen Kontrastes zum Schloß aus dem 15. Jahr-

hundert, das natürlich die Blicke auf sich zieht, habe ich mich
etwas ausführlicher mit dem Turm befaßt. Das Schloß vermittelt einen Eindruck von Eleganz und unversehrter Stärke. Seine
Räume sind wie ein Museum mit Kunstwerken angefüllt.
Nichts beeindruckt so sehr wie diese beiden sich gegenüberliegenden Baudenkmäler, die den Anfang und das Ende des Mittelalters verkörpern. Hier dieser rauhe viereckige Turm, ein
Rest der lichtlosen Bauten, in denen sich die herrschaftliche
Familie drängte, dort, tiefer liegend, dieser ansprechende und
schmucke Wohnsitz, der, in zahlreiche und verschiedenartige
Wohnräume aufgeteilt, zwar noch für die Verteidigung, aber
ebenso für das höfische Leben und für andere Vergnügungen
als die des Krieges eingerichtet ist.

Jean Bourré, Schatzmeister von Frankreich, erhielt um 1464
von Ludwig XI. den Auftrag, das heutige Schloß zu errichten,
das vor jenem liegt, das geschleift wurde, nachdem es den Engländern als Stützpunkt gedient hatte.

Im Gegensatz zu den meisten Loire-Schlössern ist Schloß
Langeais in die Stadt einbezogen, sein Eingang liegt an einer
Kreuzung an der Kirche, und es ist schwer, von dieser Seite her
seine Ausdehnung zu übersehen. Das Schloß hat den seltenen
Vorteil, noch heute in seinem ursprünglichen Zustand erhalten
zu sein. Dem Einfluß der Zeit hat es vor allem dadurch widerstanden, daß es sehr gut gebaut ist: dicke Mauern aus festem
Gestein und vollendete Dachstühle aus Kastanienholz, die nur
geringfügig verändert wurden. Stets gut instand gehalten,
brauchte es niemals neu errichtet zu werden.

Der Grundriß ist unregelmäßig, aber die durch die kurze Bauzeit bedingte einheitliche Höhe und der einheitliche Stil sichern
ihm eine bemerkenswerte Harmonie. Ein dicker runder Turm
verteidigt den Eingang. Vor dem bogigen Tor senkte sich eine
Zugbrücke über den Schloßgraben, und da dieser zugeschüttet
ist, ermöglicht jetzt eine Treppe den Zutritt. Das ist die einzige
Änderung von Bedeutung, die vorgenommen wurde. Zwei
Wohnflügel links, von denen einer im rechten Winkel zu-

rückspringt, sind von Türmen eingefaßt. Über alle Teile der
Außenseite läuft ein vorgekragter Wehrgang von hundertund-
dreißig Meter Länge, gestützt von zweihundertsiebzig Pechnasen. Er ist das architektonische Wunder von Langeais. Dieser
mächtige Aufputz, eigentlich für die Verteidigung bestimmt,
der er sicher niemals gedient hat, stellt jetzt einen Schmuck von
größter Wirkung dar.

Ein Ausfalltor führt in den tiefer liegenden Vorhof, in dem
ein achteckiges Türmchen auffällt. Nach den Gärten zu ist der
Anblick des Gebäudes freundlicher, weniger kriegerisch. Die
Stürze der Türen und der Kreuzfenster sind behauen und mit
Eselsrücken verziert, die Dachfenster sind von Giebeln über-
deckt, schmale Türmchen durchbrechen die Strenge der Fronten.

Sehr bald nachdem das Schloß von Langeais fertig war, vollzog sich hier ein feierlicher Akt, der ein wichtiges Ereignis der
französischen Geschichte darstellt: am 6. Dezember des Jahres
1491 wurde der Ehebund von Karl VIII. mit Anne de Bretagne
eingesegnet, den Le Roux de Lincy in seinem Buch über die
Königin sehr eindrucksvoll beschreibt:

*Der Ehekontrakt wurde am 6. Dezember 1491 unterzeichnet und
am gleichen Tage fand die Hochzeitszeremonie mit dem üblichen Prunk
statt.*

*Bei dieser feierlichen Gelegenheit entfaltete Anne de Bretagne, trotz
der Knappheit ihrer Finanzen, einen großen Luxus an Kleidung und
Equipagen. Es ist anzunehmen, daß die Stände dazu erheblich bei-
steuerten. Die Spesenrechnung ihrer Reise nach Frankreich ist uns
überliefert. Hier eine Zusammenfassung der hauptsächlichsten Gegenstände: die Herzogin hatte in ihrem Reisewagen zwei Feldbetten. Das
eine, bescheidene, war aus schwarz-weißem und violettem Damast
gemacht, von dem einundfünfzig Ellen für die Vorhänge und den Bett-
himmel und neunzehn und eine halbe Elle für die Draperie verbraucht
wurden; mehr als zwölf Ellen roten Tafts kamen dazu, um den Himmel zu füttern. Das andere, noch reichere Bett bestand aus einem Himmel, Vorhängen und Bettvorhängen in dunkelrotem Goldbrokat, der
Kranz des Himmels und die Draperie aus violettem Goldbrokat waren
mit einer schweren schwarzen Seidenfranse eingefaßt. Dies alles war*

mit rotem Taft gefüttert. Die Geschirre der Zelter und die innere Aus-
stattung der Wagen verschlang zwölfeinhalb Ellen schwarzen und
drei Ellen dunkelroten Samtes.

Anne de Bretagne trug auf dieser Reise einen gefütterten Unterrock
aus schwarzem Satin, bei dem sechseinhalb Ellen schwarzen Samtes
für den unteren Saum benötigt wurden. Dieser Rock hat ungefähr
1660 frs nach heutigem Gelde gekostet. Die über diesen Unterrock an-
zuziehende Kleidung bestand aus schwarzem, mit feinem Zobel gefüt-
tertem Samt, neun Ellen Samt und hundertneunundreißig Zobelpelze
wurden dazu gebraucht.

Was aber alles übertraf, war das Hochzeitskleid selbst, aus Gold-
brokat voll erhaben gearbeiteter Applikationen, wodurch dieser Stoff
den Namen ›drap-d'or-trait-enlevé‹ erhielt. Man hatte diese Robe zu-
erst mit feinen schwarzen Lammfellen aus der Lombardei gefüttert.
Weil dieses Futter aber als nicht genügend aufwendig angesehen
wurde, ersetzte man es durch eintausendeinhundertsechzig Zobelfelle.
Im Kapitel über die Hochzeitsrobe finde ich noch folgenden Absatz:
»Vierhundertfünfzehn Ellen holländischen Tuches zu 60 Sous die Elle
für Hemden und Bettlaken.«

Anne de Bretagne hatte außerdem den Edelleuten sowie den Ehren-
damen und -jungfrauen und den Hofmeistern, die sie begleiteten,
Kleider aus Seidensamt gegeben; der Prinz von Orange und Françoise
de Dinant, die Erzieherin der Herzogin, waren ebenfalls bedacht wor-
den, der Prinz mit vier Ellen Goldstoff, Françoise de Dinant mit neun
Ellen violettem, gemustertem Samt. Vom Schloß Langeais begab sich
Anne de Bretagne, von ihrem Gatten begleitet, nach Tours.

Langeais ging später in verschiedene Hände über. 1547 wurde
es an Jean Bernardin de Saint-Séverin verpfändet und hundert
Jahre später an Marie Touchet, eine Maitresse Karls IX., die Madame de Balzac d'Entraigues geworden war. Es hörte 1631 auf,
Teil des Krongutes zu sein, als es an Louise de Lorraine, Tochter
von Henri de Cinq-Mars, im Austausch gegen Chinon, nach
dem es Richelieu gelüstete, abgetreten wurde. Henri de Cinq-
Mars war ein Favorit Ludwigs XIII., der auf dem Schafott starb,
weil er mit seinem Freunde de Thou gegen Richelieu konspiriert
hatte. Die Besitzung Langeais ging später durch Erbschaft auf

die Herzöge de la Meilleraye und Mazarin über, um dann an die Marquise de Bellefonds zu fallen; sie alle hielten sich jedoch nur selten und kurzfristig dort auf.

1766 wurde der Besitz von einem Herzog de Luynes gekauft, dem es gelang, ihn über die Revolution hinweg zu behalten, indem er seine Wappen entfernte und vielleicht auch dadurch, daß er eine Kapelle abreißen ließ. Man glaubt, von ihr jetzt Reste gefunden zu haben. Dennoch wurde das Schloß 1797 an einen Einwohner von Tours, François Moisant, für die Summe von hundertsiebzigtausend Francs verkauft. Später befaßte sich ein Pariser Anwalt, Christophe Baron, viel mit der Besitzung. Er begann die Häuser aufzukaufen, die sich am Hang an den Schloßmauern angesiedelt hatten, um sie abzureißen, und restaurierte teilweise das Schloß selbst mit so übermäßigem Eifer, daß man später seine Irrtümer korrigieren mußte.

Zu Ende des vorigen Jahrhunderts wurde Langeais dann von Monsieur und Madame Jacques Siegfried erworben, die ihren Lebensabend damit verbrachten, das Schloß in einen guten Zustand zu versetzen, ein Parterre nach französischer Art anzulegen und es vor allen Dingen prachtvoll einzurichten.

Dem Brauch der Zeit entsprechend wurden die kostbarsten Originalwerke fast immer in historischem Rahmen gezeigt. Das Hauptziel der Schloßherren war, eine möglichst getreue Nachbildung der Lebenshaltung des 15. und 16. Jahrhunderts zu erreichen. Die Besitzer sicherten sich die Unterstützung von Archäologen und Künstlern, um sich bei ihren Käufen beraten zu lassen und um peinlichst genaue Wiedergaben der ausgewählten Vorlagen anfertigen zu können. So sehen wir in jedem Zimmer Fliesen, die nach Mustern hergestellt sind, die in Museen oder anderen Schlössern aufgestöbert wurden.

Die Besichtigung führt zur Entdeckung außergewöhnlicher Schätze. In einem kleinen Saal, gleich hinter dem Eingang, sehen wir eine Täfelung mit gotischen Füllungen, die aus einer Kirche des Departements Orne stammen und vor deren Aufhebung gemalt wurden. Die Wandmalerei im nächsten Raum ist eine Vergrößerung einer Miniatur aus dem Stundenbuch der Anne de Bretagne.

Die Sammlungen enthalten sehr wertvolle Stücke, zum Beispiel vortreffliche Wandteppiche, die größtenteils aus dem 15. Jahrhundert stammen. Unvergeßlich ist mir die bewundernswerte Reihe von sieben Wirkteppichen, ›les neuf preux – die neun Recken‹ genannt. Diese kriegerische Bildnerei in herber und stolzer Sprache datiert vom Anfang des 16. Jahrhunderts; sie wurde zweifellos in dieser Gegend angefertigt. In einem der nächsten Räume sehen wir aus der gleichen Zeit, aber in einer ganz anderen Art, einen der Bildteppiche aus der Folge der Geschichte des heiligen Saturnin, deren Rest sich in Angers befindet.

Ein großer Teil der Einrichtung ist italienischer Herkunft. Truhen, Kästen, Kunstschränke der Renaissance – mit einer besonderen Vorliebe für bemalte Möbel – wechseln mit Schmiedearbeiten und Malereien ab, wie jene liebenswürdige Freske von Luini, die aus einer Kapelle in der Nähe von Locarno stammt.

Die Schlafzimmer enthalten Himmelbetten, die fast alle nach alten Vorbildern angefertigt wurden. Der Originaltreue wegen wurden sie mit gerafften Vorhängen, entsprechend der Mode der Zeit, versehen.

Man muß sich im Innern des Schlosses befinden, um die Stärke der von schmalen Fenstern durchbrochenen Mauern zu erkennen, die dick genug sind, um steinernen Sitzen in den Fensternischen Raum zu geben.

Monsieur und Madame Siegfried haben das Schloß dem ›Institut de France‹ zusammen mit einem Kapital für seine Unterhaltung gestiftet. Sie ruhen zu Füßen des Wehrturmes von Foulques Nerra unter einem kleinen antiken Sarkophag.

Azay-le-Rideau

»Azay-le-Rideau? Es ist mir das liebste der Schlösser.« Ein oft gehörter Satz. Wollte ich Meinungsforschung treiben, eine Preisverteilung vornehmen oder einen Wettbewerb der Loiretalschönheiten veranstalten, würden die Ergebnisse das bestätigen, was man mir allgemein mit dem Tonfall des ›vornehmen Kenners‹ sagt, des Kenners, der – ohne ein Snob zu sein – trotzdem anzudeuten versucht, daß sein Urteil sich von dem üblichen Geschmack unterscheidet.

Ich glaube indessen, daß die Zahl der Bewunderer des Schlosses von Azay noch ständig zunimmt.

Es ist nicht groß. Es verblüfft nicht. Man wird das kleinste Zeichen von Prahlerei auf oder in seinen Mauern umsonst suchen. Seine Vollkommenheit genügt ihm, und wenn seine strenge Reinheit einfache Menschen entzückt, so ist es das gewisse romantische Etwas seines Schmuckes und seiner nächsten Umgebung, was empfindsame Seelen gefangennimmt. Schon Balzac beschreibt das in ›Die Lilie im Tal‹:

Ich ging den Weg von Saché auf dem linken Flußufer und beobachtete genau die Hügel, die das gegenüberliegende Ufer bekränzen. Schließlich kam ich in einen Park mit uralten Bäumen, der mir das Schloß von Frapesle ankündigte. Ich kam genau zu der Stunde an, da die Glocke das Mittagessen meldete. Nach der Mahlzeit ließ mich mein Wirt, der nicht ahnte, daß ich von Tours zu Fuß gekommen war, die Umgebung seiner Besitzung durchstreifen, dort konnte ich das Tal von allen Seiten in seiner Vielgestalt sehen: hier in einem Ausschnitt, dort im ganzen, und oft wurden meine Blicke durch den schönen, goldenen Glanz der Loire auf den Horizont gelenkt, wo die Segel der

Fischerboote phantastische, vom Winde davongetriebene Gebilde form-
ten. Beim Besteigen eines Hügels bewunderte ich zum ersten Male das
Schloß von Azay, das wie ein geschliffener Diamant, von dem Indre
eingefaßt, auf von Blumen verdeckten Pfählen lag.

Das Schloß müßte sich in Form eines Vierecks darbieten, aber
nur zwei Flügel – von ungleicher Größe – wurden gebaut. Wo-
her rührt dann dieser Eindruck der Einheit, den man vor die-
sem unvollendeten Gebäude empfindet? Diese beiden Wohn-
trakte, im rechten Winkel zueinander gestellt und teilweise auf
Pfahlrosten im Flußbett des Indre gebaut, präsentieren sich, wie
Balzac sagt, so, daß es, wenn wir um sie herumgehen, keine
Stelle gibt, von der wir nicht die gleiche vollendete harmonische
Anordnung feststellen können. Alles ist im Gleichgewicht, entspricht und wiederholt sich, aber es ist der Reißfeder und dem
Zirkel gelungen, dabei eine Vielfalt und eine Geometrie des
Raumes von seltsamer Zartheit erstehen zu lassen, die durch
das Spiel der spiegelnden Gewässer mit ihren auf dem Kopf ste-
henden Bildern noch erhöht wird.

Die so seltene Einheit dieser Anlage findet vor allen Dingen
in ihren Baudaten eine Erklärung: 1518 bis 1528 – zehn Jahre
genügten, um dieses Bauwerk zu vollenden, und zwar mit dem
Vermögen eines reichen Mannes und beseelt von der Begeisterung einer Frau von Geschmack. Es sind Schlüsseldaten der Geschichte der Loireschlösser, die den Geist der französischen Renaissance in voller Blüte zeigen.

Während ich dieses schreibe, kommt mir übrigens der Gedanke, daß von all diesen Schlössern, die wir aufsuchen, wohl
keines auch nur in irgendeinem Punkt meiner kritischen Betrachtung entgangen ist. Ein Fehler, eine Derbheit, eine Disso-
nanz, oft eine unsachgemäße Restaurierung, verhindern oft –
und sei es nur durch ein leichtes Unbehagen – völlige Befriedigung. Hier in Azay würden wir vergebens nach einem Mißton
suchen. Wenn ein Turm wieder aufgebaut wurde, so müssen
wir im Gegenteil dem Geist und der Fertigkeit der Restauratoren Dank zollen. Ohne Zweifel liegt hier der Hauptgrund für

die Liebe, die man für Azay-le-Rideau empfindet, und der Grund dafür, daß man es als ein ›besonderes‹ Schloß feiert.

Ridel d'Azay, im 12. Jahrhundert Herr der Gegend, sollte dem kleinen Flecken seinen Namen geben. Der Ort wurde von Heinrich II. von England eingenommen, dann durch Philippe Auguste eingezogen und den Ridel wiedergegeben. Berühmte Familien folgten ihnen, unter anderen die Sancerre, die Chabot, die Clermont, die Montgomery. Im Jahre 1418 war Azay der Schauplatz einer dramatischen Episode. Es war damals von den mit den Engländern verbündeten Burgundern besetzt, als der Dauphin, der zukünftige Karl VII., auf seiner Reise von Chinon nach Tours hier von der burgundischen Soldateska beschimpft wurde. Die Entgegnung war hart: die Burgunder wurden getötet und der kleine befestigte Platz niedergebrannt. Azay wurde damals ›Azay-le-Brûlé – das verbrannte Azay‹.

Und nun zum Bau unseres Schlosses. Gilles Berthelot, Besitzer der halb verfallenen Feudalburg, gehörte günstigerweise zu den nächsten Vettern von Semblançay, dem Oberintendanten der Finanzen des Königs. Dieser protegierte ihn und drängte ihn zum Erfolg. Berthelot wurde Bürgermeister von Tours und Schatzmeister von Frankreich.

Er hatte eine hübsche, ebenfalls vom Glück begünstigte Frau, Philippe Lesbahy, geheiratet. Wie bei dem Ehepaar Bohier in Chenonceaux, war es vor allem die Frau, die sich mit dem Bau des Schlosses befaßte und die es gerade deshalb so würdevoll und feudal wünschte, weil sie – obwohl Schloßbesitzer – doch eigentlich nichts weiter als bürgerliche Finanzleute waren. Da ihr Mann dauernd unterwegs sein mußte, befahl und leitete die Hausherrin die Arbeiten. Die Rechnungsbücher sind dafür der Beweis. Sie hat von Tours den Maurermeister Etienne Rousseau kommen lassen, der anscheinend die Rolle eines Bauleiters gespielt hat, außerdem Etienne Trumeau, der die Grundmauern legte und die Schloßgräben ausmauerte, und Jacques Thoreau, der ein Meisterstück von Dachstuhl errichtete.

Das Schloß war aber noch nicht fertiggestellt, als es durch den vom König einberufenen Rechnungshof zu einem Skandal kam. Semblançay wird der Veruntreuung öffentlicher Mittel beschuldigt. Rasch wandert er aus der Bastille an den Galgen in Montfaucon. Berthelot, der vielleicht auch kein sehr ruhiges Gewissen hatte, zog es vor, das Weite zu suchen. Er flüchtete nach Metz, dann nach Cambrai, wo er kurz danach stirbt. Sein Schloß, das er nicht fertig gesehen hat, wird beschlagnahmt und durch Franz I. an Antoine Raffin gegeben, den der König für die in Marignano und Pavia geleisteten guten und loyalen Dienste zu belohnen wünschte.

Balzac hat diese Geschichte in einer seiner ›Tolldreisten Geschichten‹, die er als Zeichen der Ehrerbietung und Ehrung für Rabelais, »Fürst aller Weisheiten und aller Komödien«, geschrieben hat, frei behandelt:

Die brave Regentin zahlte den Wettpreis und ließ ihrem stallmeister den herrensitz von Azay-le-Brulé übertragen, dessen schloß was weiland durch die ersten bombardierer, die in die Tourähne kamen, zerstöret worden, wie yeder weiß. Vor wellches pulvrige Mirakul wären besagte ingeniores, ohne des Künigs dazwischentreten, als des Dämons verbündete und haeretiker vom kirchen-tribunal des Kapittels verdammet worden.

Damaln wurd unter aufsicht des Messer Bohier, Oberfinantzpächters, das Schloß Chenonceaulx gebaut, welcher, auß ziererey und laune, seyne gebäude rittling über den Cher-fluß anlegte. Item, der baron von Semblançay, so besagten Bohier überbieten wolt, vermaß sich, dasseynige auf dem grund des Inder zu erbauen, allwo es noch stehet, alls das schmuckstück disses schönen grünen thales, so gar sohlid wurd es auff seynen pfählen errichtet. Auch gab Jakob de Beaune davohr dreußig thausend gülden her, außer dem frohndoenst der seynen. Rechnet hinnzu, daß dieses schloß eynis der schönsten, edelsten, ziehrlichsten, bestausgearbeyteten der ziehrlichen Tourähne ist, und sich immer im Inder badet wie eyne printzen-buhle, schön staffieret mit seynen erkern und spitzbogen, mit schönen soldäten in seynen wetterfahnen, so sich nach dem wind drehten wie alle soldäten.

Aber ward gehangen der gute Semblançay vor der vollendung, der-

gestalt, daß keyner seitdem sich mehr gefunden hätt mit genug batzen,
umbs zu end zu bringen.

Indeß seyn herre Künig Frantz der erste was dort seyn gast gewesen,
und siehet man noch dorten das künigliche gemach.

Der Besitz ging dann an die Familie Saint-Gelais de Lusignan de
Lansac, später an die Familie Vassé und schließlich an Henri de
Berighem, dem wir die Wirtschaftsgebäude am Eingang und
die Ausschmückung des ›Zimmers des Königs‹ verdanken. Von
welchem König? Eine Überlieferung – auf die sich auch Balzac
bezieht – nennt Franz I. Dies ist sehr unwahrscheinlich. Eine
andere gibt an, daß das Zimmer für Ludwig XIV. zurechtge-
macht wurde, aber nichts bezeugt, daß er jemals in Azay war.
Ludwig XIV. reiste wenig, im Gegensatz zu Ludwig XIII., der
ganz Frankreich durchstreifte – dabei war es ihm ganz gleichgültig, wo er übernachtete. Er kam im September 1629 durch
Azay, das war ein halbes Jahrhundert bevor Beringhem dort
Schloßherr wurde. Unser Appetit auf Erinnerungen bleibt un-
gestillt.

Die Familie des Marquis de Biencourt bewohnte das Schloß
lange: sie bezog es am Vorabend der Revolution und blieb dort
bis zum Jahr 1899, als die Nachkommen gezwungen waren, den
Besitz zu verkaufen, da sie in der Panama-Affäre Vermögen verloren hatten. Der Staat erwarb ihn 1905.

Wir sehen das Schloß am Ende einer Kastanienallee auftauchen,
wenn wir durch das Gitter zwischen zwei niedrigen Pavillons
blicken, die wie die neben ihnen liegenden Wirtschaftsgebäude
aus der Regierungszeit Ludwigs XIV. stammen. Um in den Ehrenhof zu gelangen, überqueren wir den Indre.

Wir befinden uns vor der Nordfassade, sie hat drei Reihen
Kreuzfenster, die die Initialen des Gilles Berthelot tragen. Starke
Horizontalgesimse trennen die verschiedenen Geschosse. Die
Wandung ist durch Pilaster gegliedert. Die schachbrettförmi-
gen Verzierungen sind leicht vorspringend behandelt, eine der
Charakteristiken der Schlösser der Loire in dieser Epoche. Das

vor uns liegende Doppelportal ist der untere Teil eines mehr-
gliedrigen, eigenartigen architektonischen Aufbaus. Es weist
einen von der Fassade völlig abweichenden Rhythmus auf, was
jedoch keineswegs stört. Kein Spiel der Phantasie, kein Schmuck
soll hier die Linien der Architektur unterbrechen; wir stehen
vor einem strengen Treppenhaus: zwei rundbogige, gekuppelte
Tore, darüber drei Stockwerke von ebenfalls gekuppelten Fensteröffnungen; dies alles wird von einem reichen Giebel bekrönt, dessen Höhe den Dachfirst erreicht.

Die Fensteröffnungen lassen das innere Gefüge der Treppe
erraten, einer Treppe, deren Schönheit wir jetzt entdecken und
die wegen ihrer prunkenden Architektur von kleinen Säulen,
Nischen, Pilastern nach italienischer Art und sehr fein bearbeiteten Friesen gepriesen werden muß. Die Friese unter den Öffnungen des untersten und des obersten Stockwerkes zeigen den
Salamander von Franz I. mit der Devise: »Nutrisco et extingo –
Ich schüre und lösche aus«, sowie den Hermelin der Claude de
France und darüber in Bändern ihre Devise: »Ung seul desir –
Nur einen Wunsch«. Doch täuschen wir uns nicht! Azay war
niemals königlicher Wohnsitz, sondern Wohnsitz eines Höf-
lings, der Wert darauf legte, seinen Souveränen Ehrerbietung
zu erweisen und ihnen zu schmeicheln. Eine Liebedienerei, die
dennoch eine baldige Ungnade nicht hindern sollte. Das Ganze
ist von einem dreieckigen Giebel mit Kandelabern bekrönt,
was den Eindruck der dekorativen Unabhängigkeit dieser über-
aus verschwenderisch ausgearbeiteten Partie noch verstärkt.

An der rückwärtigen Fassade finden wir ein Rundbogentor
mit einem Giebelfeld von zweifelhaften Proportionen, was vielleicht auf Restaurierungen zurückzuführen ist. Sein Schmuckwerk im einzelnen ist für den Kunsthistoriker jedoch interessant. Wir finden darin Blätterformen des verwilderten Grün-
kohls, wohl eine Erinnerung an die Gotik, vermischt mit den
der Renaissance eigenen Arabesken, Medaillons und Putten.

Der Turm am äußersten Ende des Gartens, von dem wir bereits gesprochen haben, datiert – entgegen dem Anschein – aus

dem Jahre 1845. Er ersetzt einen aus Stichen des 18. Jahrhunderts bekannten niedrigen massiven Turm, dessen Ursprung ungewiß ist. Wahrscheinlich handelt es sich um einen Rest der mittelalterlichen Burg.

Die übrigen Flügel bilden ein völlig geschlossenes Ganzes: von einem doppelten Gesims eingefaßt betonen sie die Horizontale, sie sind wahrscheinlich von Blois, wo sie so erdacht wurden, beeinflußt. Gleichartig wirken sie auch durch diesen rein ornamentalen vorgekragten, mit Pechnasen verzierten Wehrgang, der durch große Dachfenster viel reicheren Stils unterbrochen ist, die das Schloß zu beflaggen scheinen.

Wir bemerken, wie nüchtern die Fassaden selbst sind; es scheint, daß man den wenigen plastischen Schmuck dadurch zur Geltung bringen wollte, daß man ihn auf großen nackten Flächen hervortreten ließ. Kann man darin florentinischen Stil erkennen? Kann man die Mitarbeit des Girolamo della Robbia als wahrscheinlich annehmen? Das ist jedoch unwichtig. Seine Schöpfer haben aus Azay ein Denkmal gemacht, das in allen seinen Teilen einfach stimmt und einen undefinierbaren Zauber ausstrahlt.

Das Innere des Schlosses hat durch eine einheitliche Neueinrichtung gewonnen, die erfreulicherweise nach dem Kriege bis 1953 unter der Leitung von Herrn J. M. Auzas, ›Inspecteur des Monuments historiques‹, fortgeführt wurde. Alle zweifelhaften Stücke sind entfernt worden. Käufe und Leihgaben haben es ermöglicht, eine anständige Einrichtung zu schaffen. Es ist ein Hauptverdienst, daß sie die Räume nicht überladen wirken lassen, sondern eher deren Raumverhältnisse betonen.

Das wichtigste architektonische Element ist die geradläufige Treppe, die die übliche Spindeltreppe ersetzt. Sie war damals eine große Neuheit und stammt ungefähr aus der gleichen Zeit wie die Treppe von Chenonceaux. Achten wir auch auf das in Stein gemeißelte Geländer und die kassettierten Gewölbe mit den Profilen der Könige und Königinnen von Frankreich von Ludwig XI. bis Heinrich IV.

Eine große geräumige Küche ist mit auffallenden Kreuzrippen eingewölbt, die in humoristische Hängezapfen münden. Betrachten wir noch die Gegenstände der ›Hausfrauenkunst‹: ein Waschbecken und – eine Seltenheit in einem Wohnraum – einen Ziehbrunnen, der direkt in den Indre hinabreicht. Da diese Küche manchmal überschwemmt wurde, hat man den Fußboden im vorigen Jahrhundert erhöht (aber dann wieder um den Kamin herum auf seine alte Tiefe gebracht, um diesen freizulegen). Der Kamin ist – wenn auch stark restauriert – ein wirkliches Unikum. Man hat ihn durch Küchengerät aus der Zeit belebt, das aus dem Clunymuseum stammt.

Bezüglich der Bezeichnung ›Speisesaal‹ für den nächsten Raum ist es durchaus berechtigt, skeptisch zu sein, da es im 16. Jahrhundert keine Räume gab, die diesem Zweck vorbehalten waren. Auf jeden Fall hat man dort eine Sammlung von Tellern aus Rhodos, einen Anrichtetisch, verschiedene Möbel aus der Zeit und einen schönen flämischen Wandteppich zusammengestellt. Der Salon dagegen ist mit kostbaren Möbeln der italienischen Renaissance ausgestattet, eingelegten Truhen, Hochzeitsmöbeln mit Schmuckschatullen, Statuetten und Bildnissen – darunter das der Gabrielle d'Estrée im Bade.

Im ersten Stock finden wir das sogenannte ›Zimmer des Königs‹ mit einem prächtigen Damast des 17. Jahrhunderts tapeziert. Es fällt das merkwürdige kassettierte Parkett auf, die portugiesischen Möbel und die königlichen Porträts. (Es bleibt dabei noch zu bemerken, daß die meisten Kamine restauriert wurden.) In dem ebenfalls mit einem schönen Damast bespannten ›Roten Zimmer‹ ist ein Kunstschrank besonders bewundernswert, dessen Elfenbeinverzierungen von dem ›Unglück des Krieges‹ von Callot und von den Stichen des Abraham Bosse beeinflußt sind. Auf dem Kamin sehen wir ein Porträt, das unzweifelhaft den Schwager von Franz I., Ercole d'Este, darstellt. Der Festsaal, der größte des Schlosses, ist mit einer Folge von Gobelins des 17. Jahrhunderts geschmückt. Wir beenden unseren Besuch mit dem ›Rosa Zimmer‹, in dem noch einige kostbare

Gegenstände aufgestellt sind, wie sie die Schloßherren von Azay
vielleicht einmal besessen haben. Es muß allerdings gesagt werden, daß die Atmosphäre dieser unbewohnten Einrichtung auf
Grund der musealen Neigungen ihrer künstlerischen Organisa-
toren wie erstarrt wirkt. Die Ausstattung ist ein immer schwer
zu lösendes Problem. Entweder wir befinden uns in einem
Schloß, das eine jede Generation mit Gegenständen für ihren
Gebrauch je nach Geschmack und Bedarf vollgepfropft hat, was
ohne Zweifel lebendig wirkt, aber leicht in Trödel abgleitet,
oder es werden in den kahlen Räumen Sammlerstücke von
garantierter Echtheit gezeigt und nach mehr oder weniger bewußten Richtlinien moderner Museumskunde zur Geltung gebracht: was das Leben in die Flucht schlägt.

Ein Rundgang im Garten gehört zu den Freuden von Azay-le-
Rideau. Wer läßt sich nicht von seiner Sanftheit einfangen, von
der Lieblichkeit seines schattigen Laubwaldes und seiner Gewässer und besonders dieser bezaubernden Aussicht, die erlaubt, von jedem Punkt des Spazierganges eine Fassade, eine
neue Ecke des Schlosses zu entdecken?

Azay-le-Rideau ist durch den Lauf des Indre und seine kana-
lisierten Windungen umschlossen, durch diesen großen Spiegel,
der mehr einem Weiher als einem Fluß gleicht und der den
bewegten Himmel und die unberührbare in sich ruhende
Architektur widerspiegelt.

Der Park ohne großen Stil, mit all seinen Unregelmäßigkeiten
eines englischen Gartens, hat wirklich nichts vom Geiste des
Schlosses und stammt auch nicht annähernd aus der gleichen
Zeit; trotzdem bildet er – vielleicht durch den Kontrast – einen
wunderbaren Rahmen. Voll Vergnügen entdeckt man dieses
Juwel aus Stein auf seinem Sockel, das, von Wasser umgeben,
inmitten eines Gartens liegt, der mit so viel Geschick und schein-
barer Nachlässigkeit gepflegt wird, daß man meint, sich in einer
natürlichen, für den Spaziergänger kaum erschlossenen Landschaft zu befinden.

Nachdem wir den Blick von diesem so gut erhaltenen Wohnsitz abwenden, werden wir den Ort nicht verlassen, ohne eine
hübsche, kleine, mit Kreuzrippen eingewölbte Kapelle hinter
den Wirtschaftsräumen zu besuchen. Sie hat leider ihre Bestimmung und einen Teil ihrer Mauern verloren, bleibt aber
immer noch ein Symbol der vornehmen Eleganz ihrer Epoche.

Ussé

Der Forst von Chinon breitet sich im Süden bis Chinon aus. Im Norden erreicht er beinahe das Schloß von Ussé auf dem rechten Ufer des Indre, nicht weit von seinem Zusammenfluß mit der Loire. Wir machen diese Angaben nur, um die geographische Lage zu bestimmen; im übrigen ist kein Vergleich zwischen den Schlössern von Chinon und von Ussé möglich.

Ussé bietet sich von weitem über dem Fluß und über den Terrassengärten als ein weißer Komplex von großem Glanz dar, dessen komplizierte, mit spitzigen Türmen gespickte Silhouette sich ganz hell von einem Hintergrund aus dunklem Laub abhebt.

Es ist ›das‹ Bild des schönen mittelalterlichen Schlosses für kühne Herren und zierliche Damen, das den Romantikern vorschwebt, jenes Schlosses, das wir in den Schilderungen der Dichter, in den Dekorationen der historischen Bühne und in den Abbildungen der alten Märchenbücher wiederfinden.

Wenn wir ein ihm ähnliches im Loiretal suchen sollten, würden wir es in Langeais finden: den gleichen runden Turm, den gleichen vorgekragten mächtigen Wehrgang mit Pechnasen, dessen langes, nicht unterbrochenes Band das Gebäude unter den Dächern umläuft. In Langeais ist der im ursprünglichen Plan vorgesehene viereckige Turm nicht fertig geworden. Dies war dagegen in Ussé der Fall. Wie in Chaumont, wurde auch hier im 17. Jahrhundert ein Flügel abgerissen, um das Schloß dem Licht zu öffnen und es an der Aussicht auf das breite Tal der Loire teilhaben zu lassen. Eine solche Änderung ist symbolisch für den Fortschritt der Wohnweise, ein Zeugnis für das neue Lebensgefühl. Das hermetisch geschlossene und zur Verteidigung in sich zusammengedrängte Schloß hatte damals keine Daseinsberechtigung mehr. Die Schloßherren wollen angenehm leben, die Sonne und die freundliche Landschaft genießen, in der sie ihren Wohnsitz haben. Selbst erhebliche Verstümmelungen nimmt man in Kauf, um vom geschlossenen zum offenen Hof überzugehen. Das Schloß verliert sein verdrießliches Aussehen. Es streckt uns seine Arme zum Willkommen entgegen.

Wie immer – oder wie fast immer – wurde das Schloß auf den Ruinen einer älteren Burg gebaut. Einige Reste davon sind in den Unterbauten erhalten.

Zwei Mitglieder der Familie de Bueil, Jean und dann sein Sohn Antoine, der mit einer Tochter Karls VII. und der Agnes Sorel verheiratet war, haben um 1460 – ungefähr zur Zeit der Entstehung von Langeais – den Bau begonnen. Jacques d'Espinay setzte ihn fort. Wir übergehen die Namen der zahlreichen Besitzer von Ussé bis zu Louis de Valentinay, der mit der ältesten Tochter von Vauban verheiratet war, die sich Madame d'Ussé nennen ließ und deren Bild man in einem Salon des Schlosses besichtigen kann. Ihr verdanken wir einen Teil der Flügel des Ehrenhofes.

Das Gut gehörte Ende des 18. Jahrhunderts dem Herzog de Rohan-Montbazon, dann einem Marquis de Chalabre, der auswandern mußte. Nach der Revolution wurde es an den Herzog von Duras veräußert, dessen Tochter in zweiter Ehe den Grafen Auguste de la Rochejacquelein heiratete. Wir werden sehen, daß sie im Laufe des 19. Jahrhunderts große Bauarbeiten ausführen ließ. Ihr Neffe, Graf de Blacas, erbte 1883 das Schloß, das seitdem im Familienbesitz verblieben ist.

Ussé macht einen ziemlich einheitlichen Eindruck. Dank und Ehre gebührt denjenigen, die diesen Anschein trotz der verschiedenen Stile zu wahren wußten. Der südliche und der östliche Flügel zeigen die landläufige gotische Architektur des 15. Jahrhunderts, während ein großer Teil der Fassaden nach dem Ehrenhof umgestaltet wurden und Spuren der Renaissance tragen. Ein neuer Wohnflügel entstand zu Beginn des 17. Jahrhunderts.

Diese beträchtliche Anlage hat, besonders nach dem Hof zu, so viele Umgestaltungen erfahren, daß es viel zu kompliziert wäre, das Alter eines jeden Teiles anzugeben. Kurz nach Baubeginn setzen die Veränderungen schon ein. Noch in der Mitte des vorigen Jahrhunderts hatte die Gräfin La Rochejacquelein die östliche Fassade mit sehr viel Phantasie verändern lassen, und, da ihr das Schloß zweifellos zu klein erschien, den Bau einer großen Galerie und neuer Räume befohlen, die die Fläche der inneren Fassaden im rechten Winkel verdoppelten.

Man fand Reste einer alten Kapelle, deren Apsis auf einen Mittelwall vorsprang. Eine der interessantesten ›Modernisierungen‹ bestand darin, große Lukarnen anzubringen, was wahrscheinlich dem Wunsche Charles d'Espinays zuzuschreiben ist, der die Nüchternheit des Ehrenhofes ausgleichen und ihm mehr Eleganz verleihen wollte. Sie wurden um 1525 errichtet, und ihre emporstrebende, durchbrochene Architektur ist noch dem flamboyanten Stil der Spätgotik zuzurechnen, allerdings wurde auch Renaissanceschmuck hinzugefügt.

Das Innere des Schlosses ist wohlbemerkt sehr uneinheitlich. Der achteckige Saal des Erdgeschosses des Wehrturmes, der anachronistisch mit einem Tonnengewölbe versehen wurde, zeugt von einer Wiederverwendung des alten Turmes. In den angrenzenden Türmchen befinden sich mehrere Wendeltreppen. Die große noble Treppe aber wurde von den Valentinays im 17. Jahrhundert gebaut. Mehrere Zimmer, darunter das ›Zimmer des Königs‹, haben die Einrichtung des 18. Jahrhunderts bewahrt.

Der reinste und unberührteste Teil des Schlosses von Ussé ist die Schloßkapelle, die – im Park erbaut – trotz ihres beschränkten Ausmaßes in ihrer Feinheit ein vollendetes Beispiel der religiösen Baukunst der frühen Renaissance darstellt.

47 *Azay-le-Rideau, Fenstergiebel der Hoffassade*

48 *Azay-le-Rideau, Luftaufnahme*

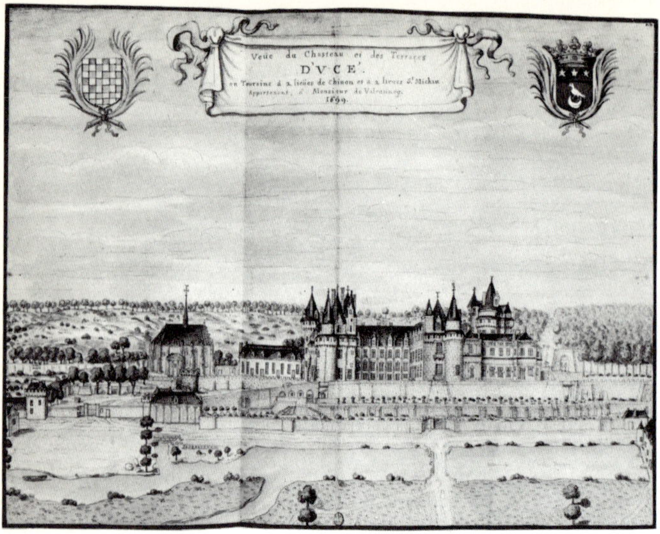

49 Ussé, Aquarell von Gaignières

50 Ussé, Schloß und Gartenparterre

51 Chinon, Aquarell von Gaignières

52 Jeanne d'Arc vor Karl VII. in Chinon, Buchmalerei

53 *Angers, Luftaufnahme*

54 ›Der gute König René‹
Gemälde von Nicolas Froment

55 *Der siebenköpfige Drache der Apokalypse des Johannes,*
Detail aus einem Bildteppich von Angers

Die auf dem Portal eingemeißelten Buchstaben C und L, die wir an verschiedenen Stellen des Inneren wiederfinden, sind die Initialen von Charles d'Espinay und Lucrèce de Pons, seiner Gattin. Wir verfügen über sehr genaue Daten. Der Vater von Charles hatte den Bau in seinem Testament angeordnet. Die Arbeiten begannen bei seinem Tode im Jahre 1523 und wurden beim Tode der Lucrèce 1535 beendet. 1538 erfolgte die Weihe der Kapelle und zu gleicher Zeit die Feier der Gründung eines Kollegs von sechs Kapellanen.

Die Fassade ist von zwei Strebepfeilern flankiert, die mit Baldachinnischen verziert sind.

Das Portal fügt sich mit einem sehr glücklichen Gefühl für Proportionen in diese Fassade ein. Eine niedrige Türe ist von einem Tympanon in Form einer Muschel und einer hohen Lichtöffnung überlagert, die durch eine Zwergsäule, schlank wie ein Rohr, geteilt ist. Das mit Arabesken verzierte Türgewände erstreckt sich bis in die Tiefe der Bogenkehlung über dem Türrahmen, der seinerseits von einem durchbrochenen Hochdreieck bekrönt wird. Ein merkwürdiger Zierat erscheint zum ersten Male in Frankreich: Medaillons mit Christus und den Aposteln, deren Köpfe vollplastisch behandelt sind. Die Strebepfeiler an den Seitenwänden und am Kopfende sind mit Kandelaberornamenten an Stelle der früheren gotischen Fialen geschmückt.

Eine Übergangskunst? Vielleicht! Auf jeden Fall aber eine Kunst von höchster Vornehmheit, bei der jeder Zierat am richtigen Platz sitzt, um die Linien des Gebäudes zu unterstreichen und herauszuheben.

Im Innern der Kapelle wird noch einmal die Begegnung der beiden Stile augenscheinlich. Das dreijochige Schiff, der Chor, der merkwürdige fünfseitige Chorabschluß mit seinen feinen, von einem hängenden Schlußstein ausstrahlenden Rippen, die Scheitelrippen und Nebenrippen – es sind die Grundelemente der gotischen Bauweise. Doch an jeder sichtbaren Stelle der Architektur erscheint ein zierlich skulptierter Zierat, der in gerader Linie aus dem Repertoire der italienischen Kunstformen kommt.

Die schönen Glasfenster mit den knienden Stiftern Charles d'Espinay und seiner Frau sind verschwunden. Verschwunden sind auch die Goldschmiedearbeiten. Das Chorgestühl aus der Zeit der Gründung des Kapitels ist jedoch noch erhalten: ein vorzügliches Schnitzwerk, in dem traditionsgemäß eine kleine Welt von bewegten Gestalten lebt, deren Schwung sich den dekorativen Erfordernissen beugt.

Eine Tatsache bezeugt die Mißachtung, mit der die Kunst der Renaissance im frühen 19. Jahrhundert behandelt wurde: Dieses Chorgestühl war – wahrscheinlich seit der Revolution – im Dachstuhl verborgen; erst 1885 kam ein Graf de Blacas auf den Gedanken, es wieder aufzustellen.

Chinon

Wer Chinon in seinem Glanze erleben will, muß es vom linken Ufer und von der Brücke über die Vienne aus zu erreichen versuchen, einer Brücke, deren Bögen wiederholt zerstört wurden, die aber noch auf Pfeilern aus dem 12. Jahrhundert ruht. Man sollte diesen Versuch in der Morgen- oder der Abenddämmerung machen, um diese halbverfallenen langen Mauern, in denen das Geheimnis schwebt, wie eine Erscheinung aus der Tiefe der Zeiten zwischen Himmel und Erde aufsteigen zu sehen. Das Schloß – genauer gesagt die drei miteinander verbundenen Schlösser – ragt aus einer Laubmasse über die Dächer der Stadt empor, die sich zwischen dem Fluß und den Felswänden entlangziehen. Ein merkwürdiges Mauerwerk, das am Fuße mit dem Felsen verwurzelt ist und dessen Kamm sich dahinfranst, von dem Mühlenturm links bis zum Uhrturm, der sein spitzes Profil am anderen Ende emporreckt.

Seine Lage ähnelt der von Schloß Loches, das auf einer Felsennase über den Indre mit noch erdrückenderem kriegerischem Gepränge emporragt. In Chinon aber steigen die Erinnerungen an die Geschichte Frankreichs mit einer solchen Macht empor, daß schon sein Name allein die Kraft der Beschwörung in sich trägt. Diese Verwahrlosung eines Königspalastes, diese Mauern in Trümmern, diese Säle ohne Dach versinnbildlichen eine Monarchie, die wehrlos dalag, bevor eine kleine Bäuerin ihr zur Hilfe eilte.

Die Loire-Schlösser

Den geschwungenen Hang, die edlen Täler entlang
sind Schlösser ausgesät wie Wallfahrtsaltäre
und in des Morgens Pracht und des Abends Ehre
fließen die Loire und ihre Vasallen durch diesen grünen Gang.

Hundertundzwanzig Schlösser bilden ihren höfischen Staat,
zahlreicher, zarter und feiner als alle Paläste.
Valençay, Saint-Aignan und Langeais, das feste,
Chenonceaux, Chambord und Amboise heißt die steinerne Saat.

Doch kenn ich ein Schloß dort am Loirestrand.
Es ragt höher als das Schloß von Blois,
als die Terrasse, von der die letzten Valois
die Sonne sahn ruhmreich versinken im Land.

Die steinernen Spitzen sind härter, die sonst so zarten,
Das Gesims ist leichter und feiner der Bogen geführt.
Die Würde, die Ehre, der Tod sind dort eingraviert
samt ihrer Geschichte mitten im Apfelgarten.

Erinnerung ists, die auf diesen Uferwegen
ein Kind hinterließ, das sein Pferd an den Fluß gebracht.
Sein Kettenhemd war neu und seine Seele eben erwacht.
Unschuldig ging sie dem größten Schicksal entgegen.

Denn die, die da ritt aus der Touraine hervor,
war die gleiche, die nur mit einem Worte bald
die rohen Haudegen bekam in ihre Gewalt
und stieg hinab nach Meung und nach Jargeau empor.

Charles Péguy

Der rauhe, abweisende Eindruck von Chinon ist einmalig unter den Schlössern der Loire. Angesichts so vieler freundlicher Lusthäuser haben wir Mühe, uns vorzustellen, daß diese Mauern den Sitz der Regierung beherbergten und daß der König und sein Hof einmal in dieser toten Festung gelebt haben.

Ihr Ernst wird aber durch die Schönheit der Lage gemildert. Rabelais hat es in wenigen berühmten Worten definiert:

Ruhend auf altem Gestein,
Zu Häupten der Wald,
Zu Füßen die Vienne.

Der Wald von Chinon – durchschnitten von der großen ge-
raden Straße, welche die Stadt mit Azay-le-Rideau verbindet –
war Schauplatz der großen königlichen Jagden von den Plantagenets bis zu Franz I. Der Fluß entfaltet sich hier kurz vor seiner Vereinigung mit der Loire und umspült die Insel von Tours.
Maurice Bedel hat in seinem Buch über die Touraine diese
Situation der Stadt geschildert, wie sie sich noch bis vor kurzem
zeigte:

Diese Bekrönung von Türmen, Donjons und Pechnasen, diese enge
spitzdachige, zwischen einer Mauer und einem Fluß eingezwängte
Stadt, diese Reihe von Platanen, die zum Spaziergang längs des
Wassers einlädt, sind ein Gleichklang von einmaligem Zauber. Chi-
non, ein Diadem auf der Stirne der Touraine, hat durch Johanna Frank-
reich gekrönt! Chinon heiligt die französische Geschichte. Wie schön
ist doch diese Stadt, die – heute ohne Bedeutung – gestern noch mit
unserer ganzen Zukunft trächtig war! Schön? Ja, von der Schönheit
eines Wesens, welches nach Erfüllung seines Auftrages sich von dem
Getriebe der Welt zurückzieht und dessen Tage nunmehr in der Stille
der Zurückgezogenheit dahinfließen. Nicht, daß sie, von verdämmern-
der Trägheit ergriffen, zu Füßen ihres Hügels allmählich in Schlaf ver-
fällt; sie hat aber von ihrem wilden Ruhm nur diese hohen Ringmauern
und diese nutzlosen Türme behalten, wogegen die Höflichkeit ihrer
einstigen Sitten noch im ›Grand-Carroi‹ mit seinen Fachwerkhäusern
spürbar ist, in dieser Kreuzung vom ›Puy-des-Bancs‹, in diesen Stra-
ßen der ›Lamproie‹, des ›Grenier-à-Sel‹, in denen wir uns ohne Mühe
den jungen Rabelais vorstellen können, wie er seine gewagten Spiele
trieb.

Und der schöne Fluß, der die Stadt umspült und in ruhigen Tagen
widerspiegelt, wie paßt er zu diesem vergangenen Ruhm und zum
gegenwärtigen Zauber! Er ist hier am Ende seines Laufes angelangt,
von der Hochfläche von Millevaches kommend, die über dreihundert-
sechzig Kilometer von hier entfernt ist. Er hat viel Land gesehen und
in sein Bett die eiskalten Gewässer der Berge von Ambazac im Limou-
sin aufgenommen, um dann Limoges als ungeduldiger junger Fluß

stürmisch zu durcheilen. Jetzt verzögert er sich in der grünen Cha-
rente, um aus der kalten Gegend des Limousin in die warme am
Zugang zum Poitou hinüberzuwechseln. Von jetzt ab lernt er auf sei-
ner weiteren Reise alle Freuden kennen, die ein Fluß genießen kann.
Es stimmt wohl, daß er sich bei der Isle-Jourdain in fürchterliche Ma-
schinen geworfen sah, die von den Menschen erfunden wurden, um
Licht zu erzeugen. Doch sobald er dem entronnen war, hat er, seiner
Sinne wieder mächtig, sich erneut den Freuden des unbehinderten Da-
hinfließens durch die fetten Auen des Poitou hingegeben, Chauvigny
im Vorbeifließen streichelnd, dem rosenfarbenen Schloß von Touffon
als Spiegel dienend ... Noch ein ärgerlicher Zwischenfall in Chatelle-
rault, dort hat man ihn erneut in Röhren mit eisernen Kronen gepreßt
und gezwungen, Maschinengewehre herzustellen, was – wie man zu-
geben muß – nicht die Aufgabe eines friedlichen Flusses ist. Bei Port-
de-Piles hat er die Creuse aufgenommen und sich mit deren reichen
Gewässern vollgesogen, um sich den Anschein eines Stromes zu geben,
so daß er mit großem Wasseraufgebot in Chinon anlangt.

Als Maurice Bedel diese Zeilen schrieb, konnte er nicht ahnen,
daß die Loire ungefähr zehn Kilometer von Chinon entfernt für
die Zwecke eines Atomzentrums nutzbar gemacht werden
würde – was durchaus nicht »die Aufgabe eines friedlichen
Flusses ist«. Zum Glück aber leiden weder der Lauf der Loire
noch der des Indre, noch jener der Vienne – oder zumindest
noch nicht – unter den unvorhergesehenen Anforderungen, die
ihnen unsere Zivilisation abverlangt. Hoffen wir, niemals den
Tag zu erleben, an dem wir »diese fürchterlichen Maschinen«
bereuen müssen, die uns heute fast so harmlos wie die Holz-
räder der alten Mühlen auf dem Flusse erscheinen.

Die geographischen Gegebenheiten und die Chronologie des
Schlosses von Chinon sind recht verworren, und ich halte es deshalb für gut, einen Überblick zu geben, bevor ich mich mit dem
eigentlichen Thema befasse.

Dieser auf drei Seiten freie Felsvorsprung hat eine vorzügliche
strategische Lage. Es wurden dort zahlreiche prähistorische
Funde gemacht und ein gallo-romanisches Castrum entdeckt.

Dann war er ein Zankapfel zwischen den Grafen von Blois und
von Anjou, bis Heinrich Plantagenet die Krone von England erhielt. Wenn man im Osten auf Mauern stößt, die aus der Zeit vor
seiner Thronbesteigung stammen, so waren es die Grafen von
Anjou, die in der ersten Hälfte des 12. Jahrhunderts dem Schloß
seine äußere Gestalt gaben. Sie errichteten eine mächtige, mit
Verteidigungsanlagen reichbestückte Ringmauer, die genau der
Form des Plateaus folgt. Heinrich Plantagenet baute diese Verteidigungsanlagen weiter aus. Im 13. Jahrhundert entstanden
die großen Bauten von Philippe Auguste, insbesondere der
›Coudray-Turm‹. Die königlichen Wohngebäude wurden im
nächsten Jahrhundert vollendet, und zu diesem Zeitpunkt ist
auch der Uhrturm errichtet worden. Ein einziges Werk stammt
aus dem 15. Jahrhundert: der von Philippe de Commynes in
Auftrag gegebene ›Argenton-Turm‹.

Seit jener Zeit ist das Schloß fertig. Man wird keinerlei
Veränderung mehr daran vornehmen – abgesehen von
einigen Restaurierungen nach drei Jahrhunderten des Verfalls.

Ein verlassenes Gebäude, ganz gleichgültig, wie verfallen es
ist, hat für uns den Vorzug, authentischer Zeuge einer Epoche
zu sein. Fünf Jahrhunderte lang wurde Chinon umgebaut und
vergrößert, und zwar immer mit dem gleichen strategischen
Ziel. Es handelte sich darum, seine natürliche Lage immer
mehr auszubauen und den Angreifenden den Zugang zu ver-
sperren. Deshalb scheint der Wohnraum inmitten dieser riesigen Mauern, dieser fast fensterlosen Türme und dieser tiefen
Gräben so wenig zu bedeuten. Wir befinden uns innerhalb einer
steinernen Einfriedung, und das ganze Leben ist auf diesen inneren Raum konzentriert.

Vergessen wir nicht, daß Chinon die gleiche Schlüsselstellung
in der Verteidigung des Gebietes der Plantagenet in Anjou ein-
nahm wie Château-Gaillard für die Verteidigung der Normandie. Aus diesem Grunde wurde der Festungsbau bis zur
höchsten Vollkommenheit getrieben. Im Frühjahr des Jahres
1204 gelang es Philippe Auguste, nach einer denkwürdigen Be-

lagerung Château-Gaillard zu nehmen. Ab Herbst berennt er Chinon, das im nächsten Jahr fällt und ihm die Eroberung der Touraine sichert. Er berücksichtigte die Erfahrungen des Krieges und paßte es der neuen Kampfweise und den neuen Waffen an. Deshalb ist Chinon eines der besten Beispiele für die mittelalterliche Wehrarchitektur und ihren Verteidigungsapparat, der mit der Entwicklung der Bewaffnung Schritt halten mußte, um nicht so schnell wie die heutigen Kampfmittel zu veralten. Vergessen wir auch nicht beim Anblick dieser festen Schlösser die große strategische Erfindung des 14. Jahrhunderts: die Verwendung der Feuerwaffen, wodurch die Angriffsmethoden mit Sappen und Sturmböcken hinfällig werden.

Um in das Schloß zu gelangen, müssen wir von rückwärts herkommen – die einzige zugängliche Stelle, die deshalb auch mit den stärksten Verteidigungsanlagen versehen war. Außerhalb dieses Tores gab es nur eine enge Ausfallspforte, die sich fast senkrecht über der Stadt öffnete.

Nun befinden wir uns vor einem breiten Graben, der von einer steinernen Brücke überquert wird, die an der einstigen Zugbrücke des Uhrturms endet.

Die drei Schlösser von Chinon waren nur durch Schloßgräben getrennt. Zu unserer Linken haben wir das ›Fort Saint-Georges‹, das nur mehr eine Ruine ist. Gegenüber liegt eine ausgedehnte Anlage, die ganz einfach ›Mittelschloß‹ genannt wird und sich mit ihrer Länge von hundertachtzig Metern an das ›Schloß Coudray‹ anschließt, das auf der vorgeschobenen Spitze des Hügels steht.

Das Fort Saint-Georges spielte die Rolle eines Bollwerkes, das den Eingang zum Schloß zu verteidigen hatte, ein gewaltiges Bollwerk von hundertzehn auf vierzig Metern, das von Heinrich Plantagenet gebaut wurde und dann unverändert blieb. Es scheint seit dem Ende des 15. Jahrhunderts aufgegeben worden zu sein, und seine Mauern verfallen seitdem immer mehr. Der letzte Turm, der die südöstliche Ecke markierte, stürzte 1907 ein.

Während der Französischen Revolution wurde Chinon als Nationaleigentum verkauft und kam in Privatbesitz: wir finden dort nur noch verfallene Mauern und unterirdische Gänge. Nach der Stadt zu befand sich eine königliche Kapelle, die seinerzeit sehr bewundert wurde, von der einzelne wiedergefundene und im Museum von ›Vieux Chinon‹ ausgestellte skulptierte Mauerteile den früheren Reichtum ahnen lassen. Die 1904 entdeckte Krypta erlaubt einen Rückschluß auf die Größe des Baues. Es war das Fort Saint-Georges, in dem Heinrich Plantagenet und sein Sohn Richard Löwenherz starben, deren sterbliche Überreste nach der Abtei von Fontevrault gebracht wurden.

Wir betreten das eigentliche Schloß über eine im 18. Jahrhundert wiederaufgebaute Brücke, die am Uhrturm endet – einem merkwürdigen, zweiundzwanzig Meter hohen Bau, dessen schmales Profil von der Stadt aus gesehen mehr einer hohen Säule als einem Torturm ähnelt. Eine enge Wendeltreppe führt zu den drei Stockwerken, die von kleinen Kreuzfenstern erhellt sind. Eine Laterne auf der Spitze beherbergt die Uhr und eine alte unter dem Namen ›Marie Javelle‹ bekannte Glocke.

In diesem Turm ist ein ›Musée Jeanne d'Arc‹ eingerichtet worden, von dem man allerdings sagen muß, daß seine Dokumente oft von mittelmäßiger Qualität, ohne Beziehung zum Gegenstand sind und in einem solchen Durcheinander gezeigt werden, daß man dies alles wirklich nicht als Museum bezeichnen kann.

Eine weitere Kritik: Der Teil des Mittelwalles, der den Turm mit dem übrigen Schloß verbindet, wurde im 19. Jahrhundert mit Phantasiezinnen geschmückt, die um so mehr stören, als die umliegenden Mauern nicht restauriert wurden. Es wäre angebracht, diesen Fehler wiedergutzumachen.

Nach Norden zu ist weiter nichts erhalten geblieben als die Unterbauten der Bewaffneten-Unterkünfte, die ihren Abschluß durch den Eck-Wachtturm finden. Dieser nördliche Teil der Ringmauer ist verschiedentlich zwischen dem 12. und dem 15. Jahrhundert wiederhergestellt worden. Ungefähr in der

Mitte wurde der kräftige ›Hundeturm‹ von Philippe Auguste
errichtet.

Wie groß das Interesse für die Baugeschichte der umliegenden
Wehrbauten auch immer sein mag – der Besucher wird, sobald
er das Gewölbe des Uhrturms durchschritten hat, von den
Ruinen der Königswohnung angezogen, wo er eine Innenwand
erblickt, an der sich zwei Kamine übereinander befinden.
Hier, in diesem ›Großen Saal‹, den Karl vii. gerade erst hatte
bauen lassen, hat die geheimnisvollste und schicksalsschwerste
Unterredung der französischen Geschichte stattgefunden.

Nur dieser Giebel, der sich gegen den Himmel abhebt, die
Grundmauern, Bruchstücke der Bodenfliesen und einige Stufen
an der Seite sind übriggeblieben. Aber diese verstreuten und
zerstörten Einzelteile gestatten unserer Phantasie, diesen Ehren-
saal in der historischen Stunde zu erblicken, als Johanna seine
Schwelle demütig und bewaffnet überschritt, um sich zweihundert versammelten Edlen gegenüberzusehen. Wir können
die räumliche Situation sehr gut rekonstruieren: drei Räume
im Erdgeschoß und im ersten Stock ein großer Saal – die berühmte Halle der Zusammenkunft – mit einem großen Kamin,
dessen Mantel von Gewändesäulen mit Simsen gestützt wird.
Eine äußere steinerne Treppe ermöglichte den Zugang.

Ein Aquarell von Gaignères, 1699 datiert, zeigt uns, daß bereits damals das Dach verschwunden war. Eine kleine mit
einem Bogen versehene Pforte öffnete sich als Zugang zum Erdgeschoß. Der große Saal wurde durch drei große Fenster nach
dem Garten und drei schmalere nach der Stadt erhellt.

Man möchte glauben, daß die Macht der Empfindung, die
diese kargen Reste ausstrahlen und die es uns ermöglichen, ein
übernatürliches Ereignis in einem fast abstrakten Rahmen her-
aufzubeschwören, im vorigen Jahrhundert nicht so gewirkt hat.
Als 1875 die Grabungen aufgenommen und die Grundmauern
wiederaufgefunden wurden, bat der Bürgermeister von Chinon
den Minister der Schönen Künste, eine nationale Subskription
zu eröffnen, um den Saal wiederaufzubauen und so dem Ruhme

der Heldin, wie er meinte, besser dienen zu können. Der Architekt machte sich anheischig, den Raum in allen Einzelheiten zu rekonstruieren. Zum Glück widersetzte sich die ›Kommission der historischen Monumente‹ dieser Maskerade. Und Johanna ist immer noch in den Ruinen lebendig.

Philippe Erlanger hat uns in ›Karl VII. und sein Geheimnis‹ diese Szene der Zusammenkunft in Chinon beschrieben:

Ein lärmendes und buntes Gewühl erfüllte den großen Saal des Schlosses von Chinon am 6. März 1429, in das fünfzig Fackeln ein flackerndes Licht warfen. Die Türsteher bewegten sich zwischen den Roben aus Samt, den bischöflichen Talaren, den mit vergoldetem Zierat übersäten Überkleidern, verfingen sich in den Schnabelschuhen und ließen manchmal voller Verzweiflung, um die Ordnung wiederherzustellen, ihre Stäbe auf irgendeinen Schulterkragen aus Hermelin fallen.

Drei- bis vierhundert Personen, zwischen denen man die Abgesandten des Bastards, Archambaud de Villars und Jamet du Tillay, bemerkte, stießen sich gegenseitig im Eifer der Debatte. Die Neugier und die Ungeduld stiegen zum Siedepunkt. Die merkwürdige Kuhmagd, aus der fernen lothringischen Mark wie ein Blitz erschienen, hatte die Unterkunft verlassen, in der sie seit zwei Tagen wohnte, wo eifrige und um sie besorgte Ungenannte vorher Quartiere gemacht zu haben scheinen. Sie befand sich in Bogenschußweite von den Wällen, durchschritt das alte Tor, und noch niemand wußte, ob man sie empfangen würde.

Der König wußte es weniger als alle anderen. Zum hundertsten Male überlas er den wenig aufschlußreichen Brief von Baudricourt und hörte die sich widersprechenden Stimmen an seinen Ohren und in seinem Herzen. Seine panische Angst vor allem Unbekannten, das Entsetzen, das ihn vor den Blicken eines Fremden lähmte, ließen ihn nur zu oft zum Mißtrauen neigen. Einer der Geistlichen, die beauftragt waren, Johanna in ihrer Unterkunft auszufragen, erklärte, daß es sich um einen ›Betrug‹, um eine Heuchelei, handle. Indem die Parteigänger von La Trémoille übertrieben, wollten sie dem armen König weismachen, daß es sich um eine Falle des Teufels und um einen lächerlichen Irrtum handle. Dem hielten die Leute aus Anjou die ausgezeichneten Berichte der Begleiter Johannas entgegen, die versuchte Teufelsaustreibung in Vaucouleurs, aus welcher das junge Mädchen siegreich her-

vorgegangen war, ihre Jungfernschaft und ihre ans Wunderbare grenzende Reise. ›Der älteste Sohn der Kirche‹ konnte nicht eine von Gott gesandte Erleuchtete abweisen. Der alte Pierre, königlicher Astrologe, bestätigte, in den Sternen den Auftrag der Schäferin gelesen zu haben. Monsignore de Vendôme, ständiger und treuer Parteigänger der Königin, versuchte noch einmal alles zu verhindern.

Schon erreichte die Jungfrau die Säle der Wachen. Von den Debatten ermüdet, willigte der König endlich ein, sie eintreten zu lassen; aber wohl weniger in der Absicht sie zu prüfen, als einer Gegenüberstellung auszuweichen, vor der er sich fürchtete, befahl er einem Vertrauten seinen Platz einzunehmen und stellte sich abseits. La Trémoille und die Seinen glaubten das Spiel gewonnen und bereiteten sich vor, sich über die kleine, in der ungewohnten Pracht einer solchen Audienz sich verloren vorkommende Magd lustig zu machen.

Johanna trat ein, von Vendôme geführt. Zum Erstaunen ihrer Widersacher durchschritt sie ungezwungen die hochmütige Versammlung und machte, ohne sich zu irren »die vor Königen üblichen Verbeugungen, und zwar so, als ob sie bei Hofe erzogen worden wäre«.

»Gott gebe Euch ein langes Leben, edler Dauphin!«

Karl sah zu seinen Füßen ein schönes Mädchen von siebzehn Jahren in Männerkleidung, das entgegen der herrschenden Mode die Haare wie ein Page geschnitten trug. Er sah den reinen Blick voller Rätsel, das von einer heroischen Einfachheit erstrahlende Gesicht. Verwirrt stotterte er:

»Wie heißt Ihr? Was wollt Ihr?«

Sie antwortete:

»Ich heiße Johanna die Jungfrau, und der König des Himmels läßt Euch durch mich sagen, daß Ihr in Reims gesalbt und gekrönt werdet und der Diener des Königs des Himmels sein werdet, der der König von Frankreich ist.«

Karl schien sich zu beruhigen. Noch mißtrauisch, hatte er doch wenigstens jene Sanftheit und Liebenswürdigkeit wiedergewonnen, die er den einfachen Leuten gegenüber gern zeigte. Er führte das junge Mädchen aus der Menge heraus und unterhielt sich allein mit ihr. Die Anwesenden, in deren ersten Reihen sich Clermont und La Trémoille aufhielten, beobachteten sie aus der Ferne. Nach einem kurzen Augenblick änderte sich das Gesicht des Königs. Es drückte zuerst ein verwundertes Erstaunen aus, erhellte sich dann und erstrahlte. Die Jung-

frau hatte soeben die Antwort, das seit zehn Jahren so ersehnte Versprechen gegeben: »Im Auftrage des Herrn sage ich Dir, daß Du der wahre Erbe von Frankreich und Sohn des Königs bist!«

»Sohn des Königs ...« Zauberwort, das die Mutter seit 1417 auf den Urkunden neben die Unterschrift des Dauphin setzen ließ.

Dieser geheiligte Teil von Chinon, der als erster zerstört wurde, war einst durch eine hölzerne Galerie über den Gärten mit den übrigen Räumen des Wohngebäudes verbunden, das Ende des 18. Jahrhunderts noch zum großen Teil vorhanden war. Neben dem großen Saal steht noch das erste Stockwerk eines dicken viereckigen Turms, ›Schatzturm‹ genannt, der aus dem 12. Jahrhundert stammt. Im Erdgeschoß der folgenden Gebäude befanden sich Waffenschmiede, Küche, Gesindespeiseraum und Wäscheraum. Das Zimmer des einzigen Stockwerkes, das in einem Voranschlag als »chambre nattée – mit Matten ausgelegtes Zimmer« erscheint, gilt als das Zimmer des Königs, seine Mauern, die nach der Stadt blicken, stammen aus dem 11. Jahrhundert. Damals erhob sich im Hof, auf einige Meter Entfernung vom Wohnhaus, ganz für sich stehend, die ›Kapelle der heiligen Melanie‹, von der jede Spur verlorengegangen ist.

Vom Schloß Coudray trennen uns breite, im 13. Jahrhundert angelegte Schloßgräben, die wir über eine feste Brücke, welche eine Holz- und eine Zugbrücke ersetzt, überqueren können. Für die schweren Festungsanlagen wurden zum Teil die sehr alten Grundmauern der Grafen von Blois verwendet. Sie bildeten gleichzeitig Vorwerk und Rückzugsturm.

Ein enger Gang führt in der Tiefe der Schloßgräben unter dem Zwischenwall hindurch nach der Stadt. Eine Überlieferung will wissen, daß Karl VII. ihn hat anlegen lassen. Er mündete in einen unterirdischen Gang, von dem man Spuren gefunden hat, so daß man vermuten kann, der König habe ihn benutzt, um Agnes Sorel in ihrer kleinen Behausung von Roberdeau, am Fuß des Schlosses, zu besuchen.

Der Boisy-Turm links zeichnet sich durch die Unregelmäßigkeit seines Grundrisses aus, der halb eckig, halb rund ist. Der untere mit einem dreijochigen Rippengewölbe gedeckte Saal wird durch Schlitzfenster erhellt. Das obere Stockwerk, das noch sorgfältiger ausgeführt wurde, hat als Kapelle gedient, was vielleicht die Merkwürdigkeit des Grundrisses erklärt. Am äußersten Ende gegen Südwesten erhebt sich der Mühlenturm. Seine drei Stockwerke bestehen aus zwei sechseckigen Sälen auf viereckiger Basis, mit einem runden Saal darüber.

Der Zwischenwall wird von einem Bollwerk und von Türmen, die senkrecht über den Felsen errichtet sind, flankiert. Wir begeben uns dann zur wichtigsten Anlage, zum ›Coudray-Turm‹, einem stolzen runden Wehrturm, der siebenundzwanzig Meter in die Höhe steigt, obwohl er um ein Stockwerk geköpft wurde. Es sind noch drei übereinanderliegende Säle vorhanden, sie sind durch Treppen verbunden, die sich im vier Meter dicken Mauermantel emporwinden. Man darf vermuten, daß Jeanne d'Arc während ihres Aufenthaltes in Chinon im oberen Saal untergebracht wurde. Sie verrichtete ihre Gebete am Fuße des Turmes in der Kapelle des heiligen Martin, von der wir noch Spuren des rechtwinkligen Grundrisses im Boden sehen. Unsere Aufmerksamkeit wird noch durch die Kritzeleien im mittleren Stockwerk gefesselt. Die Würdenträger des Templerordens wurden dort im Jahre 1308 gefangengehalten, und man sieht nicht nur Inschriften – in denen der Name von Molay, dem Großmeister des Ordens, auftaucht –, sondern auch schematische menschliche Figuren, religiöse und heraldische Motive und Jagdszenen. Es ist schwierig, von einer Volkskunst zu sprechen, wenn man sich den Rang der vermutlichen Urheber vor Augen hält. Wir sehen nichtsdestoweniger darin die rudimentären und natürlichen Zeugen einer mittelalterlichen graphischen Ausdrucksfähigkeit, deren Vergleich mit den von berufsmäßigen Bildhauern geschaffenen Grabplatten interessant ist.

Die königliche Hofhaltung war unter Karl VII. sehr dürftig. Trotzdem genügte das Schloß beileibe nicht, den Hof unterzubringen, und damals entstanden die Häuser der Adligen in der Stadt, von denen einzelne noch heute stehen.

Nach der Heldenfahrt der Jungfrau von Orleans erstarkt die französische Monarchie und die Heere kennen keine Niederlagen mehr. 1449 verläßt der König Chinon, um sich zu seinen Truppen zu begeben. Der Hundertjährige Krieg ist beendet, Frankreich ist befreit.

Seine Nachfolger nehmen in Chinon nur ganz kurzen Aufenthalt. Ludwig XI., der oft in Plessis-les-Tours weilt, hat die Verwaltung des Schlosses Philippe de Commynes anvertraut, der es mustergültig instand halten wird. Das letzte Zeremoniell von Chinon fand im Jahre 1498 statt, als Ludwig XII. Cesare Borgia empfing, der vom Papst gesandt worden war, den Text der Nichtigkeitserklärung der ersten Ehe Ludwigs XII. zu überbringen, die ihm gestattete, Anne de Bretagne zu heiraten.

Seit diesem Zeitpunkt wurde die Herrschaft Chinon Gouverneuren anvertraut und 1570 dem Herzog von Guise abgetreten. Dessen Erben kümmerten sich in keiner Weise um ihren Besitz und nach langen und schwierigen Verhandlungen ging das königliche Schloß 1633 in die Hände von Richelieu über. Ohne Zweifel wollte dieser es seinem herrschaftlichen Besitz, seinem mit einer Pairschaft verbundenen Herzogtum, einverleiben, von dem die Stadt und das riesenhafte Schloß, das er in zwanzig Kilometer Entfernung von Chinon hatte bauen lassen, der Mittelpunkt sein sollten. Die vertraglichen Bedingungen wurden aber nicht genügend ausgearbeitet und die Ansprüche der Familie Richelieu werden bis zur Revolution vom Magistrat von Chinon und von der Krone bestritten. Letztere ernennt die Gouverneure und unterhält darin zu gewissen Zeiten eine kleine Garnison.

Was dann kommt, sind nur schmutzige Zänkereien: das Schloß wird nicht mehr bewohnt und bleibt von Verfall bedroht. Was zu baufällig ist, wird abgerissen. In den Jahren vor der Revolution wurde es einem gewissen Jean Sureau, einem

Schuster, für dreihundertzwanzig Taler und zwei Dutzend Tauben verpachtet.

1793 wird das Schloß von den Chouans, den Königstreuen der Vendée, eingenommen, als aber das Blatt sich wandte, wurden dreihundert von ihnen dort erschossen. Feste folgen den Dramen. Am 14.Juli 1797 ist der Uhrturm der Schauplatz einer Wiederholung des Sturms auf die Bastille. Währenddessen hören die Gebäude nicht auf, schwersten Schaden zu erleiden.

In der Epoche der Restauration fangen die Behörden an, sich für das Schloß zu interessieren, versuchen es zu erhalten und einer Verwendung zuzuführen. Ihre Absichten sind aber nur theoretischer Natur und beschränken sich auf Inventaraufnahmen und verwaltungstechnische Entscheidungen. Die Domäne wird nun Eigentum des Departements. Erst Mitte des 19. Jahrhunderts, als die Mauern auf die Stadt zu stürzen drohten, beginnt man mit den ersten Stützungsarbeiten auf Grund eines Berichtes von Mérimée.

Seitdem waren zahlreiche Arbeiten notwendig, um die ehrwürdigen Ruinen dieses großen verwüsteten Baudenkmals zu erhalten.

Angers

Man müßte bis zu den Burgen der Kreuzritter in Syrien zurückgehen, um so eindrucksvolle Verteidigungsbauten von dieser Ausdehnung zu finden. Die Strenge, die Wucht, die Härte dieser hohen, von siebzehn dicken Rundtürmen flankierten Mauern, die um ein Rechteck von ungefähr einem Kilometer inmitten der Stadt laufen, rufen das Staunen des Besuchers hervor. Ihre Lage auf einer Erhebung am Ufer der Maine ist berückend, und fesselnd ist der Gegensatz zu den Baudenkmälern der Stadt, der Kathedrale, der Kirche Saint-Serge, dem Krankenhaus Saint-Jean, deren breite und leicht gewölbte Decken, die berühmten Gewölbe des Anjou, von Zartheit und Sanftheit erfüllt sind.

Kurz nach der Angliederung der Grafschaft Anjou an Frankreich ließ der heilige Ludwig an Stelle der ungenügenden und verfallenen, von den Plantagenets errichteten Festung schnell eine neue erbauen, um das Land vor den Nachfolgern des Johann ohne Land zu schützen. Sie wurde einer der mächtigen Vorposten des Königreiches.

Elf Jahre genügten, um diese Mauern und diese Türme zu errichten, von denen einige mit sechzig Metern Höhe den Fluß beherrschen. Sie bestehen aus Schieferplatten, die sich mit Schichten von Sandstein und Granit von bemerkenswerter Schmuckwirkung abwechseln. Es gibt nichts einfacheres als diese ganz auf ihren Verteidigungszweck eingestellte Architektur. Das Verhältnis der Maße zwischen Mauer und Turm stimmt insofern nicht, als die Türme ursprünglich um zwei Stockwerke höher und mit Kegeldächern versehen waren.

Nur zwei stark verteidigte Tore sind vorhanden: das Felder-
tor, das sich, wie der Name es sagt, nach den Feldern öffnete, und
das Stadttor, das nach der Innenseite der Stadtmauer führte, die
am Anfang des 19. Jahrhunderts niedergelegt wurde. Nur ein
einziger Turm ist übriggeblieben.

Wir betreten heute die Zitadelle durch das Stadttor, indem
wir den Graben zuerst über eine feste und dann über eine Zugbrücke überqueren. Das Tor ist zweijochig, aber nur ein Joch
hat sein ursprüngliches Rippengewölbe behalten.

Jetzt befinden wir uns auf einem großen inneren Hof, der
früher ein Paradeplatz war, von dem aus wir die auf dieser ausgedehnten eingeschlossenen Fläche weit verstreuten und sehr
unterschiedlichen Architekturen mit einem Blick umfassen
können. Vor uns, ein wenig rechts, die Kapelle der Yolande
d'Anjou, an die sich der ›Königsbau‹ anschließt, dann das große,
von seinen vier Türmchen flankierte Ausfalltor des Châtelet
und zuletzt links im Hintergrund das ›Haus des Gouverneurs‹
im Renaissancestil.

Für diejenigen, die sich über den Gegensatz dieser – neuerdings
restaurierten – Ruinen und des guten Zustandes der Gebäude
und Blumenbeete, die sie verbinden, wundern, halten wir es
angebracht, die Geschichte des Schlosses von Angers vom Ende
her aufzuzäumen:

Das Schloß wurde während der Revolution und nach der Nie-
derlage der königstreuen Vendéer – wie auch andere Baudenkmäler der Stadt – in ein Gefängnis umgewandelt. Das sollte
Grund genug werden, um noch lange das traurige Schicksal als
›Mustergefängnis‹ zu erleiden, nicht zuletzt wegen der Sicherheit, die seine mächtigen Mauern gegen jegliche Flucht boten.
Ein Teil wurde später als Irrenhaus des Departements benutzt,
da diese Unglücklichen damals beinahe wie Gefangene behandelt wurden. Gegen Mitte des 19. Jahrhunderts zogen die Pio-
niere ein, und die Höfe füllten sich mit Baracken, Lagern und
Truppenunterkünften. Die Beschädigungen waren zahlreich,

die Unterhaltung gleich Null. Die Direktion der ›Monuments historiques‹ hatte das ganze Schloß untersuchen lassen und versuchte umsonst, die Schäden einzudämmen. Nach fünfunddreißig Jahren der Auseinandersetzung erklärte sich die Armee bereit, das Terrain aufzugeben, aber leider wurde diese prinzipielle Einigung erst 1939, am Vorabend des Krieges, erzielt. Und es war eine andere Armee, die im folgenden Jahre das Schloß besetzte. 1944 wurde es mit Bomben belegt und erlitt beträchtliche Schäden, die die endgültige Aufgabe durch das Militär und seine Restaurierung durch die Denkmalpflege rechtfertigten.

Das Programm der Restaurierungen, das Herrn Bernhard Vitry anvertraut wurde, beschränkte sich nicht auf einfache Instandsetzungen. Man hatte sich vorgenommen, dem ganzen Komplex wieder Leben zu geben und ihm ein freundliches, frisches Aussehen zu verleihen – denn es war düster geworden –, ohne den originalen Geist zu beeinträchtigen. Halbe Ruinen wurden wieder aufgerichtet, Säle gereinigt und mit vorzüglichen Wandteppichen geschmückt, Blumenbeete im Geiste des Mittelalters angelegt, ein Weinberg nach der alten Methode der Gegend angepflanzt und Baumreihen und Obstgärten gesetzt. Diese Arbeiten ermöglichten die Wiederentdeckung von seit Jahrhunderten verschütteten Galerien und die Auffindung von Statuen und Gräbern. Dies alles bildet aber nur den verfeinerten Rahmen für das Wunder von Angers, die Teppiche der Apokalypse, über die wir noch sprechen werden.

Die bewegte Geschichte des späten Mittelalters hat wenig Spuren hinterlassen. Aus der Zeit der Kämpfe zwischen den Plantagenets und Kapetingern ist fast nichts übriggeblieben. Bei jüngsten Grabungen wurden die Grundmauern einer von Geoffroy Martel, dem Grafen von Anjou, um die Mitte des 11. Jahrhunderts gebauten Kapelle gefunden. Wir haben bereits erwähnt, daß Angers seiner Bauart nach ein Schloß Ludwigs des Heiligen ist. Man muß den Rundgang oben auf den Ringmauern machen und jede einzelne Plattform der Türme überqueren, um sehr reizvolle Ausblicke auf die Schieferdächer und auf die Kirchtürme der Stadt zu haben.

Das Wohngebäude der Grafen, von dem wir noch einige romanische Details auf den Resten der geborstenen Mauern erkennen können, gestattet uns nicht, die weit zurückliegende Vergangenheit der Anjou aufleben zu lassen.

Karl, ein Bruder Ludwigs des Heiligen, war Graf von Anjou, er war jedoch immer mit seinen Zügen in ferne Länder und mit seinen phantastischen Eroberungsträumen beschäftigt. Seine Nachfolger bewohnten Angers nicht. Trotzdem wurde das Schloß, das Pflegern anvertraut war, immer instand gehalten. Die Herzogin Yolande hat dort öfters Wohnsitz genommen, und während des Hundertjährigen Krieges wurden die Wehranlagen verstärkt.

Unter der Regierung von Yolande wurde die Kapelle zwischen 1400 und 1410 errichtet, deren Eleganz im Innern wir bewundern. Sie besteht aus einem dreijochigen Schiff, dessen erstes Joch durch eine flamboyante Lichtöffnung erhellt wird. Durch Bombardierung stark beschädigt, mußte sie zum Teil restauriert werden. Diese Arbeiten haben es ermöglicht, im flachen Chorabschluß Malereien zu entdecken, die vermutlich aus dem 15. Jahrhundert stammen. Die drei Schlußsteine des Gewölbes zeigen das Kreuz der Anjou mit Doppelbalken – jenes, das etwas später Lothringen übernommen hat –, ferner das Wappen von Ludwig II. und von Yolande seiner Gemahlin. Die Wände sind mit sehr schönen Bildteppichen aus dem 15. Jahrhundert geschmückt.

Man gelangt in die ›Königswohnung‹, die Wohnung des Königs René, durch eine mit Bildhauereien geschmückte Tür am Fuße eines Treppentürmchens. Eine Galerie führt zu den wiederaufgebauten Sälen. Auf den Schlußsteinen der Gewölbe erscheint das Wappen des Königs René. Dieser Fürst, Künstler und Literat, Maler, Musiker, Dichter und Mathematiker, der Latein, Griechisch, Hebräisch und verschiedene andere Sprachen las, war letzten Endes ein schwacher Staatsmann. Von seiner Mutter Yolande im Schloß erzogen, stattete er es nach seinem Geschmack aus, der vorzüglich war. Er schätzte besonders die Gartenbaukunst, und die Gärten von Angers waren nach den Chronisten selten schön. Es scheint auch, daß sein Neffe Ludwig XI. keine Schwierigkeiten hatte, ihn zu überreden, ihm sein Königreich Anjou zu schenken. Man weiß, daß er sich in die Provence zurückzog, wo er seine Tage inmitten von Büchern beschloß.

Die Stadt Angers, Sitz einer lebendigen Universität, und ihr mächtiges Schloß hörten dennoch nicht auf, eine bedeutende Rolle zu spielen. Während der Religionskriege war dieser Platz, der als uneinnehmbar galt – es sei denn durch List –, ein Zentrum von Intrigen und Kämpfen. Nach der Ermordung von Heinrich III. verzögerte der Schloßhauptmann Donadieu de Puyharie, der den Befehl erhalten hatte, die Festung zu schleifen, die Arbeiten mit Absicht, so daß nur ein Teil der Gebäude zerstört und die Türme nur geköpft wurden. Damals erhielt das Schloß ungefähr sein heutiges Aussehen.

Unter der Regierung Heinrichs IV. wird die Befestigung dann restauriert, und so erhielten die Turmstümpfe die durch einen Wehrgang verbundenen massiven Plattformen. Im Laufe des 17. Jahrhunderts wurde ein Teil als Gefängnis benutzt – Fouquet machte dort mit dem Kerker seine erste Bekanntschaft –, der andere Teil diente als Invalidenhaus.

1793 liefern sich die ›Weißen‹ und die ›Blauen‹ heftige Kämpfe. Das belagerte Schloß hält gegen das Heer der königstreuen Vendéer gut stand, deren Überlebende in seinen Mauern ein tragisches Schicksal erleiden werden.

Seitdem die Bildteppiche von Angers im Schloß ausgestellt sind, das heißt seit 1945, sind sie dessen faszinierendste Sehenswürdigkeit. Wir konnten bereits prachtvolle Stücke dieser Gattung bewundern, zum Beispiel die Teppiche der ›Passionswerkzeuge‹, die in der Kapelle ausgestellt sind, oder jene in den fürstlichen Gemächern: ›La Dame de Rohan‹, die ›Dame an der

Orgel‹ und ›Penthesilea‹ auf einem Grund blühender Pflanzen. Um aber eine so einmalige Folge wie die der berühmten Bildteppiche der Apokalypse zeigen zu können, benötigte man selbstverständlich ein Gebäude in der entsprechenden Größe.

Im alten Bischofssitz konnte man nur Teile der Teppiche, und zwar unter ungünstigen Bedingungen, betrachten. Ein Übereinkommen mit dem Bischof von Angers nach dem Krieg machte die heutige sehr schöne Form der Präsentation möglich.

Da kein Saal im entferntesten ausreichte, um die Apokalypse zu beherbergen, faßte man den Entschluß, innerhalb der Ringmauer Ludwigs des Heiligen anstelle von längst zerstörten Gebäuden einen rechtwinkligen Bau von hundertsieben Meter Länge zu errichten.

Eine moderne Architektur in den mittelalterlichen Vorhof zu stellen hatte Gefahren. Die Mauern wurden jedoch in Schiefer hergestellt mit der Struktur der Ringmauern, an die sich ein Teil der neuen Galerie anlehnt. Obwohl diese alle Möglichkeiten moderner Ausstellungstechnik erschöpft, fügt sie sich dennoch harmonisch zwischen die alten Gebäude ein.

Mit einer den früheren Generationen unbekannten Zurückhaltung wurden die Teppiche erneut restauriert. Alle noch erhaltenen Stücke sind auf einen Grund aus tiefrotem Filz aufgezogen und gegenüber den hohen, in tiefe Nischen gesetzten Fenstern aufgehängt. Sie hinterlassen einen unvergeßlichen Eindruck.

Es ist ein Wunder, daß die größte je gewebte Folge von Teppichen, trotz so wechselvollen Schicksals uns erhalten geblieben ist. Es sind beinahe sechshundert Jahre verflossen, seitdem Herzog Ludwig I. von Anjou dieses bedeutende Werk bestellte. Er hatte die Kartons dem berühmten Maler Hennequin aus Brügge in Auftrag gegeben und Nicolas Bataille, dem besten Pariser Kettenmacher, die Ausführung übertragen.

Sicher waren es zahlreiche Hände, die ans Werk gingen, denn alles war in sieben Jahren beendet. Wir werden die Zahl sieben, die in den Texten der Evangelien immer die Zahl der Vollendung ist, ständig wiederfinden. Die Folge bestand aus sieben Teppichen, auf jeden sind sieben große Figuren und zweimal sieben Szenen in selbständigen Bildern in zwei übereinanderliegenden Ebenen dargestellt. Der Gegenstand der Weissagungen der Apokalypse nach dem Apostel Johannes handelt vom Symbol der sieben gebrochenen Siegel, der sieben Trompetenstöße, der sieben leeren Kelche, der sieben Donnerschläge und der Erscheinungen des siebenköpfigen Seeungeheuers und des siebenköpfigen Drachens und so fort.

Das Werk bestand aus sieben Stücken von sechs Meter Höhe und vierundzwanzig Meter Länge. Insgesamt messen sie von Ende zu Ende hundertachtundsechzig Meter. Man weiß nicht, für welche Gebäude diese Bildteppiche bestimmt waren, es ist aber bezeugt, daß sie von den Herzögen von Anjou als eines ihrer kostbarsten Güter betrachtet wurden. Zwanzig Jahre nach ihrer Herstellung wurden sie in die Provence geschickt, um den Bischofssitz in Arles anläßlich der Hochzeitsfeierlichkeiten von Ludwig II. zu schmücken. Dieser vermachte sie testamentarisch seiner Frau Yolande von Aragon, die sie ihrerseits dem König René vererbte.

Dieser Fürst, dessen Wunsch es war, daß die Leute von Angers eine eindrucksvolle Erinnerung an seine Dynastie bewahren sollten, schenkte die Teppiche dem Kapitel der Kathedrale, als er Anjou verließ, um sich in die Provence zu begeben. Die Apokalypse wurde bei außergewöhnlichen Zeremonien in der Kathedrale ausgestellt und während mehrerer Jahrhunderte als einer der schönsten Schätze gepflegt, bewundert und sehr geschont.

Der Geist des 18. Jahrhunderts aber – so sehr dem Luxus zugewandt – war unfähig, die kraftvolle Schönheit dieser Bilder zu verstehen, die als ein Überbleibsel eines barbarischen Zeitalters betrachtet wurden. Damals hat man die Teppiche auf den Dachboden der Kathedrale verbannt, und als sie 1782 zum Verkauf angeboten wurden, fanden sich keine Käufer. Daraufhin hat man sie zu den unmöglichsten Zwecken mißbraucht: sie dienten dazu, Orangenbäume vor der Kälte zu schützen, dann benutzte man sie zerschnitten als Decken und Bettvorleger. Teile zierten die Flankierbäume eines Stalles, andere, angemessener verwendet, schmückten den Fußboden von Tribünen bei Preisverteilungen.

1843 endlich versteigerte die Domänenverwaltung sie zusammen mit anderem Trödel. Monsignore Angebanet, damals Bischof von Angers, erwarb sie persönlich – beraten von einem Kanoniker mit Geschmack – und bestimmte sie für die Kathedrale. Sie wurden ihm zum Preis von dreihundert Francs zugeschlagen, das heißt für etwa acht Francs der Quadratmeter.

Man fragt sich, ob man nicht alle hätte zusammensuchen und retten können. Auf jeden Fall waren, nachdem man in der Umgebung nachgeforscht und alles Vorhandene zurückerworben hatte, siebenundsiebzig Szenen von etwa hundert wieder da. Sie wurden mit großer Sorgfalt restauriert und nahmen in der Kathedrale bei festlichen Anlässen erneut ihren Platz ein.

Nach der Trennung von Kirche und Staat blieben sie im alten bischöflichen Palais verwahrt und wurden weiterhin im Gottesdienst verwendet, bevor sie endlich ins Schloß gelangten.

Die Prophezeiung des Johannes ist einer der großartigsten Texte aber auch der dunkelste der Heiligen Schrift. Hennequin von Brügge ist diesem Text zwar gefolgt, da er jedoch die gemalten Miniaturen für die Teppichdarstellungen souverän und mit Sinn für monumentale Größe übersetzte, ragt das Ergebnis weit über die Vorlagen hinaus.

Die Szenen erscheinen abwechselnd auf rotem und auf blauem Hintergrund, unten mit einem Ornamentstreifen, der die Erde darstellt, gesäumt und oben, in gleicher Art, mit einem, der den Himmel zeigt. Beide Streifen sind im Laufe der Jahre durch die Behandlung und durch das wiederholte Aufhängen sehr mitgenommen.

Meist auf der linken Seite jeden Teppichs ist in der ganzen Höhe eine große einsame Gestalt dargestellt, doppelt so groß wie die übrigen Figuren. Wer ist dieser ehrwürdige Mann, der

siebenmal wiederholt wird? Unter einem großen Baldachin aus
Stein sitzt er majestätisch, oder er sinnt über einem Buch, oder
er hält auf dem Arm eines Engels sitzend eine Rolle in der Hand.
Handelt es sich um Johannes selbst oder um einen Propheten
oder einen der sieben Bischöfe von Asien oder einfach – wie es
die Überlieferung wissen will – um einen Christen, der durch
die apokalyptischen Prophezeiungen des Johannes, die sich vor
ihm entfalten, unterrichtet wird? Keine von diesen Auslegungen
kann wirklich überzeugen.

Andere Geheimnisse bergen sich vermutlich hinter dieser
Folge von Visionen von außerordentlicher Lebendigkeit, die die
Gläubigen des Mittelalters ebenso in ihren Bann zu ziehen ver-
mochten wie heute das Kino die Massen. Ein Text – ›Untertitel‹
möchten wir zu sagen wagen –, der heute verschwunden ist,
befand sich unter dieser Bilderreihe. Die Aussteller haben den
ausgezeichneten Gedanken gehabt, auf der Gegenwand die entsprechenden Texte aus der Apokalypse des Johannes erscheinen
zu lassen.

Was soll man über den Glanz dieser Bildteppiche der Apokalypse sagen? Da ist einmal der feierliche und doch lebhafte
Rhythmus, der die ungezählten Gestalten erfüllt. Dann treten
die Einzelheiten einer Erzählung hervor, die sich abwechselnd
auf blauem oder rotem Hintergrund abspielt, zweifellos, um
dieses Aufeinanderfolgen von Schrecken und Katastrophen,
Prüfungen, Verbrechen, Gemeinheiten, Gottlosigkeiten und
vergossenem Blut verständlich zu machen; schließlich die
triumphierenden himmlischen Visionen, die da und dort von
der Schar der Engel mit ausgebreiteten Flügeln bekundet
werden. Der Erzähler Johannes erscheint auf jedem Teil und
jedesmal in einer anderen Stellung und mit einem anderen
Ausdruck. Die starke und lebendige Charakterisierung der Gestalten und selbst der Landschaften kommt zu der hieratischen
Ordnung der Komposition hinzu. Realismus und Irrealismus
fließen ineinander über. So sehen wir Hintergründe mit geometrischen Figuren, mit Laubwerk, Blümchen und stilisierten

Vögeln, bei denen Nicolas Bataille seine Phantasie hat spielen lassen. Nur die ersten Bilder heben sich von einem einfarbigen Hintergrund ab.

So übersetzen diese Bildteppiche, die zur Ausstattung gedacht waren und tatsächlich wohl eine der schönsten Teppichfolgen der Welt darstellen, die fremdartige und wilde Prophezeiung der Heiligen Schrift mit einer Inbrunst in eine sakrale Poesie, die zutiefst ergreift.

Thélème

Wir haben Gegenden durchstreift, die durch Rabelais unsterblich wurden, diese Dörfer, diese Abhänge, diese Weinberge, diese Flüsse, die den Schmuck des Hintergrundes der Abenteuer von ›Gargantua‹ und ›Pantagruel‹ ausmachen. Diese Orte, ihm seit seiner Jugend vertraut, die ›Devinière‹, die ›Rue de la Lamproie‹ in Chinon und viele andere genau beschriebene, durch den Zauber seiner Einbildungskraft jedoch stark vergrößerte Landschaften, gleichgültig, ob es sich um das Tal des Lignon – Schlachtfeld von Picrochole – oder die ›case chaumière – Strohhütte‹ der Sibylle von Panzoust handelt.

Verlassen wir also nicht die Schlösser der Loire, ohne von der größten, der vornehmsten, der wunderbarsten, der alle anderen an Höhe, Länge, Breite überragenden und sie an Glanz übertreffenden Anlage zu sprechen. Man könnte sie leicht vergessen, weil sie ihr Dasein nur dem Erfindungsgeist von Alcofribas Nasier verdankt.

Man braucht nicht besonders geistreich und kenntnisreich zu sein, um festzustellen, daß der Grundriß der Abtei von Thélème, die architektonischen Ordnungen, ihre Struktur, ihre Einrichtung voll von Erinnerungen an die Schlösser der Renaissance sind, die gerade gebaut wurden, als Rabelais sein Werk begann. Thélème ist zugleich Chenonceaux, Chambord, Azay-le-Rideau und andere mehr, aber aus der Sicht von Rabelais, das heißt in ein einziges Bild zusammengefaßt und ins Riesenhafte übersetzt.

Wenn auch diese Abtei in keiner Weise durch die Regel ihrer Mönche den anderen Abteien gleicht, so ähnelt sie auf jeden

Fall diesen noch weniger in bezug auf den Stil der Bauten, denn alle Abteien der Umgebung und dieser Zeit – Rabelais hatte seine Gründe, sie gut zu kennen – waren romanisch oder gotisch, was sie vielleicht in seinen Augen als altmodisch, rückständig und ein wenig barbarisch erscheinen ließ.

Thélème war wunderbar gelegen. Der Klosterbruder hatte ja zu Gargantua gesagt, wie Rabelais schreibt:

»Aber wenn es Euch so vorkommt, daß ich Euch gute Dienste geleistet habe oder solche leisten werde, so bewilligt mir, ein Kloster nach meiner Eingebung zu gründen.« Das war dem Gargantua eben recht, und er bot ihm das ganze Thélèmer Gebiet am Ufer der Loire an, zwei Meilen von dem großen Forst von Port Huault entfernt. Da sollte eine Abtei entstehen, die von den üblichen von Grund aus verschieden wäre.

Die Mauern der Nordseite fußten also in der Loire. Halten wir fest, daß diese Lage am Ufer des Flusses die des Schlosses Montsoreau war, bei dem man die Loire als Kanal um das Schloß herumfließen ließ. Auch in Chambord hatte man die Ableitung eines Armes der Loire geplant, um die breiten Schloßgräben zu speisen. Das Prinzip, die Fassaden der Schlösser sich in Wasserflächen spiegeln zu lassen, hat man bei den Schlössern dieser Zeit überall dort, wo es nur möglich war, angewandt. Lesen wir also Rabelais' Beschreibung im ›Gargantua‹ weiter:

Der Grundriß des Baues war hexagonisch, so zwar, daß in jedem Winkel ein großer Rundturm gemauert wurde, der sechzig Schritt im Durchmesser hatte. Alle waren sich gleich an Höhe und Aussehen. Der Loirestrom floß nordwärts daran vorbei. Dort stand einer der Türme, Arktika benannt; gen Aufgang ein zweiter, der hieß Calaer, der nächste Anatole, weiterhin Mesembrine, dann Hesperia und der letzte Cryera. Sie waren jedesmal dreihundertzwölf Schritt auseinander. Einer wie der andere bestand aus sechs Stockwerken, die Keller einbegriffen. Das zweite war wie ein Korbdeckel gewölbt, alle übrigen mit Zierdecken aus flandrischem Gips verschönt. Die Dächer waren mit Schieferplatten gedeckt und mit lustigen Bleimännlein und Tierfiguren geschmückt. Die Dachrinnen gingen zwischen den Kreuzstöcken bis auf den Boden; sie waren in Blau und Gold gehalten und endigten in Gräben, die nach dem Fluß liefen.

Die Gebäude waren hundertmal prächtiger als Bonivet, als Chambourg (Chambord), als Chantilly. Sie enthielten 9332 Gemächer, jedes mit einem Nebenzimmer, Hinterkämmerlein, Kleiderraum, Kapellchen und Gang nach dem Hauptsaal. Inmitten eines jeden Turmes stieg eine prächtige Wendeltreppe auf: die Stufen waren aus Porphyr, Marmor und Granit, zweiundzwanzig Fuß lang, drei Finger dick und waren immer zwölf Staffeln bis zu einem Treppenabsatz. Jeder Absatz zeigte zwei schöne antike Bögen, welche die Helle durchließen und in ein Kabinett mit durchbrochenen Wänden in der Breite der Wendeltreppe führten, die über das Dach hinaus in einen Pavillon endete. Von besagter Wendeltreppe trat man nach jeder Seite in einen großen Saal und weiter in die Einzelgemächer.

Zwischen dem Arktikaturm und der Cryera fanden in einer Galerie auserwählte Büchereien ihre Aufstellung, und zwar griechische, lateinische, hebräische, französische, italienische und spanische – in jedem Stockwerk eine Sprache. In der Mitte erhob sich ein Wunder von einer Wendeltreppe, deren Zugang durch eine weite Halle führte; sie war so breit, daß sechs Geharnischte mit eingestemmter Lanze in einer Reihe bis oben hinauf – bis über das ganze Gebäude reiten konnten.

Vom Anatole-Turm bis zum Mesembrine zogen sich prächtige Hallen mit Bildern von alten Heldentaten, Geschichten und Erdbeschreibungen. Auch hier war in der Mitte eine ähnliche Treppe und Zufahrt wie auf der Flußseite. Auf dem Tor prangte in römischen Lettern folgende Inschrift:

> *Bleib vor der Türe, Heuchler, Pietist,*
> *Ergrauter Affe, Schmerwanst, Gurgelkropf,*
> *Du Hunne, der die kleinen Kinder frißt,*
> *Waldmenschenurbild mit dem Weichselzopf,*
> *Du Augenschmeißer, abgebrühter Wicht,*
> *Wortdrescher, Blähbauch, kahlgewichster Kopf,*
> *Windbeutel, Lispler, Stänker, Truggesicht,*
> *Scher' dich zum Kuckuck oder Wiedehopf!*

Im Hofe plätscherte eine prächtige Wasserkunst in ein kostbares Alabasterbecken. Daraus erhoben sich drei Grazien mit lieblichen Füllhörnern, und ihnen spritzten die Strahlen aus den Brüsten, Ohren, Augen, Lippen und den anderen Leibesöffnungen. Ringsum lief eine Halle aus kassidonischem Marmor und Porphyrsäulen mit schönen Schwibbögen und Galerien. Diese waren mit kostbaren Gemälden ge-

schmückt, auch mit Hirschgeweihen, Elefantenzähnen, Hörnern von Rhinozerossen, Nilpferden, Einhornen und dergleichen Sehenswürdigkeiten.

Die Wohnungen der Schwestern zogen sich vom Arktika bis zum Mesembriner-Turm; den Brüdern gehörte das übrige. Zur Unterhaltung der Frauen legte man vor ihrem Flügel zwischen den beiden ersten Außentürmen die Rennbahn, das Hippodrom, das Schwimmbad und Theater an.

An den Fluß stieß der Lusthain, darin sich ein wunderlicher Irrgarten schlängelte. Zwischen den beiden nächsten Türmen dehnten sich die Plätze für allerlei Ballspiele. Beim Cryera-Turm lag der Obstgarten, voll Fruchtbäumen jeglicher Art. Am Ende fing der große Park an, wo es von Wildbret wimmelte. Beim dritten Turm kamen die Scheibenstände für Bogen, Armbrust und Hakenbüchsen. Dann folgten die Marställe, Hundezwinger und Vogelhäuser, denen erprobte Wärter und Falkner vorstanden. Alljährlich werden frische Sperber, Habichte, Stößer, Falken, Adler und anderes Federspiel aus Candien, Venedig und Sarmatien geliefert, so gut abgerichtet und zahm, daß sie vom Schloß abfliegend, um auf die Felder niederzustoßen, alles nahmen, was sie unterwegs fanden. Der Jägerhof lag weiter weg gegen den Park.

Alle Gemächer, Stuben und Kammern waren je nach der Jahreszeit mit unterschiedlichen Teppichen und Wandbehängen wohnlich gemacht. Grüne Beläge deckten die Fließen, gestickte Tücher die Betten. In jedem Nebenzimmer stand in perlengeschmücktem Goldrahmen ein mannshoher Kristallspiegel, so daß man sich völlig darin besehen konnte. Vor den Frauengemächern warteten die Haarkräusler und Friseure; durch ihre Hände gingen erst die Herren, wenn sie ihre Aufwartung machen wollten. Sie sprengten auch jeden Morgen die Kemenate mit Rosenwasser und wohlriechenden Spezereien und brachten in den Räucherbecken aromatische Essenzen zum Verdunsten.

War es Chambord, das François Rabelais inspirierte? Oder – wie viele glauben – das heute völlig zerstörte Bonnivet im Poitou?

In Thélème finden wir tatsächlich das widergespiegelt, was wir an der Loire gesehen haben: die geometrischen Grundrisse, die Schloßgräben, die rein schmückenden dicken Ecktürme

und die theatralischen Festungen, die von jeder Büchse entblößt
waren. Die Treppen zeigen »Absätze« und »jeder Absatz empfing durch zwei stattliche Bogenfenster das Tageslicht« – wie in
Azay. »In der Mitte der Stockwerke« stiegen sie »bis unter das
Dach« – wie in Chambord –, »sechs Geharnischte mit eingestemmter Lanze konnten in einer Reihe bis oben hinaufreiten« –
wie in Amboise. Es sind auch die Korbdeckelgewölbe da, wie in
dem Trakt von Charles d'Orléans in Blois, und die Wasserspeier
ragten aus den Wänden hervor, wie an der Fassade von Franz I.
– und »an den Fluß stieß der Lusthain« – wie in Chenonceaux.

Kurz gesagt, in dieser Abtei von Thélème, die für die »Freien,
Wohlgeborenen und Gebildeten« bestimmt ist, sehen wir ein
unerwartetes, wahres, grandioses und symbolisches Traumbild
des »Schlosses an der Loire«.

DAS TAL DER LOIRE
DIE LANDSCHAFT DER VALOIS
von Heinz Biehn

Das Tal der sanft und behaglich dahinfließenden Loire mit seinen
Schlössern, den Rebenhügeln und lichten Gehölzen atmet Weib-
liches, Mütterliches. Es ist kein Zufall, daß Frankreich im Schoße
dieser Landschaft, die immer wieder als ›Garten Frankreichs‹ und
›Herz Frankreichs‹ bezeichnet wird, recht eigentlich geboren wurde.

Dieses Tal spielte bereits in der Frühgeschichte des Landes eine
bedeutende Rolle als Scheide zwischen Süden und Norden und als
Bindeglied zwischen Osten und Westen. Bezeichnenderweise trug
Aëtius (390–454), der letzte große Heerführer des untergehenden
Weströmischen Reiches und Sieger über die Hunnen auf den Kata-
launischen Feldern im Jahre 451, unter seinen Titeln auch den eines
›Befreiers der Loire‹, nachdem er Orléans (Genabum) erobert hatte.
Im Tal der Loire als dem religiösen Mittelpunkt der gallischen Kel-
ten – Druidenzusammenkünfte – nahm der große Aufstand gegen
Caesar im Jahre 52 v. Chr. seinen Ausgang. Hier tagte im Jahre 511
das erste nationale Konzil unter *Chlodwig I.* und hier wurde *Karl der
Kahle* 838 zum König gekrönt. In Orléans trat zum ersten Male jene ge-
heimnisvolle Mädchengestalt aus Lothringen in Erscheinung, die den
Staat nicht nur aus tiefster Erniedrigung emporgeführt, sondern in
Frankreich recht eigentlich jenes nationale Bewußtsein geweckt hat,
in dem die Franzosen, mehr oder weniger bewußt, heute noch leben.

Im Tal der Loire begann der Weg jener Sendung der *Jungfrau von
Orléans*, der für Johanna so tragisch enden, für das schier verlöschende
Königtum der Valois aber die Rettung bedeuten sollte. Es geschah
in jenem Flußtal, das man als die eigentliche Heimat der Valois ansehen darf. Nicht Paris und seine Landschaft, sondern die Städte und
Schlösser der Loire sind die reiche, anmutige und heitere Szenerie
für die glücklichen, aber auch die grauenvollen Stunden, für die
dramatischen und die bukolischen Geschehnisse im Leben dieser
Familie, seitdem im Jahre 1328 eine Versammlung der Großen Philipp von Valois, einen direkten Vetter des letzten Kapetingers,

Karl IV., als König *Philipp VI.* (1328–1350) bestätigt hatte. Es war ein Regierungsantritt, der unter drohenden Vorzeichen stand, denn man mußte befürchten, daß England dem neugewählten König seine Herrschaft bestreiten würde, nachdem eine Schwester seines Vorgängers den englischen König *Eduard III.* geheiratet hatte.

Während in glänzenden Turnieren und festlichen Aufzügen die Prunkliebe und Festesfreudigkeit, die das Haus Valois zu allen Zeiten bis zu seinem Verlöschen ausgezeichnet hat, ihre Triumphe feierte, rüstete der realistische Eduard III. zum Kampfe. Im Juli 1338 fuhr Eduard III. mit einer Flotte von vierhundert Schiffen in einem Tage über den Kanal und schuf sich eine Basis in Antwerpen. Es begann jenes unheilvolle Ringen um die Macht, das, zwar von Perioden der Waffenruhe unterbrochen, Generationen in Atem halten sollte. Dieser bedeutendste historische Vorgang des Spätmittelalters ist als der ›Hundertjährige Krieg‹ in die Geschichte eingegangen.

Es ist nicht das erste Mal gewesen, daß Frankreich und England um den Primat auf französischem Boden gerungen haben und die Landschaft der Loire eine Rolle dabei gespielt hat. Schon einmal in der Zeit der Kapetinger hatten eine Heirat und damit verbundene Erbansprüche auf den französischen Thron kriegerische Auseinandersetzungen ausgelöst, die aber von Frankreich zu einem siegreichen Ende geführt worden waren.

Als im Verlaufe des neuerlichen Kampfes zwischen den beiden Mächten der erste Valois nach zweiundzwanzigjähriger Herrschaft vom Volke verwünscht im Jahre 1350 starb, bestieg *Johann II.* (1350 bis 1364), der Gute, den Thron. Ein schwaches und willfähriges Werkzeug in der Hand des stolzen Hochadels, gelang es ihm nicht, sich gegen die Engländer durchzusetzen; der ganze Südwesten des Landes bis zur Loire verwandelte sich in englisches Territorium. Zu allem Unglück hatte noch der schwache König ein Jahr vor seinem Tode das der französischen Krone anheimgefallene Burgund, ohne es in Besitz zu nehmen, seinem Lieblingssohn Philipp übertragen und durch die Begründung einer solchen Nebenlinie ungewollt schwere Gefahren für die Zukunft Frankreichs heraufbeschworen. Sicher ist es mehr als ein Zufall, daß kein französischer König fortan noch den Namen Johann getragen hat.

Karl V. (1364–1380), dem Weisen, gelang es zwar mit geschickter Hand das Staatsschiff zu steuern und die Engländer nahezu aus allen eroberten Gebieten zu vertreiben, aber leider mußte er bei seinem Tode die Regierung einem zwölfjährigen Kinde hinterlassen. Sein Sohn *Karl VI.* (1380–1422), von schwachen Nerven und in zeitweiliger geistiger Umnachtung, war völlig dem Einfluß seiner Oheime, dem vorgenannten Philipp von Burgund und dessen Bruder, Ludwig von Orléans, ausgeliefert, die sich erbittert um Macht und Einfluß bei dem jungen König stritten. Während ihre Anhänger, die ›Bourgignons‹ und die ›Armagnacs‹, das Land verwüsteten, machten die Engländer wieder namhafte Fortschritte in der Eroberung des Landes, wobei nicht zuletzt das verräterische Verhalten der *Königin Isabeau* ihnen Vorschub leistete, die ihren eigenen Sohn Karl, der nach dem Tode seines älteren Bruders Ludwig Thronanwärter geworden war, bitter haßte.

Zu allem Unglück heiratete wiederum ein englischer König eine französische Prinzessin. Denn *Heinrich V.* von England, der 1418 im Verein mit den Burgundern siegreich in Paris eingezogen war, hatte, um dem Dauphin die Thronfolge streitig machen zu können, von Karl VI. die Hand von dessen Tochter *Katharina* verlangt und auch erhalten. Im Vertrag von Troyes ließ sich Heinrich V. 1420 von Philipp von Burgund als zukünftiger König von Frankreich anerkennen, und Karl VI. unterzeichnete in Paris den entsprechenden Erlaß, wobei man bei der Unterzeichnung seine Hand führen mußte. Doch schon im Jahre 1422 starb Heinrich V., und wenige Monate später folgte ihm der geisteskranke Karl VI. im Tode nach. Der Dauphin aber, der spätere *Karl VII.* (1422–1461) und im Erlaß von Paris als »Charles disant dauphin« bezeichnet, den Tanneguy du Châtel im Jahre 1418 vor dem Zugriff der Engländer aus Paris an die Loire geflüchtet hatte, durchirrte – verächtlich als »roi de Bourges« bezeichnet – die Landschaft der Loire, um sich schließlich in Chinon niederzulassen. In Chinon sind sie sich zum ersten Male begegnet, der schwache Karl und seine tapfere Befreierin Jeanne d'Arc, nachdem sie mit dem heldenhaften Entsatz von Orléans (1429) den Engländern in ihrem Siegeszug Einhalt geboten hatte. Johanna zwang den schwachen König wider seinen Willen zur Krönung nach Reims zu gehen, um ihm damit die königliche Legitimität zu schaffen. Diese Krönung brachte die Wende. Zwar wurde Johanna am 30. Mai 1431 von den Engländern auf dem Marktplatz von Rouen verbrannt, aber das von ihr neu entfachte französische Nationalgefühl sorgte dafür, die Macht der Engländer endgültig zu brechen, wenn es auch noch Jahrzehnte dauerte, bis der Feind aus Frankreich vertrieben war.

Die letzten Jahre von Karl VII. waren durch die Zerwürfnisse mit dem Dauphin verbittert, der als *Ludwig XI.* (1461–1483) nach dem Tode seines Vaters den Thron bestieg. Dem neuen König gelang es mit List und Tücke, Klugheit und Falschheit, Nachgeben und Zuwarten die feudalen Fürsten in die Knie zu zwingen – darunter auch *Karl den Kühnen* von Burgund –, Frankreich zu einigen und ihm sei-

nen modernen Umriß zu geben. Als der durch eine zwielichtige
Haltung und maßlosen Geiz sich auszeichnende Herrscher endlich
am 30. August 1483 verstarb, hinterließ er ein in Ordnung und Sicherheit
vergrößertes Frankreich – er hatte nach dem Tode Karls des
Kühnen, der ohne männliche Nachkommen gestorben war, auch
Burgund für die Krone in Besitz genommen.

Allgemein war die Freude und Befriedigung, den gehaßten Tyrannen
endlich los zu sein, denn man erhoffte aus der Minderjährigkeit
seines Nachfolgers *Karl VIII.* (1483–1498) Vorteil ziehen zu können.
Doch hatte man nicht mit der Tatkraft von Ludwigs Tochter,
Anne de Beaujeu, gerechnet, die mit einem erstaunlich wachen Sinne
die Regierungsgeschäfte zu führen wußte. Sie meisterte sogar im
Jahre 1484 erfolgreich die Versammlung der Generalstände – États
Généraux –, in deren Händen erstmals die Beschwerdehefte auftauchten,
die dann im Jahre 1789 dem Königtum so verhängnisvoll
werden sollten.

Überall drängten sich jetzt neue Kräfte in den Vordergrund. Es
zeigte sich, daß die Ideale des Rittertums, kirchliche Frömmigkeit
und unbedingte Verehrung des Überlieferten, erloschen waren. Die
Zeit der großen Abenteuer, der Eroberungen aller Art, der geistigen
Revolutionen hatte begonnen. Kolumbus entdeckte die ›Neue Welt‹,
portugiesische Schiffe waren nach Indien unterwegs, Ferdinand von
Kastilien und Isabella hielten durch ihre Befreiungskämpfe gegen die
Mauren die Welt in Atem, Bajazet war bis unter die Mauern von
Byzanz vorgedrungen. Der kritische Geist war erwacht, es wuchs der
Wissensdurst, aber auch der Drang nach Ausdehnung und Einfluß.
Symbolhaft dafür ist der Zug Karls VIII. nach Italien, um dort wirkliche,
beziehungsweise vermeintliche Ansprüche auf Neapel geltend
zu machen. Im Herbst 1494 erschien er auf italienischem Boden und
entriß im Februar 1495, ohne nennenswerte Hindernisse zu finden,
dem Hause Aragon Neapel. Mit diesem Zuge hatte, von Karl sicher
ungewollt, das Ringen um die politische Vorherrschaft in Europa
begonnen, denn auch Spanien, England und Österreich wünschten
europäische Politik zu machen, wobei sich in Italien mit seinen vielen
kleinen Fürstentümern die Interessen berührten und aufeinanderstießen.
Deshalb mußte sich Karl VIII. auch wieder nach Frankreich
zurückziehen, als sich Österreich, Spanien und die Republik Venedig
gegen ihn verbündeten. Unter dem Raubgut brachte er als nicht zu
verachtende künstlerische Kostbarkeit die Formenwelt der Renaissance
nach Frankreich.

Da mit Karl VIII., der schon mit siebenundzwanzig Jahren auf seinem
Geburtsschloß Amboise verstarb, die direkte Linie der Valois

erlosch, folgte ihm, aus der Seitenlinie Valois-Orléans, *Ludwig XII.* (1498–1515), ein Urenkel Karls v. von Frankreich, unter dem die Landschaft der Loire recht eigentlich erneut eine Rolle zu spielen beginnt. In der Ordonnanz von Blois vom März 1499 macht er argen Mißbräuchen in Verwaltung und Rechtspflege ein Ende und erweitert die Freiheit der französischen Nationalkirche. Aber auch er kann sich schließlich dem Drang nach dem Wunderland Italien nicht entziehen, wobei trotz anfänglicher Erfolge das Schicksal ihn ebensowenig wie seinen Vorgänger begünstigt hat.

Als Ludwig xII. im Jahre 1515 starb, folgte ihm *Franz I.* (1515–1547) aus der jüngeren Linie Valois-Orléans-Angoulême, der in seiner Zeit als die glänzendste Verkörperung des neuen, von der italienischen Renaissance befruchteten Lebensgefühls erschien. Obwohl er in seiner Regierungszeit Frankreich ungeheure, um nicht zu sagen nutzlose Opfer zugemutet hat, wurden ihm diese doch dank seines Schönheitssinnes, seines männlichen Temperaments und seines Glückes bei den Frauen willig verziehen. Seine Hofhaltung, die in der europäischen Welt Berühmtheit genoß, breitete sich sozusagen über die gesamte Landschaft der Loire, denn von Schloß zu Schloß, zwischen Chambord, Blois, Amboise und Chenonçeaux, zog dieser Hof in prunkvoller, unaufhörlicher Wanderschaft umher, wozu allein zwölftausend Pferde notwendig waren. »Wenn in Friedenszeiten der Hof beisammen ist«, schreibt Benvenuto Cellini, »sind es achtzehntausend Mann.« Nicht nur Benvenuto Cellini, sondern auch Leonardo da Vinci und zahlreiche weitere italienische Künstler hatte Franz I. sehr zum Mißvergnügen der einheimischen Kräfte an seinen Hof gezogen. Seine Schwester Margarete von Navarra, Verfasserin des ›Heptameron‹, hatte an der geistigen Befruchtung nicht geringen Anteil. Persönlichkeiten wie Rabelais, Pierre Ronsard und die Dichter der Plejade bereiten den Weg der französischen Klassik.

Eitelkeit und Herrschbegier trieben auch Franz I. in das italienische Abenteuer, an dessen Ende er nach den Wechselfällen von vier Kriegen als eine politisch gescheiterte Existenz dastand. Aufgewogen wurde das politische Fiasko nicht zuletzt durch künstlerische Schöpfungen im Tale dere Loire.

Unter *Heinrich II.* (1547–1559), dem einzig überlebenden Sohn von Franz I., wurde in Schloß Chambord mit Kurfürst *Moritz von Sachsen* ein Geheimvertrag vorbereitet, in dem als Preis für die französische Bundesgenossenschaft zur Erhaltung fürstlicher Sonderrechte, der »deutschen Libertäten«, die reichsunmittelbaren Bistümer Metz, Toul und Verdun an Frankreich abgetreten wurden. Der Vertrag mit der Bezeichnung »Pro Germaniae libertate recuperanda« trug die erwartete Frucht, nämlich die Einheit Deutschlands zu hindern; er gilt noch heute als ein Höhepunkt französischer Außenpolitik.

Als Heinrich II. infolge eines Turnierunfalls starb, trat seine Gattin, die ränkesüchtige und machthungrige *Katharina von Medici* auf den Plan, die eigentliche Herrin in der Regierungszeit ihrer drei Söhne, Franz II., Karl IX. und Heinrich III. Wieder ist die Loirelandschaft im wesentlichen die Szene der zahlreichen dramatischen Auftritte dieser Periode. Im Schlosse von Blois erlebte *Franz II.* (1559–1560), im Alter von sechzehn Jahren König geworden, sein kurzes Liebesglück mit *Maria Stuart*, einer Nichte der Herzöge von Guise, während seine Mutter mit dieser mächtigen Familie um den Einfluß auf die Staatsgeschäfte rang, ein Zustand, der sich unter seinem Nachfolger *Karl IX.* (1560–1574) nicht änderte. In diesem Spiel waren die protestantischen Hugenotten eine Figur mehr, zumal Katharina ihre Tochter *Margarete* mit *Heinrich von Bourbon*, König von Navarra, einem der Häupter der Hugenottenpartei, vermählt hatte. Zwar wurden im März 1563 die ersten kriegerischen Auseinandersetzungen im Schloß von Amboise durch Vertrag beigelegt. Trotzdem hörten die Kämpfe nicht auf, die durch die berühmt-berüchtigte Bartholomäusnacht vom 23. auf den 24. August 1572 mit der Ermordung von mindestens dreißigtausend Hugenotten einen neuen Auftrieb erfuhren. Während der folgenden Kämpfe starb der von Gewissensbissen geplagte Karl IX. und Heinrich, Lieblingssohn von Katharina, eilte aus Polen, dessen Königskrone er kaum zuvor erlangt hatte, herbei, um als *Heinrich III.* (1574–1589) den französischen Thron in Besitz zu nehmen. Auch er ließ sich – von den Zeitgenossen sicher nicht zu Unrecht als »Fürst von Sodom« bezeichnet –, mit seinen Günstlingen beschäftigt und dem Wohlleben huldigend, von seiner Mutter willig gängeln, bis *Heinrich von Guise*, das Haupt der katholischen Partei, allzu deutlich sein Ziel, die französische Krone zu erlangen, verriet. Nachdem sich Heinrich durch Flucht an die Loire dem unmittelbaren Einfluß der Familie Guise entzogen hatte, benutzte er eine Tagung der Stände in Blois, zu der auch die beiden Guise erschienen waren, um sich ihrer durch Mord zu entledigen. Anschließend setzte er sich mit seinem Schwager Heinrich von Navarra in Verbindung, um die legitime Thronfolge zu sichern, nachdem er keine Kinder mehr zu erwarten hatte. Doch hatte diese politische Wendung seinen Tod zur Folge, denn ein fanatischer Mönch, Jacob Clément, ermordete Heinrich III. am 2. August 1589, womit zugleich das Haus Valois zu Grabe getragen wurde.

Ein neues Geschlecht, die Bourbonen, übernahm mit *Heinrich IV.* (1589–1610) die königliche Herrschaft in Frankreich. Damit aber fiel das Tal der Loire in politische Bedeutungslosigkeit zurück, nachdem die Geschicke Frankreichs seit *Ludwig XIII.* (1610–1643) von der Zentrale Paris geleitet und entschieden wurden. Die Landschaft der Ile de France hatte über die Landschaft der Loire gesiegt, und in die Loireschlösser wurden höchstens noch Frondeure abgeschoben, um dort wie *Maria Medici* oder *Gaston d'Orléans* zur Tatenlosigkeit verdammt zu sein. Auch der Exkönig von Polen und Schwiegervater Ludwigs xv., *Stanislaus Leszczynski*, fand in Chambord seine erste Zuflucht. Seit *Ludwig XIV.* hat kein französischer Monarch mehr die Loireschlösser mit einem längeren Aufenthalt beehrt. Im Gegenteil, die französische Nobilität wurde für die Dauer an den Regierungssitz in Versailles gefesselt. Die Loireschlösser dämmerten als vergessene Zeugen einstiger königlicher Hoheit dahin, bis in der Wende zum 20. Jahrhundert ihre eigenartige Schönheit von Liebhabern und Freunden der Kunst neu entdeckt wurde.

ANHANG

Die Abbildungen

ROUSSEAU, Jean-Jacques (1712 bis 1778): Œuvres. 24 Bde. Genf 1782. *Seite 200*

LE ROUX DE LINCY: Vie de la reine Anne de Bretagne. Paris 1860. *Seite 246*

SACHSEN, Marschall von (1696 bis 1750): Lettres et mémoires. 1794. *Seite 75*

SCHLEGEL, August Wilhelm (1767 bis 1845): Briefe. Zürich 1930. *Seite 149*

STENDHAL d. i. Henri Beyle (1783 bis 1842): Œuvres. Paris 1853–55. *Seite 16*

VIGÉE-LEBRUN, Elisabeth-Louise (1755–1842): Souvenirs de ma vie. 1835–37. *Seite 58*

VILLON, François (1431–1463): Œuvres. Paris 1489. Balladen, übersetzt von Richard Dehmel. 1893. *Seite 112*

VIVENT, Jacques: La tragédie de Blois. Paris 1946. *Seite 130*

Verzeichnis der zitierten Autoren und Werke

Soweit keine Übersetzungen genannt sind,
wurden die zitierten Stellen (außer den Gedichten)
von Hubert Klemke neu übersetzt.

D'ARVIEUX, Laurent: Mémoires.
Paris 1735. *Seite 72*

D'AUBIGNÉ, Agrippa (1552–1630):
Œuvres complètes. Paris 1873–93.
Seite 37–40

BALZAC, Honoré de (1799–1850):
Œuvres complètes. 83 Bde. Paris
1856–67. Deutsch von F. P. Greve,
E. Hardt u. a., 16 Bde. Leipzig
1909–1911.

– Über Katharina von Medici.
Seite 12, 119–125, 128, 140

– Die Lilie im Tal *Seite 19, 249*

– Tolldreiste Geschichten *Seite 253*

BEDEL, Maurice: Châteaux de la
Loire. Paris 1955. *Seite 217*

– La Touraine. Paris 1947.
Seite 237, 275

BENJAMIN, René: Le château de
Villandry ou le visage de la France.
Paris 1921. *Seite 238–241*

BRANTÔME, Seigneur de (1540 bis
1614): Œuvres. 10 Bde. Leiden
1666–67.

– Vie des grands capitaines. *Seite 60*

– Vie des Dames galantes. *Seite 126*

CHAMISSO, Adalbert von (1781 bis
1838): Werke. Leipzig 1836–39.
Seite 148

COMMYNES, Philippe de (1445 bis
1509): Mémoires. Paris 1524.
Deutsch von Fritz Ernst. Stutt-
gart 1952. *Seite 156, 158*

ERLANGER, Philippe: Charles VII et
son mystère. Paris 1945. *Seite 281*

FLAUBERT, Gustave (1821–1880):
Œuvres complètes. Paris 1885.

– Über Feld und Strand. Deutsch
von E. Greve. Minden 1909.
Seite 89, 139, 168, 175–177, 202, 206

FLORANGE, Maréchal de (gen. le
jeune Adventureux): Mémoires.
1518. *Seite 160*

GASCAR, Pierre: Chambord. Paris
1962. *Seite 54*

GRIMM, Friedrich Melchior, Baron
von (1723–1790): Correspon-
dance littéraire, philosophique et
critique. 1753–90. *Seite 83*

LAFONTAINE, Jean de (1621–1695):
Œuvres ed. Henri Regnier. Paris
1883–97. *Seite 17, 118, 166*

LAUBE, Heinrich (1806–1884): Französische Lustschlösser. Mannheim
1840. *Seite 57*

MONTPENSIER, Herzogin von (1627
bis 1693): Mémoires. Paris 1891.
Seite 63, 69

ORLÉANS, Charles, Herzog von
(1391–1465): Poésies. Grenoble
1803. *Seite 111*

PÉGUY, Charles (1873–1914): Œuvres poétiques complètes. Paris
1948. *Seite 274*

PÜCKLER-MUSKAU, Hermann, Fürst
von (1785–1871): Semilassos vorletzter Weltgang. 1835.
Seite 92, 206

RABELAIS, François (1494–1553):
Œuvres. Paris 1553. Deutsche
Auswahl aus Gargantua und Pan-
tagruel von Engelbert Hegaur und
Owlglass. München 1951.
Seite 275, 298–300

ROMIER, Lucien: La conjuration
d'Amboise. Paris 1923.
Seite 162

RONSARD, Pierre de (1521–1585):
Œuvres. Paris 1560.
Seite 35, 106, 116

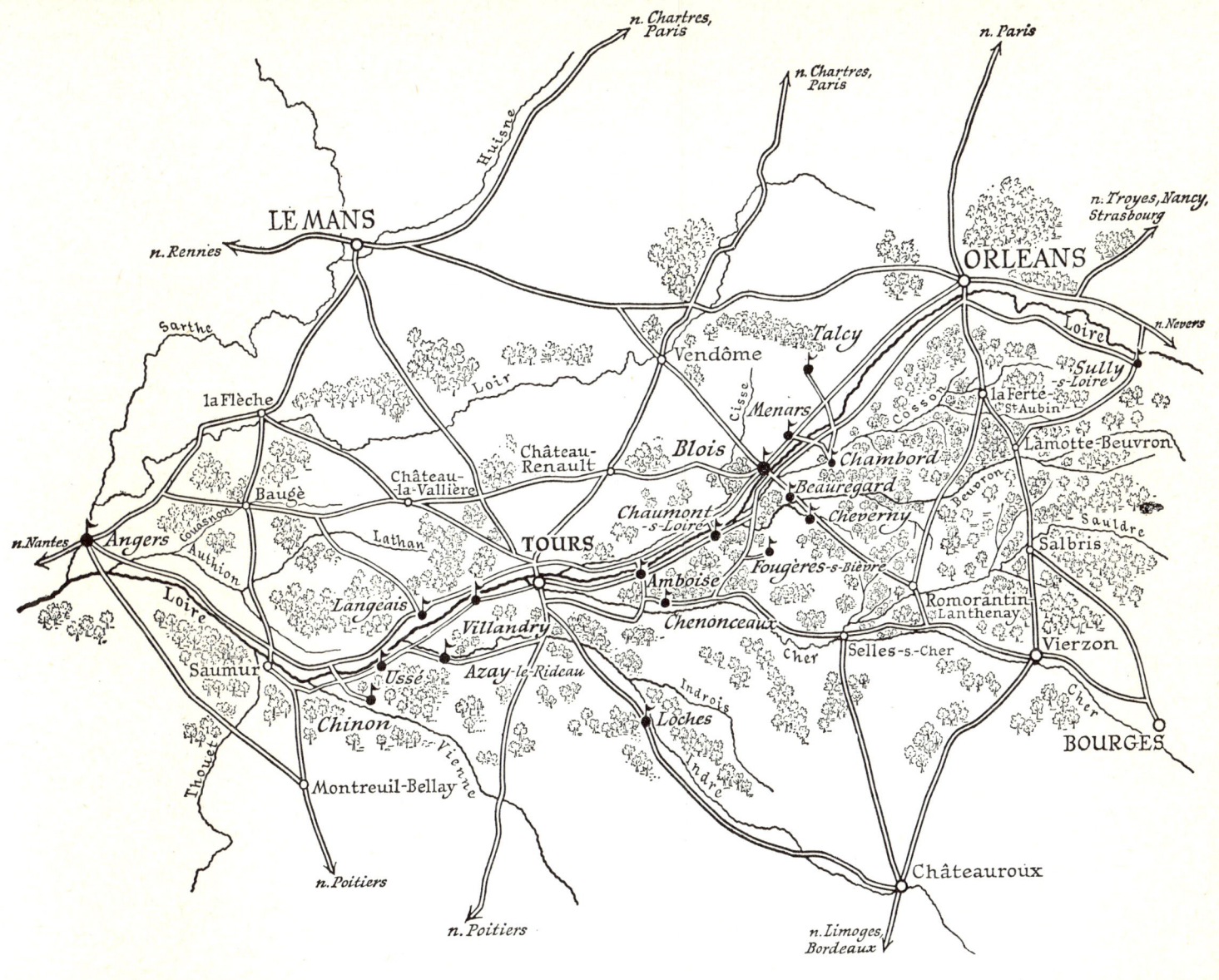

n. Chartres, Paris

n. Chartres, Paris

n. Paris

LE MANS

n. Rennes

Huisne

Sarthe

ORLEANS

n. Troyes, Nancy, Strasbourg

Loire

n. Nevers

la Flèche

Loir

Vendôme

Talcy

Sully -s-Loire

la Ferté -St Aubin

Lamotte-Beuvron

Château-Renault

Blois

Menars

Cisse

Chambord

Beauregard

Cosson

Beuvron

Baugè

Château-la-Vallière

Chaumont -s-Loire

Cheverny

Sauldre

n. Nantes

Angers

Louasnon

Authion

Lathan

TOURS

Amboise

Fougères-s-Bièvre

Salbris

Langeais

Romorantin Lanthenay

Loire

Villandry

Chenonceaux

Cher

Selles-s.-Cher

Vierzon

Saumur

Ussé

Azay-le-Rideau

Cher

Chinon

Vienne

Indrois

Loches

BOURGES

Thouet

Montreuil-Bellay

Indre

n. Poitiers

n. Poitiers

Châteauroux

n. Limoges, Bordeaux

Kartenbeilage zu
Bernard Champigneulle, Loire-Schlösser
Prestel-Verlag, München